- 四川省第二批省级社会实践一流本科课程“小学综合实践活动设计与组织”项目成果
- 内江师范学院2019年一流本科专业“小学教育”——“小学综合实践活动设计与组织”思政示范课程项目成果（课题编号：YLZY201904）

幼儿园教育活动案例集
——以二十四节气为例

刘明凤　吕佳佳　蒋玉英
刘跃勋　钱愿秋　王美俊　○ 编著

西南财经大学出版社
Southwestern University of Finance & Economics Press
中国·成都

图书在版编目(CIP)数据

幼儿园教育活动案例集:以二十四节气为例/刘明凤等编著.—成都:西南财经大学出版社,2023.6
ISBN 978-7-5504-5709-6

Ⅰ.①幼…　Ⅱ.①刘…　Ⅲ.①二十四节气—教案(教育)—学前教育
Ⅳ.①G613.3

中国国家版本馆 CIP 数据核字(2023)第 046734 号

幼儿园教育活动案例集——以二十四节气为例

YOU'ERYUAN JIAOYU HUODONG ANLIJI——YI ERSHISI JIEQI WEI LI

刘明凤　吕佳佳　蒋玉英　刘跃勋　钱愿秋　王美俊　编著

策划编辑:陈何真璐
责任编辑:陈何真璐
责任校对:金欣蕾
封面设计:何东琳设计工作室
责任印制:朱曼丽

出版发行	西南财经大学出版社(四川省成都市光华村街 55 号)
网　　址	http://cbs.swufe.edu.cn
电子邮件	bookcj@swufe.edu.cn
邮政编码	610074
电　　话	028-87353785
照　　排	四川胜翔数码印务设计有限公司
印　　刷	四川五洲彩印有限责任公司
成品尺寸	185mm×260mm
印　　张	15.5
字　　数	380 千字
版　　次	2023 年 6 月第 1 版
印　　次	2023 年 6 月第 1 次印刷
书　　号	ISBN 978-7-5504-5709-6
定　　价	42.80 元

▶▶序

自2010年开始，我领衔的教学团队一直在推动“小学综合实践活动设计与组织”这门课程的建设和改革。2021年，该课程被认定为四川省第二批社会实践一流本科课程。

“小学综合实践活动设计与组织”课程的建设和改革取得了丰硕的成果。教学团队成功建构了“理论学习—社会实践—共同发展”（theory studying，social practicing，growing together，SPG）的以学生发展为中心的教学模式，让大学生在理论学习的基础上，通过社会实践服务地方发展，实现自身、小学生、行业基地的共同发展；建构了红色文化教育、中华优秀传统文化传承与发展、劳动教育、构建人类命运共同体、科技创新“五大主线”活动主题；出版了《小学古诗词吟诵》《有趣的二十四节气》《廉洁种子种童心》《闪闪红星耀东兴》《闪闪红星耀甜城》等5部配套的小学综合实践活动图书，以及《博通文理 爱满天地》《小学思想品德教育学》2部专著；指导4所小学打造了校园文化，为内江市范长江纪念馆培养了一批小小解说员志愿者，促进了行业基地发展；指导一批大学生和小学教师以小学综合实践活动为主题参加各级比赛并获得奖项十余项。相关成果获得四川省第十九次优秀教育科研成果二等奖、四川省第二十次优秀教育科研成果三等奖、四川省教育科学研究院“四川省教育科研课题2019年度阶段成果奖”三等奖、内江市第十六届教育科研成果一等奖、内江师范学院2020年教学成果一等奖等多项省市校级奖励。2020年，为进一步推广本课程，分享本课程教改成果，我们开始录制微课，建设网络课程。

我坚信：如果没有中华民族优秀传统文化，就没有中国特色；如果没有中国特色，就没有今天成功的中国特色社会主义道路。因此，中华优秀传统文化是中国特色社会主义的基因，弘扬中华优秀传统文化是中国特色社会主义的既定使命。作为社会文化教育的核心机构之一，学校义不容辞地承担着这个使命。

2021年，建设团队在内江高新区第一幼儿园师生的支持下，进一步开展中华优秀传统文化传承与发展幼小衔接的探索。本书是以二十四节气为主题的幼儿园教育活动案例集，是中华优秀传统文化教育幼小衔接探索的重要成果，是建设团队与内江高新区第一幼儿园共同智慧的结晶。

内江师范学院李雪、内江市东兴区实验小学校刘明凤负责全书的框架搭建和统稿。内江师范学院吕佳佳负责编写立春、雨水、惊蛰、春分、清明、谷雨、立冬、小雪、大雪、冬至、小寒部分的内容。内江市东兴区实验小学校刘明凤负责编写大寒部分的内容。南充文化旅游职业学院任平负责编写立夏、小满、芒种、夏至、小暑部分的内容。内江市东兴区胜利街道中心学校蒋玉英负责编写大暑部分的内容。内江师范学院钱愿秋负责编写立秋、处暑、白露、秋分、寒露部分的内容。内江市东兴区胜利街道中心学校刘跃勋负责编写霜降部分的内容。此外李雪、刘明凤、吕佳佳、蒋玉英、刘跃勋、王美俊负责本书的审校、配图等工作。

本书在编写过程中，参阅了大量的文献资料，同时也得到了西南财经大学出版社的大力支持。在此，我们对文献资料的作者和西南财经大学出版社表示衷心感谢。

由于编著者水平有限，书中不足之处在所难免，希望读者能给我们提出宝贵的修订意见。

李雪于蓉城

2023 年 2 月

四川省教育厅第二批省级社会实践一流本科课程
“小学综合实践活动设计与组织”网络课程

扫一扫或长按识别加入课程学习

前言

中国是农业大国、农业强国。中国古人常说“天时地利人和”。靠天吃饭，首先要了解天。我们的祖先通过对北斗七星在夜空中的指向，指导农业生产，不误时节。西汉武帝时期，人们将“二十四节气”纳入《太初历》作为指导农事的历法补充，采用圭表测影法在黄河流域测定节气。现行的“二十四节气”源于三百多年前根据太阳在回归黄道上的位置来确定节气的方法。在历史发展中“二十四节气”被列入农历，成为农历的一个重要部分。可见二十四节气与农业劳动是息息相关的。

二十四节气依次为：立春、雨水、惊蛰、春分、清明、谷雨、立夏、小满、芒种、夏至、小暑、大暑、立秋、处暑、白露、秋分、寒露、霜降、立冬、小雪、大雪、冬至、小寒、大寒。节气中的立春、惊蛰、清明、立夏、芒种、小暑、立秋、白露、寒露、立冬、大雪、小寒，分别为干支历寅月、卯月、辰月、巳月、午月、未月、申月、酉月、戌月、亥月、子月、丑月的起始。二十四节气是上古农耕文明的产物，它蕴含了中华民族悠久的文化内涵和历史积淀，是古人智慧的结晶。现行的“二十四节气”自1645年起沿用至今，并被许多国家广泛使用。

然而，随着科技的日新月异，信息化时代的飞速发展让我们渐渐忘记了传统，现在的孩子们可以轻易玩转高科技电子产品，却可能连阳历和农历都分不清楚。

树立民族自信，有助于我们实现中华民族伟大复兴的中国梦。我们自信了，才能站得起来，才能站得住，才能站得稳！然而，要想树立民族自信，我们首先要知道我们有什么、哪些是我们的。相比于盲目追赶西方的“潮流”，守护好先人留给我们的宝贵财富才是我们这一代真正要做的事情。

邓小平同志曾经说过：“教育要从娃娃抓起。”我们作为新时代的教育工作者，更是肩负着教育下一代，将我们的优秀传统文化传承下去的重任。尤其是在倡导劳动教育的今天，在幼儿园开展有关二十四节气的教育活动就非常必要了。

本书以二十四节气为基础，根据不同节气的特点，设计、编写出既满足幼儿身心发展需要，又有利于传承中华优秀传统文化的活动案例，让幼儿在游戏的同时，了解中华优秀传统文化，知道二十四节气的特点。在本书中，我们将每个节气的文化特色融入幼儿活动之中，从幼儿的兴趣出发，通过节气专属美食制作、节气画作绘制、节气手工制作等方式，使幼儿感受到中华优秀传统文化的魅力，更重要的是让幼儿通过活动爱上中华优秀传统文化，并成为中华优秀传统文化的传播者，从而达到文化传承的目的。

编著者　吕佳佳

2023 年 1 月

扫描二维码

获取书中案例的图片、音频、视频等链接

目录

26 / **春分**

35 / **清明**

48 / **谷雨**

56 / **立夏**

立　春

一、设计意图

立春至，冬尽春将始，标志着新的一年正式开始。立春是春天的第一个节气，也是二十四节气之首。立春亦称“报春”，这个节气与众多节令一样有自己的习俗。旧俗立春，既是一个古老的节气，也是一个重大的节日。古时它指引人们农耕，现在是人们预知冷暖雪雨的指南针。幼儿园应该抓住立春这个大好的学习和活动时机，开展各种相关的主题活动，提高幼儿对立春节气的认识，通过故事、游戏、科学探索、绘画、手工等不同形式的活动，让幼儿认知自然的规律，感受中华优秀传统文化的丰富与美好。

二、活动领域

“立春”主题活动涉及语言、科学、艺术、健康、社会领域。

三、主题活动总目标

（1）让幼儿感知立春的节气特征及习俗；

（2）让幼儿能理解和讲述有关立春的节气故事，能表现或创作立春主题的艺术作品；

（3）让幼儿对与立春相关的传统文化和大自然产生认同和敬畏。

四、主题活动网络

“立春”主题活动面向幼儿园全体幼儿，分年龄阶段设置小、中、大班的集体教学活动。由于各个年龄阶段幼儿的身心发展特征不同，各个幼儿园的实际情况存在差异，我们尽量选择、设计取材方便、贴近生活的活动。以下活动可以在幼儿入园后选择性地进行，旨在让幼儿完整感知二十四节气。

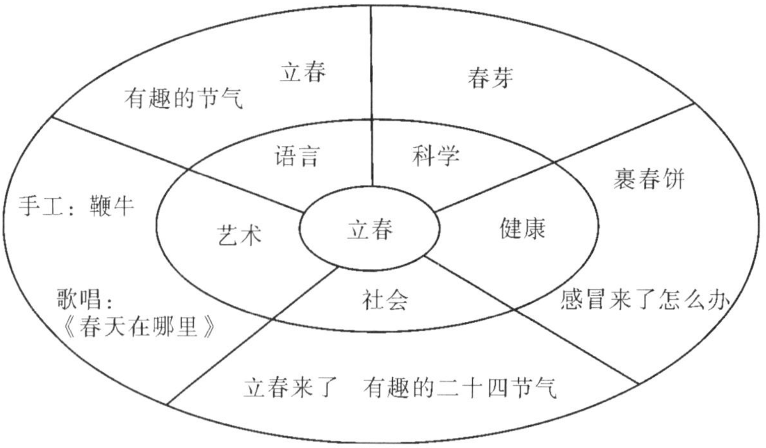

“立春”主题活动网络

五、主题活动实施注意事项

1. 依据班级幼儿发展水平适当调整活动

以上主题活动网络中的子活动在活动案例中仅针对某一特定年龄阶段的幼儿进行设计，但幼儿具有个体差异，因此班级教师在活动案例的基础上，应针对本班幼儿的实际情况适当增加或减少难度，以适宜本班幼儿的身心发展特点。

2. 因地制宜

以上主题活动网络涉及的活动取材于国内各地区立春的习俗，各地区幼儿园可选择更符合当地特色的活动。其中，活动案例的活动目标、活动准备等仅供参考，教师应根据具体情况进行调整或者准备。若为开阔眼界选择其他地区习俗进行教学设计，应在前期对相关知识进行介绍。

3. 家园共育

二十四节气与农事密切相关，对于身处农村的幼儿而言，他们的家庭生活和生产与此密切联系，因此，可多让家长参与此主题活动。例如，让家长与幼儿一同收集活动材料，让幼儿向家长询问与节气相关的农谚、农事活动、生活经验以及当地风俗等，也可邀请在这方面知识经验丰富的家长到幼儿园支持和参与各项活动。

六、活动案例

大班语言活动——有趣的节气

【活动目标】

认知目标：知道一年有二十四节气，初步了解各个节气的名称。

能力目标：通过对节气的了解，唱出《二十四节气歌》。

情感目标：通过了解二十四节气，感知中华传统文化的博大精深。

【活动准备】

物质准备：《二十四节气歌》、视频《二十四节气的由来》。

经验准备：幼儿已经在家和家长共同了解过立春。

【活动过程】

1. 导入部分（问题导入）

师：小朋友们，你们知道一年有多少个季节吗？

师：还有一种划分的方法，就是把一年划分为二十四个节气。

2. 基本部分

（1）幼儿了解二十四节气的由来。

师：你们知道二十四节气是怎么来的吗？

教师播放介绍二十四节气由来的视频，让幼儿知道二十四节气和我国农耕文化密切相关。

（2）教师进行讲解：中国是农业大国。在农业社会，春耕、夏耘、秋收、冬藏都是大事，农民需要一套规则来掌握气候和季节变化，二十四节气就是由此诞生的。

（3）幼儿学习《二十四节气歌》。（人们为了便于记诵节气名称，编了一首《二十四节气歌》。）

教师整体读一遍《二十四节气歌》，幼儿倾听。

二十四节气歌

春雨惊春清谷天，
夏满芒夏暑相连。
秋处露秋寒霜降，
冬雪雪冬小大寒。

教师教幼儿读，并进行简单解读，幼儿跟读。

幼儿分组读《二十四节气歌》。

最后教师播放《二十四节气歌》，全班一起跟唱。

3. 结束部分

幼儿做游戏——“淘气的二十四节气”。

【活动延伸】

幼儿回家给爸爸妈妈讲述二十四节气，并教爸爸妈妈唱《二十四节气歌》。

大班社会活动——立春来了

【活动目标】

认知目标：初步了解二十四节气；知道立春是节气之首，了解立春的习俗。

能力目标：能与同伴分享立春的习俗。

情感目标：体验立春的愉快气氛，激发探索的欲望，并愿意大胆尝试。

【活动准备】

物质准备：各地有关立春风俗的图片。

经验准备：幼儿已经在家和家长共同了解过立春。

【活动过程】

1. 导入部分（问题导入）

师：小朋友们，你们知道一年有多少个季节吗？现在是什么季节呢？

师：你们知道一年有多少个节气吗？（引出二十四节气和节气之首——立春）

教师带领幼儿复习《二十四节气歌》，引导幼儿说出第一个节气“立春”。

2. 基本部分

（1）幼儿了解立春的由来。

教师介绍立春的由来和有关立春的故事传说，让幼儿初步了解立春。

师：立春作为第一个节气，代表着春天的到来。你们知道立春有什么习俗吗？

（2）幼儿自由交流立春的相关习俗。

（3）师幼共同探讨立春的风俗习惯。

师：你们知道立春大家都可以做些什么、吃些什么吗？

幼儿讨论并自由发言。

教师给幼儿展示有关立春风俗的图片。

①迎春。

迎春是在立春前一日进行的，目的是把春天和句芒神接回来。

②咬春。

立春日吃春饼称为“咬春”，不过在南方流行吃春卷，有祛病迎春的寓意。

③鞭春。

春牛是农耕文明的象征，在立春当天，人们把土牛、泥牛打碎，争抢春牛土，谓之“抢春”，以抢得牛头为吉利。

④踏春。

立春后，春暖花开，人们喜欢外出游春，俗称出城探春、踏春，这也是春游的主要形式。

3. 结束部分

幼儿共同玩游戏——“打春”。

【活动延伸】

幼儿回家给爸爸妈妈讲述立春的由来及风俗。

大班科学活动——春芽

【活动目标】

认知目标：通过观察知道植物发芽是春天的主要特征。

能力目标：观察和发现事物变化的能力。

情感目标：体验探索大自然的乐趣，知道爱护花草树木。

【活动准备】

物质准备：种子发芽过程的视频、各种各样种子的图片。

经验准备：幼儿已经知道一些常见的种子。

【活动过程】

1. 导入部分

师：你们知道种子发芽是什么样的吗？你们见过吗？让我们一起看看种子发芽的过程吧！

教师播放种子发芽过程的视频，激发幼儿对“春芽”活动内容的兴趣和好奇心。

2. 基本部分

（1）幼儿初步认识种子发芽的过程。

幼儿观察视频中的种子发生了什么变化。

师：你刚刚看到了什么？
幼儿说一说种子发芽的过程经历了哪些阶段。
教师小结种子发芽的过程。
（2）幼儿初步认识各种各样的“芽”。
教师出示各种植物小芽的图片。
师：刚刚发出的小芽像什么？是什么颜色的？种子发芽前后有什么变化呢？
幼儿观察并回答。
（3）幼儿进一步认识各种各样的芽。
师：如果我们要画芽应该怎么画？
教师画出“芽”，让幼儿进一步感知芽的特征。
幼儿也可以动手画。
幼儿大胆猜测和想象芽长大后是什么样子。
师：你们觉得芽长大后会变成什么样子呢？会发生什么变化？
3. 结束部分
幼儿和教师共同去室外寻找“春芽”。
【活动延伸】
幼儿回家和家长共同“发芽”，并种植在花盆里。
※视频链接可扫描前言处二维码获取。

中班健康活动——裹春饼

【活动目标】
认知目标：初步学习翻滚动作的要领。
能力目标：能够与同伴合作完成翻滚动作。
情感目标：愿意参加集体活动，并体验集体活动的乐趣。
【活动准备】
物质准备：地垫8张，红色广告布（小的16张，大的1张），鼓1个，录音机1个，音乐2首（1首动感的和1首缓慢的）。
经验准备：幼儿吃过春卷，知道春卷的外形特征等。
【活动过程】
1. 导入部分（热身活动）
（1）师幼共同游戏：对答歌——《我的朋友在哪里》。
（2）幼儿随着音乐做动感操。
幼儿随着音乐快慢做动作。音乐逐渐变慢，幼儿也逐渐放慢速度。
（3）教师以对答歌的形式与幼儿进行互动，做游戏，在边问边答边跑边跳中舒展了肌体和关节，达到了热身的效果，激起幼儿愉快的情绪。
2. 基本部分
（1）幼儿自由探索游戏。
师：今天，请小朋友们到地垫上翻一翻、滚一滚，看看谁翻得漂亮，谁翻得和别人不一样。
幼儿分组活动（每4人1组）。

幼儿在垫子上自由翻滚。

教师观察，并注意幼儿有哪些不同的翻滚方法。

（2）个别幼儿演示翻滚动作。

教师请几个幼儿分别上来演示翻滚动作。

教师讲解“翻滚”动作的要领。

（3）幼儿随着鼓声练习不同的翻滚方法。

教师敲鼓。

幼儿随着鼓声，做自己喜欢的翻滚动作。

幼儿分组练习（每4人1组）。

幼儿随着鼓声的节奏进行翻滚（连续、变速翻滚）。

（4）幼儿练习合作“裹春卷”。

教师拿出红布，引出“裹春卷”游戏。

师：小红布也想和我们玩裹春卷的游戏。红布是春卷的皮，我们当春卷的馅儿，我们一起来裹春卷吧！

教师与幼儿合作示范推滚的动作。

幼儿分组练习（2人1组，拿1块红布，合作练习推、滚动作）。

教师巡回指导。

（5）幼儿练习自己“裹春卷”。

师：小朋友们做得非常棒，现在请所有的小朋友都来自己裹成小春卷。

可加快速度，随着音乐幼儿自己练习“裹春卷”的动作。

教师巡回指导。

（6）4组进行PK（对决）比赛，看哪组春卷先裹好。

随着音乐，幼儿开始“裹春卷”，看哪组裹得又快又好。

3. 结束部分

教师请个别幼儿上来给大家表演动作，教师点评。

【活动延伸】

户外活动：继续练习“裹春卷”。

中班艺术活动——鞭牛（手工）

【活动目标】

认知目标：知道“鞭牛”是我国立春日的传统习俗。

能力目标：增强揉搓和造型的能力。

情感目标：激发表现美的能力和情趣，体验手工活动的快乐。

【活动准备】

物质准备：彩纸、彩笔等绘画材料。

经验准备：幼儿知道立春的传统习俗。

【活动过程】

1. 导入部分（故事导入）

教师给幼儿讲“鞭牛”的故事，向幼儿介绍立春的习俗之一就是“鞭牛”，并告诉幼儿怎样“鞭牛”。

师：今天老师给大家准备了材料，我们也一起来制作“鞭牛”好吗?

2. 基本部分

(1) 教师讲解制作“鞭牛”的方法。

教师介绍制作“鞭牛”用到的材料。

教师边做示范边讲解做法。

幼儿认真观察，仔细听教师的讲解。

(2) 教师强调注意事项：

可以随意搭配牛的颜色；

保持画面整洁。

(3) 幼儿尝试制作。

教师发放材料。

教师再次强调制作方法和步骤，幼儿可以边听教师讲解边制作。

教师巡回指导。

3. 结束部分

教师请个别幼儿展示自己的作品，并对幼儿的作品进行点评。

【活动延伸】

教师将幼儿的作品挂在班级展示区，并在美工角准备制作“鞭牛”的材料，幼儿可自由练习制作。

中班艺术活动——鞭牛（手工）

中班艺术活动——《春天在哪里》（歌唱）

【活动目标】

认知目标：理解歌词，感受歌曲优美的旋律。

能力目标：能在教师的引导下正确地演唱歌曲，并尝试用简单的动作表现歌曲内容。

情感目标：感受春天的美好，体验歌唱活动的乐趣，激发唱歌的兴趣。

【活动准备】

物质准备：儿歌视频、PPT、春天景色的图片。

经验准备：幼儿已经对春天有了一定的了解。

【活动过程】

1. 导入部分

教师通过谈话，引入主题。

师：现在天气渐渐变得暖和了，你们知道现在是什么季节吗？

师：春天到来了。天气暖和起来了，小朋友们知道春天有什么样的景色吗？今天老师带大家看看，春天到来后大自然发生了哪些美丽的变化。

教师展示有关春天的图片。

师：春天可真漂亮呀！今天老师还带来了一首有关春天的好听的儿歌，我们一起来欣赏吧！

2. 基本部分

（1）幼儿整体感知儿歌。

教师完整播放儿歌视频，引导幼儿观看。

（2）幼儿分段欣赏儿歌。

师：我们现在就一起来欣赏这首好听的歌曲。

教师分段播放儿歌，幼儿欣赏。

教师通过提问，帮助幼儿理解歌词。

师：听了这首歌你有什么感觉？春天里有哪些美丽的景色？

教师请幼儿说说，熟悉歌曲。

教师通过范唱、幼儿跟唱的形式，让幼儿进一步练习儿歌。

（3）幼儿整体练习儿歌。

教师播放儿歌，幼儿分组练习儿歌。

3. 结束部分

教师引导幼儿大胆表现歌曲，运用身体随意做出相应的动作。活动结束，教师总结延伸。

【活动延伸】

户外活动：欣赏美丽的春天。

雨　水

一、设计意图

雨水，是二十四节气中的第二个节气。雨水至，太阳的直射点由南半球逐渐向北靠近。这时随着日照时数和强度逐日增加，气温逐渐回升，冰雪融化、降雨开始。因为二十四节气的起源地就是黄河流域一带，人们看到降水由雪变成了雨，因此给这个节气取名“雨水”。由于地域广大，民族众多，加上许多故事传说，各地也有着各不相同的习俗。对于幼儿来说，他们可能对雨水这个节气不是很熟悉，但是“雨”是幼儿生活中常见的，也是幼儿比较感兴趣的。幼儿园应该抓住这个大好的学习和活动时机，开展各种相关的主题活动，提高幼儿园小朋友对雨水节气的认识；通过故事、游戏、科学探索、绘画、音乐等不同形式的活动，让幼儿认知自然规律，感受中华优秀传统文化的丰富与美好。

二、活动领域

“雨水”主题活动涉及语言、科学、艺术、健康、社会领域。

三、主题活动总目标

（1）让幼儿感知雨水的节气特征及习俗；
（2）让幼儿能理解和讲述有关雨的节气故事，能表现或创作雨水主题的艺术作品；
（3）让幼儿对与雨水相关的传统文化和大自然产生认同和敬畏。

四、主题活动网络

“雨水”主题活动面向幼儿园全体幼儿，分年龄阶段设置小、中、大班的集体教学活动。由于各个年龄阶段幼儿的身心发展特征不同，各个幼儿园的实际情况存在差异，我们尽量选择取材方便、贴近生活的活动。

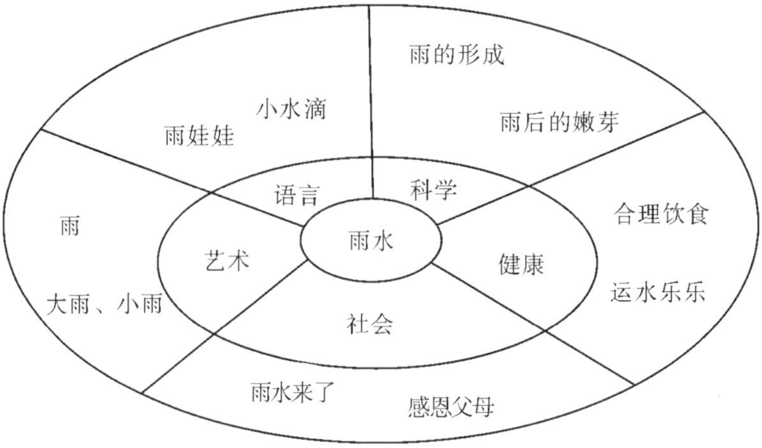

"雨水"主题活动网络

五、主题活动实施注意事项

1. 依据班级幼儿发展水平适当调整活动

以上主题活动网络中的子活动在活动案例中仅针对某一特定年龄阶段的幼儿进行设计，但幼儿具有个体差异，因此班级教师在活动案例的基础上，应针对本班幼儿的实际情况适当增加或减少难度，以适宜本班幼儿的身心发展特点。

2. 因地制宜

以上主题活动网络涉及的活动取材于国内各地区的雨水习俗，各地区幼儿园可选择更符合当地特色的活动。其中，活动案例的活动目标、活动准备等仅供参考，教师应根据具体情况进行调整或者准备。若为开阔眼界选择其他地区习俗进行教学设计，应让幼儿进行前期的知识经验准备。

3. 家园共育

二十四节气与农事密切相关，对于身处农村的幼儿而言，他们的家庭生活和生产与此密切联系，因此，可多让家长参与此主题活动。例如，让家长与幼儿一同收集活动材料，让幼儿向家长询问与节气相关的农谚、农事活动、生活经验以及当地风俗，也可邀请此方面知识经验丰富的家长到幼儿园支持和参与幼儿园各项活动。

六、活动案例

大班社会活动——雨水来了

【活动目标】

认知目标：知道雨水是二十四节气的第二个节气，了解雨水的习俗。

能力目标：探索、发现生活的多样性及特征，能说出几个雨水的习俗。

情感目标：体验雨水的愉快气氛，激发探索的欲望，并愿意大胆尝试。

【活动准备】

物质准备：二十四节气表、各地有关雨水风俗的图片。

经验准备：幼儿已经在家和家长共同了解过雨水。

【活动过程】

1. 导入部分（问题导入）

师：小朋友们，你们还记得一年有多少个节气吗？还记得第一个节气是什么吗？

教师出示二十四节气表，幼儿回忆二十四节气，并知道第二个节气——雨水。

2. 基本部分

（1）幼儿了解雨水的由来。

教师介绍雨水的由来和有关雨水的故事传说，让幼儿初步了解雨水。

师：你们知道雨水的传说吗？老师给你们说一说吧！

（2）幼儿自由交流雨水的相关习俗。

（3）师幼共同探讨雨水的风俗习惯。

师：你们知道雨水时节大家都可以做些什么、吃些什么吗？

幼儿自由发言。

教师给幼儿展示有关雨水风俗的图片，并进行解说。

①占稻色。

这是流行于华南稻作地区的民间习俗。古人利用爆炒糯谷米花，来占卜这一年稻谷收获的情况，欲用此法来把握农事。收成的好坏，就看爆出的糯米花数量的多寡。爆出来的糯米花越多，这一年稻谷的收成就越好；爆出来的糯米花越少，就意味着收成不好，米价将变贵。

②“拉保保”（“撞拜寄”）。

“保保”是四川方言里“干爹”的意思。在雨水这天，川西人带着孩子，出门寻找一位合乎心意的“干爹”，希望能护佑小孩健康成长。

雨水节拉干爹，意取“雨露滋润易生长”之意。

③接寿。

对于川西一带，雨水是一个尽孝的日子。

雨水当天，出嫁的女儿要带着丈夫回娘家送礼。

④回娘家。

回娘家，还有一样必不可少的礼物，那就是儿女们亲手做的“罐罐肉”。吃完后，父母会在瓦罐里装满米，或是封一个红包，以此祝愿女儿家中物足粮丰。

⑤送伞。

在我国部分地区，雨水这天出嫁的女儿带女婿回门探亲时，岳父岳母会给女婿送上一把雨伞，不仅为了应景雨水节气，还为了勉励女婿，要像伞般为家庭遮风挡雨。

教师请幼儿上来根据图片说出雨水的风俗。

3. 结束部分

幼儿共同玩游戏——“什么不见了”。

教师把雨水图片贴在黑板上请幼儿闭上眼睛，随机拿走一张，请幼儿睁开眼，看看哪个风俗图片不见了。

【活动延伸】

幼儿回家给爸爸妈妈讲述雨水的由来及风俗。

大班社会活动——感恩父母

【活动目标】

认知目标：知道父母的辛苦和对我们的爱。

能力目标：能用几句话来表达对父母的爱。

情感目标：愿意孝敬父母、感恩父母。

【活动准备】

物质准备：有关雨水风俗的图片。

经验准备：幼儿已经对雨水节气关于父母亲情方面的风俗有了了解。

【活动过程】

1. 导入部分（用旧知识导入新主题）

师：小朋友们，我们之前知道了雨水的一些风俗习惯，你们还记得有什么吗？

教师出示雨水风俗图片，引导幼儿说出雨水的风俗——接寿、回娘家、送伞等。

师：父母为孩子送伞、送红包、找干爹等来保孩子平安健康。孩子给父母做“罐罐肉”、送红绸带来保父母长寿健康。

幼儿说说——我们的父母都为我们做什么了呢？我们可以为他们做什么呢？

2. 基本部分

（1）介绍自己的父母。

教师先请几个表达能力强的幼儿介绍自己的父母，说说父母的职业、爱好、喜欢吃的食物、喜欢的运动等（带动其他幼儿大胆表达）。

（2）夸夸自己的父母。

①说说父母每天做的事情都有哪些，体会父母的辛苦。

教师引导幼儿表达的方式和内容（工作多么辛苦呀、家务活重呀等等）。

教师请幼儿用几句温馨的话来表达对父母的爱。

②说说父母是如何疼你、爱你的，感受父母的爱表现在什么地方。

（3）说说我们应该怎么做，知道感恩父母。

①分组讨论：怎样感恩父母。幼儿和大家分享自己的主意和建议。

②说说自己能做些什么、能帮父母做些什么。

③每组派代表上来说一说可以做哪些事感恩父母。

3. 结束部分

教师小结：我们的父母那么辛苦又那么爱我们，我们也应该懂得感恩父母、爱我们的父母。大家一起唱《听我说谢谢你》。

【活动延伸】

幼儿回家对爸爸妈妈说一句：“爸爸妈妈你们辛苦了，我爱你们。”幼儿学会自己的事情学着自己做，帮爸爸妈妈做一些力所能及的事。

大班科学活动——雨的形成

【活动目标】

认知目标：知道雨形成的过程，知道云和风的关系。

能力目标：能主动探究，并能画出简单的雨形成的循环图。

情感目标：愿意主动探究问题，并能够体验探索的乐趣。

【活动准备】

物质准备：《小水滴旅行记》的视频、云的头饰、水滴的头饰。

经验准备：幼儿看过雨，对雨有一定的了解。

【活动过程】

1. 导入部分（问题导入）

师：小朋友们，现在是二十四节气中的雨水节气。这个季节下雨比较多，那么你们知道雨是怎么形成的吗？

2. 基本部分

（1）探索雨的形成过程。

幼儿共同讨论雨的形成过程。

幼儿说一说雨是怎么形成的，教师引导幼儿一起讨论雨的形成。

（2）初步了解雨形成的过程。

师：刚才小朋友们都说了自己的想法，那么雨到底是怎样形成的呢？

教师播放视频《小水滴旅行记》。

幼儿欣赏视频，初步了解雨的形成过程。

（3）结合视频，进一步探究雨的形成。

教师播放视频，幼儿认真观看视频，师幼共同探讨雨的形成过程。

师：视频中的下雨云帮了什么忙？（许多云聚在一起，负荷太重，变成雨滴往下落）

师：云是怎么形成的？它们怎么会聚在一起？（水蒸气往上升变成了云，天空中有很大的风，吹得云很冷很冷，它们飘啊飘就聚在一起了）

师：水蒸气是怎么形成的？（江河里的小水滴被太阳晒得暖暖的，它们变成水蒸气往上升）

（4）绘制雨形成的简易循环图。

师幼共同讨论并总结雨的形成过程。

教师示范画雨形成的简易循环图。

幼儿分组合作画雨形成的简易循环图。

教师巡回指导。

3. 结束部分

幼儿小组派代表展示并讲解绘制的雨形成的简易循环图，教师评析。

【活动延伸】

表演区：幼儿用表演展现出雨的形成过程。幼儿扮风和云，表现出各自的形态，然后慢慢聚集在一起，当所有的云聚在一起时，发出"哗啦啦"的雨声。

中班科学活动——雨后的嫩芽

【活动目标】

认知目标：知道种子发芽的三个条件：水、空气和适宜的温度。

能力目标：能画出种子发芽过程的简易图。

情感目标：感受植物的生命力，体验探索的快乐。

【活动准备】

物质准备：种子宝宝故事的图片、三个种种子宝宝的纸杯（有发芽的，有没发芽的）。

经验准备：幼儿已经知道了种子会发芽。

【活动过程】

1. 导入部分（故事导入）

师：今天有几个种子宝宝来我们班，我们一起来听听它们的故事吧！

教师边出示种子宝宝的图片，边讲述种子宝宝的故事。

师：雨水节气到了，天空下起了雨，户外的种子宝宝们一个个争着发芽，因为它们也想象它们的妈妈一样长出茂盛的叶子。有一天，青菜籽宝宝、绿豆宝宝、黄豆宝宝和它们的妈妈在一起玩，它们吵着要妈妈教它们发芽。妈妈们告诉三个孩子，要到有水、有空气、比较暖和的地方去发芽，才能像妈妈一样长出绿色的叶子。于是，三个种子宝宝出发去找。找呀找，绿豆宝宝来到小朋友的自然角里，看见一个杯子，里面有一团棉花，软软的，而且空气也很好，也很暖和，于是，它就跳进第一个杯子里等待发芽。黄豆宝宝也来到这里看见另一个杯子里有很多很多的水，也有一团棉花，它想："哇！这里真好，有那么多的水可以喝，躺在里面真舒服，还能游泳呢！"于是，它也跳进去等待发芽。青菜籽宝宝呢，也来到这里，它也看见一个杯子，里面也有一团棉花，还有一点点的水，它想起妈妈对它说的要找一个有水、有空气又暖和的地方发芽，于是，它就跳进第三个杯子里等待发芽。

师：你们想不想知道它们谁成功了呀？我们一起看一看吧。

2. 基本部分

（1）初步观察三个种子宝宝的变化。

师：这三个种子宝宝在我们的自然角里生活着，它们天天盼望着自己能快点发芽，时间过去了一天、两天、三天、一个星期、两个星期，你们猜，种子宝宝们有什么变化呢？

教师引导幼儿观察三种种子的变化。

（2）进一步观察三种种子宝宝的变化。

师：这三种种子有什么变化？都发芽了吗？（有的发芽了，有的没发芽）为什么有的发芽，有的没有发芽呢？

教师请一个幼儿发表自己的看法。

教师总结：

第一个原因是没水。这里没水，种子宝宝渴死了，当然发不了芽，我们小朋友不喝水行不行？第二个原因是水过多，没空气。水太多了，透不过气来了，所以发不了芽，我们人没有空气行不行？（教师引导幼儿用手捂住鼻子不呼吸。）

师：那么青菜籽宝宝为什么芽发得那么好呢？

幼儿自由回答。

教师总结：发芽的青菜籽宝宝有合适的空气、水和适宜的温度，所以才发芽。原来啊，雨水的节气来了，天气也暖和起来了，有暖暖的太阳、柔柔的风、清新的空气，还有下雨的天气，这是种子宝宝发芽的最好时节。

3. 结束部分

师：今天我们通过种子宝宝的故事，知道了种子发芽需要什么，那小朋友们可以在家里种种子，看看谁的种子发芽发得最好、最快。

【活动延伸】

幼儿绘制出种子发芽过程的简易图。

惊 蛰

一、设计意图

惊蛰，是二十四节气的第三个节气。惊蛰至，天气继续回暖，大地温度升高，使冬眠的小动物感受到了自然界的变化，冬眠的小动物们开始从冬眠状态复苏，因此，“惊蛰”就是把蛰伏的小动物唤醒的意思。惊蛰以后，大气层冷暖气流变化大，会出现雷电天气，因此，有“惊蛰春雷醒百虫”之说。由于我国地域广大，民族众多，加上许多故事传说，各地也有着各不相同的习俗。幼儿对惊蛰这个节气虽然不是很熟悉，但是这个节气是一个充满生命力的节气，昭示着生命力的勃发，符合幼儿年龄特点，很容易激发起幼儿的兴趣。因此幼儿园应该抓住这个大好的学习和活动时机，开展各种相关的主题活动，提高幼儿园小朋友对惊蛰节气的认识；通过故事、游戏、科学探索、绘画、音乐等不同形式的活动，让幼儿认知自然的规律，感受中华优秀传统文化的丰富与美好。

二、活动领域

“惊蛰”主题活动涉及语言、科学、艺术、健康、社会领域。

三、主题活动总目标

（1）让幼儿感知惊蛰的节气特征及习俗；

（2）让幼儿能理解和讲述有关惊蛰节气故事，能表现或创作有关惊蛰节气主题的艺术作品；

（3）让幼儿对与惊蛰相关的传统文化和大自然产生认同和敬畏。

四、主题活动网络

“惊蛰”主题活动面向幼儿园全体幼儿，分年龄阶段设置小、中、大班的集体教学活动。由于各个年龄阶段幼儿的身心发展特征不同，各个幼儿园的实际情况存在差异，我们尽量选择取材方便、贴近生活的活动。

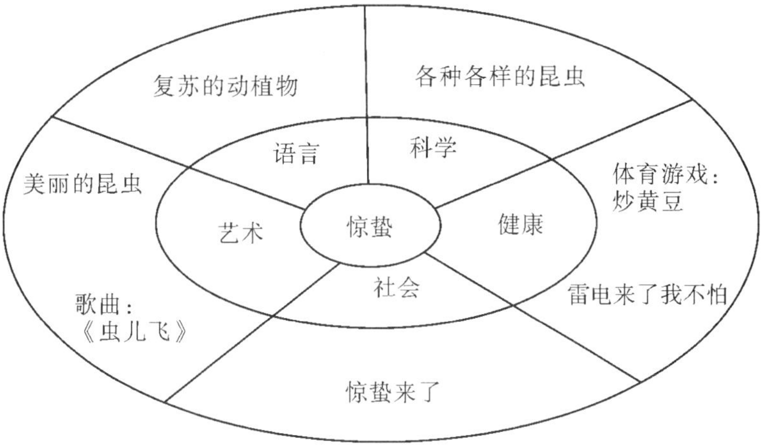

“惊蛰”主题活动网络

五、主题活动实施注意事项

1. 依据班级幼儿发展水平适当调整活动

以上主题活动网络中的子活动在活动案例中仅针对某一特定年龄阶段的幼儿进行设计，但幼儿具有个体差异，因此班级教师在活动案例的基础上，应针对本班幼儿的实际情况适当增加或减少难度，以适宜本班幼儿的身心发展特点。

2. 因地制宜

以上主题活动网络涉及的活动取材于国内各地区惊蛰的习俗，各地区幼儿园可选择更符合当地特色的活动。其中，活动案例的活动目标、活动准备等仅供参考，教师应根据具体情况进行调整或者准备。若为开阔眼界选择其他地区习俗进行教学设计，应在前期对相关知识进行介绍。

3. 家园共育

二十四节气与农事密切相关，对于身处农村的幼儿而言，他们的家庭生活和生产与此密切联系，因此，可多让家长参与此主题活动。例如，让家长与幼儿一同收集活动材料，让幼儿向家长询问与节气相关的农谚、农事活动、生活经验以及当地风俗等，也可邀请在这方面知识经验丰富的家长到幼儿园支持和参与各项活动。

六、活动案例

大班社会活动——惊蛰来了

【活动目标】

认知目标：知道惊蛰是二十四节气的第三个节气，了解惊蛰的习俗。

能力目标：探索、发现生活的多样性及特征，能说出几个惊蛰的习俗。

情感目标：体验惊蛰节气的愉快气氛，激发探索的欲望，并愿意大胆尝试。

【活动准备】

物质准备：二十四节气表、各地有关惊蛰风俗的图片。

经验准备：幼儿已经在家和家长共同了解过惊蛰。

【活动过程】

1. 导入部分（问题导入）

师：小朋友们，你们还记得一年有多少个节气吗？还记得第一个节气和第二个节气分别是什么吗？

教师出示雷电天气的图片，提问：小朋友看这张图片里是什么天气呀？

教师出示二十四节气表，幼儿回忆二十四节气，并知道第三个节气——惊蛰。

2. 基本部分

（1）幼儿了解惊蛰的由来。

教师介绍惊蛰的由来和有关惊蛰的故事传说，让幼儿初步了解惊蛰。

（2）师幼共同探讨惊蛰各地的风俗。

师：你们知道在惊蛰节气，大家都可以做些什么、吃些什么吗？

幼儿自由发言。

教师给幼儿展示有关惊蛰风俗的图片。

①祭白虎，化是非。

中国民间传说白虎是口舌、是非之神，会在惊蛰这天出来觅食、伤人，所以有此习俗。

在古人心目中，老虎是既可怕又可敬的动物。一方面，老虎凶猛无比，能够辟邪；另一方面，老虎是食肉动物，经常会残害家禽、家畜和人。每到惊蛰，特别是中老年人就会手拿祭品，排队祭白虎。有些人还拿鸭蛋喂虎，同时口里念叨“好人近身，小人远离”。

②打小人，驱霉运。

古时惊蛰当日，人们会熏艾草驱赶蛇虫蚊鼠和霉味。

春雷惊醒了害虫，每到这一天，农户就要拿着扫帚到田间举行扫虫仪式；同时还要手持清香、艾草，熏家里的每个角落，希望能够驱走蛇、虫、蚊、鼠等。打小人就源于驱虫。

③祭雷神，蒙鼓皮。

人们认为，惊蛰这天，天庭有雷神击天鼓，故有雷声，所以利用这个时机来祭雷神、蒙鼓皮，表达对大自然的崇敬之意。

④吃梨。

惊蛰吃梨，寓意着和害虫分离，远离疾病。从养生角度来说，此时吃梨也能滋阴清热，润肺止咳，增强体质。梨的吃法很多，可以生吃、可以蒸、可以榨汁，如果咳嗽厉害，还可以用冰糖蒸梨。一方面要吃梨，另一方面要尽量少吃刺激性的食物，比如辣椒、胡椒等。

惊蛰吃梨，还有让人们“努力”的寓意。

⑤炒虫。

有些地方还有“炒虫”习俗，就是把芝麻、黄豆等放在锅中爆炒，炒好了，全家人围在一起大吃，还要大喊：“吃炒虫了，吃炒虫了！”

师：刚才听了惊蛰的习俗，请小朋友们选择一张图片说出是什么习俗。

3. 结束部分

幼儿共同玩游戏——“炒豆子”。

【活动延伸】

幼儿回家给爸爸妈妈讲述惊蛰的由来及风俗。

大班社会活动——惊蛰来了 1

大班社会活动——惊蛰来了 2

大班社会活动——惊蛰来了3

中班语言活动——复苏的动植物

【活动目标】

认知目标：知道惊蛰是万物复苏的节气，并了解惊蛰节气万物复苏的变化。

能力目标：能模仿“轰隆轰隆，惊蛰来了，春雷响了，×××了”的固定句式描述惊蛰时事物变化的现象。

情感目标：愿意表达自己的观点，体验语言活动的快乐。

【活动准备】

物质准备：惊蛰节气的图片、“雷声”和“黄鹂叫声”等音频、“万物复苏”的系列图片。

经验准备：幼儿已经对惊蛰有了一定的了解。

【活动过程】

1. 导入部分（图片导入）

教师出示惊蛰节气的图片。

师：小朋友们，你们知道图片中是哪个节气吗？你是从哪里发现的？你听，这是什么声音？（播放“雷声”的音频）

教师小结：这是春天的第一声雷，也叫春雷，它会在惊蛰时响起。这个雷声特别厉害，它的响声能够叫醒很多小动物和植物。让我们来体验一下它的厉害吧！

2. 基本部分

（1）幼儿初步感知惊蛰的节气特点。

教师播放音频，出示“万物复苏”的图片，引导幼儿了解惊蛰时节万物复苏的节气特点。

师：“轰隆轰隆，惊蛰来了，春雷响了”，我们一起来看一下会有什么故事发生吧！

（2）幼儿进一步感知惊蛰的节气特点，学习固定句式。

①教师引导幼儿了解桃花会在惊蛰时节开放。

教师出示图片“万物复苏——桃花”，引导幼儿观察图片。

师：画面上有什么？（桃花）它发生了什么变化？（开了）

幼儿自由回答。

教师小结：惊蛰到了，桃花开了。

教师先读出句式：“轰隆轰隆，惊蛰来了，春雷响了，桃花开了。”请幼儿一起念。

②教师引导幼儿了解黄鹂在惊蛰时节苏醒啼叫。

教师播放“黄鹂啼叫”的音频，启发幼儿猜想画面。

师：这是谁的叫声？

教师出示“黄鹂啼叫”图片，幼儿验证自己的猜想是否正确。

师：它在做什么呢？（黄鹂鸟在快乐地啼叫）黄鹂鸟在惊蛰啼叫了，这里可以怎么说？

幼儿在教师引导下尝试说出所学句式：“轰隆轰隆，惊蛰来了，春雷响了，黄鹂叫了。”

③教师引导幼儿了解老鹰在惊蛰时节苏醒觅食。

教师出示“万物复苏——老鹰”的图片，引导幼儿观察图片。

师：谁出现了？它在做什么？

幼儿自由回答。

教师小结：老鹰从冬眠中醒来了，它的肚子太饿了，着急地飞出去找吃的了。

师：老鹰在惊蛰的时候飞走了。请你来用前面的句式把这句话说出来。

幼儿尝试说出“轰隆轰隆，惊蛰来了，春雷响了，老鹰飞了”。

④教师出示组图“春雷还叫醒了它们”，鼓励幼儿根据画面，用固定句式完整表述。

师：惊蛰时，还有什么被春雷叫醒了？你会怎么说？请试着用“轰隆轰隆，惊蛰来了，春雷响了，×××了”的句式来说说吧。

3. 结束部分

教师组织幼儿玩小游戏“说惊蛰，比一比”，引导幼儿巩固固定句式。

师：我们分成男生组和女生组，用刚才的句式来说，哪一组说出一句加一分，得分高的得贴纸一枚。

【活动延伸】

幼儿把学到的新句式教给爸爸妈妈，再尝试说一些惊蛰的节气变化。

中班语言活动——复苏的动植物 1

中班语言活动——复苏的动植物 2

中班健康活动——雷电来了我不怕

【活动目标】

认知目标：知道雷电给人们生活造成的阻碍和躲避雷电的方法。

能力目标：能认真观察生活中的各种现象，并能通过实证探索科学现象。

情感目标：体验健康活动的乐趣，增强自我保护的意识。

【活动准备】

物质准备：雷声的音频、各类有关雷电的图片、躲避雷电的图片。

经验准备：幼儿经历过雷电天气，看到过雷电现象。

【活动过程】

1. 导入部分

教师播放雷声的音频，幼儿倾听。

师：你听，是什么声音？（打雷的声音）

师：我们什么时候会听到打雷的声音呢？除了打雷我们还会看到什么？

教师出示各类有关雷电的图片。

师：我们听到了雷的声音，也看到了雷电的图片，雷电对我们有什么影响呢？

2. 基本部分

（1）教师再次出示各类有关雷电的图片。

师：小朋友，你们看看这些图片上有什么？它对咱们的生活会有危害吗？

幼儿认真观看图片并大胆发表自己的观点。

（2）幼儿初步了解雷电的危害。

教师播放雷电给人们带来危害的视频。

幼儿认真观看视频。

师：雷电给我们的生活都带来了哪些危害呢？

幼儿自由回答。

教师小结：雷电给我们带来的危害非常大，它不仅会引发火灾，而且如果人或动物被雷电击中，会受到很严重的伤害，甚至死亡。那么在雷电天气，我们应该如何保护自己呢？

（3）幼儿了解雷电天气躲避雷电、保护自己的方法。

幼儿自由说出在雷电天气躲避雷电和保护自己的方法。

教师出示躲避雷电的图片，幼儿观看。

教师请幼儿说出图片中的人如何躲避雷电。（不接电话、不要开窗、拔掉电源插头、不在大树下避雨）

教师小结：有雷电时要赶快关闭门窗，不要站在窗口，把房间里的电源线路断开，并拔下插头；打雷时不要用电话；雷雨天不要躲在电线杆、烟囱或大树底下，不要在水边停留；假设在空旷地带听见雷声，应两脚并拢迅速蹲下，双手抱住头。

（4）幼儿尝试做出躲避雷电的动作。

①教师先请幼儿说说躲避雷电可以做哪些动作来保护自己。

②教师示范正确的躲避雷电、保护自己的动作。

③幼儿模仿教师的动作，教师请做得好的小朋友上台示范。

④教师指出躲避雷电的错误方法。

3. 结束部分

小游戏：教师做出相应的躲避雷电的动作，幼儿判断对错。

【活动延伸】

将你今天学习到的躲避雷电的方法告诉爸爸妈妈吧！

中班健康活动——雷电来了我不怕 1

中班健康活动——雷电来了我不怕 2

中班健康活动——炒黄豆（体育游戏）

【活动目标】

认知目标：知道侧身翻的技巧。

能力目标：能够做出侧翻身的动作，增强手部力量，动作协调、灵活。

情感目标：愿意和同伴合作，体验体育活动的乐趣。

【活动准备】

物质准备：音频。

经验准备：幼儿看过妈妈炒菜，知道炒菜的动作，也知道惊蛰的习俗。

【活动过程】

1. 导入部分（经验导入）

（1）师幼共同回忆惊蛰的习俗。

师：小朋友们，你们还记得惊蛰的习俗吗？

师：惊蛰有一个习俗——“炒虫”，就是爆炒黄豆或芝麻等。那么你们会炒黄豆吗？在炒黄豆之前我们来一起动动身体热热身吧！

（2）热身运动。

教师播放音乐，并随着音乐做活动手臂、手指、腰等部位的动作。

幼儿随着音乐模仿教师的动作。

2. 基本部分

（1）幼儿回忆生活中炒黄豆的动作。

教师引导幼儿讨论：“炒黄豆”应该怎样炒呢？

幼儿根据已有经验——炒菜的动作，推测出炒黄豆的动作。

（2）教师介绍游戏的规则和玩法。

师：现在我们要炒黄豆，炒之前请你们去找自己的好朋友。

幼儿找到自己的好朋友后，两人面对面手拉手站好，一边说儿歌“炒、炒、炒黄豆，炒好黄豆翻跟斗”，一边向里外晃手表示“炒黄豆”的动作。儿歌结束时，两个人一块翻转身体成背对背的状态。背对背站好后，游戏继续，可继续炒，再翻转成原来面对面的动作，这样反复进行。

（3）教师指导幼儿游戏。

教师和一名幼儿示范游戏，其他幼儿观看。

幼儿尝试做游戏，教师指导。教师提醒幼儿用多种方法“炒”，如单手“炒”，双手“炒”等。

（4）幼儿自主游戏。

幼儿自由组合，两人一组，自由做“炒黄豆”的游戏。

3. 结束部分

教师适当增加游戏的难度，如延伸到“炒芝麻”“炒花生”等，还可引导幼儿交换同伴游戏。

【活动延伸】

户外活动：在户外活动的时候，幼儿之间可以玩“炒黄豆”的游戏。

春　分

一、设计意图

春分，是二十四节气的第四个节气。春分至，这一天昼夜平分，最是一年春光灿烂之时，植物进入了蓬勃生长阶段，各种娇艳花朵在这个时候傲然怒放预示着万物生长的开始。由于地域广大，民族众多，加上许多故事传说，各地也有着各不相同的习俗。幼儿可能对春分这个节气有所了解，这个节气能够激发幼儿探索的欲望。因此幼儿园应该抓住这个大好的学习和活动时机，开展各种相关的主题活动，提高幼儿园小朋友对春分节气的认识；通过故事、游戏、科学探索、绘画、音乐等不同形式的活动，让幼儿认知自然的规律、了解中国传统节气，感受传统节气的魅力，并产生文化认同。

二、活动领域

“春分”主题活动涉及健康、语言、科学、社会、艺术领域。

三、主题活动总目标

（1）让幼儿感知春分的节气特征及习俗；

（2）让幼儿能理解和讲述有关春分节气的事物，能表现或创作有关春分节气主题的艺术作品；

（3）让幼儿对与春分相关的传统文化和大自然产生认同和敬畏。

四、主题活动网络

“春分”主题活动面向幼儿园全体幼儿，分年龄阶段设置小、中、大班的集体教学活动。由于各个年龄阶段幼儿的身心发展特征不同，各个幼儿园的实际情况存在差异，我们尽量选择取材方便、贴近生活的活动。

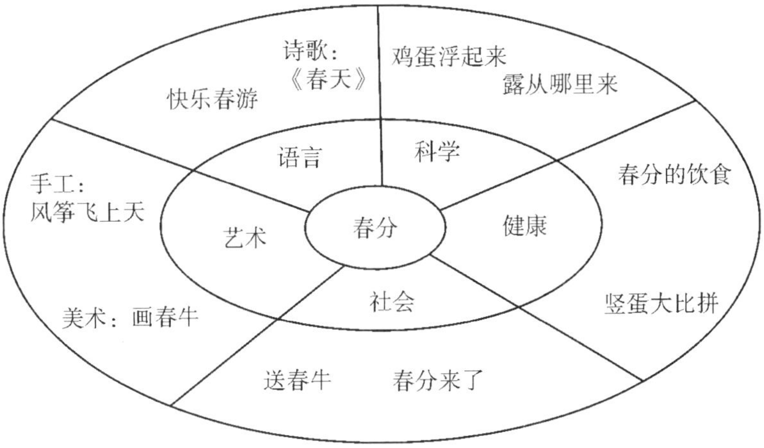

“春分”主题活动网络

五、主题活动实施注意事项

1. 依据班级幼儿发展水平适当调整活动

以上主题活动网络中的子活动在活动案例中仅针对某一特定年龄阶段的幼儿进行设计，但幼儿具有个体差异，因此班级教师在活动案例的基础上，应针对本班幼儿的实际情况适当增加或减少难度，以适宜本班幼儿的身心发展特点。

2. 因地制宜

以上主题活动网络涉及的活动取材于国内各地区春分的习俗，各地区幼儿园可选择更符合当地特色的活动。其中，活动案例的活动目标、活动准备等仅供参考，教师应根据具体情况进行调整或者准备。若为开阔眼界选择其他地区习俗进行教学设计，应在前期对相关知识进行介绍。

3. 家园共育

二十四节气与农事密切相关，对于身处农村的幼儿而言，他们的家庭生活和生产与此密切联系，因此，可多让家长参与此主题活动。例如，让家长与幼儿一同收集活动材料，让幼儿向家长询问与节气相关的农谚、农事活动、生活经验以及当地风俗等，也可邀请在这方面知识经验丰富的家长到幼儿园支持和参与各项活动。

六、活动案例

大班社会活动——春分来了

【活动目标】

认知目标：知道春分是二十四节气的第四个节气，了解春分的习俗。

能力目标：能够探索、发现生活的多样性及特征，说出春分的习俗。

情感目标：体验春分节气的愉快气氛，激发探索的欲望，并愿意大胆尝试。

【活动准备】

物质准备：二十四节气表、各地有关春分风俗的图片。

经验准备：幼儿已经在家和家长共同了解过春分。

【活动过程】

1. 导入部分（问题导入）

师：小朋友们，你们还记得一年有多少个节气吗？还记得前三个节气分别是什么吗？

教师出示二十四节气表，幼儿回忆二十四节气，并知道第四个节气——春分。

2. 基本部分

（1）幼儿了解春分的由来。

师：春分是二十四节气的第四个节气。关于春分有一个传说，让我们一起听一听吧！

教师介绍春分的由来和有关春分的故事传说，让幼儿初步了解春分。

（2）师幼共同探讨春分节气各地的风俗。

师：你们知道在春分节气，大家都可以做些什么、吃些什么吗？

幼儿讨论并自由发言。

教师给幼儿展示有关春分风俗的图片，并让幼儿说说图片上是什么。

①竖蛋。

在每年的春分那一天，各地都会有竖蛋的游戏。竖蛋游戏的玩法简单而且有趣：选择一个光滑匀称、刚下四五天的鸡蛋，轻手轻脚地在桌子上把它竖起来。

②吃春菜。

春菜是一种苋菜，又被称为春碧蒿。逢春分那天，全村人去采摘春菜。人们在田野中搜寻时，常见的春菜是嫩绿的、细的，约有巴掌那样长。采回的春菜一般与鱼片滚汤喝，名曰春汤。

③送春牛。

春分时挨家送牛图。送图者都是民间善于演唱者，主要说一些与春耕相关的吉祥的不违农时的话。送图者每到一家更是即景生情，见啥说啥，说得主人乐而给钱为止。

④春祭。

春分节气，人们开始扫墓祭祖，也叫春祭。春分扫墓开始时，首先扫祭开基祖和元祖坟墓，规模很大，队伍往往达到几百甚至上千人。大部分客家人春季扫墓时，都从春分或者更早的时候开始，最迟清明节要扫完。

⑤粘雀子嘴。

春分这一天农民都按习俗放假，每家都要吃汤圆，而且要把不用包心的汤圆十多个或二三十个煮好，用细竹叉扦着置于室外田边地坎，名曰粘雀子嘴，免得雀子来破坏庄稼。

⑥放风筝。

春分期间尤其是春分当天，还是孩子们放风筝的好时候，甚至大人们也参与。市场上有卖风筝的，多比较小，适宜于小孩子们玩耍；而有些人的风筝是自己糊的，较大，放时还要相互竞争，看哪个放得高。

（3）教师请幼儿上台说说最喜欢哪个风俗。

3. 结束部分

幼儿共同玩游戏——“撞蛋”。

【活动延伸】

幼儿回家给爸爸妈妈讲述春分的由来及风俗。

中班艺术活动——画春牛（美术）

【活动目标】

认知目标：知道什么是“春牛”、为什么画春牛。

能力目标：能画出春牛的主要轮廓，并用颜色装饰。

情感目标：体验美术活动的乐趣，感受春分时节的喜悦。

【活动准备】

物质准备：画好的春牛图、画纸、彩笔、勾线笔、彩色橡皮泥、彩色纸等。

经验准备：幼儿已经知道送春牛是春分的习俗。

【活动过程】

1. 导入部分

教师通过幼儿已有经验导入，激发幼儿兴趣，引出主题。

师：我们之前学习过了春分的习俗，哪位小朋友还记得呢？（送春牛等）

师：小朋友们回答得可真棒！是的，有一个习俗是送春牛。你们想不想去送春牛呀？

教师出示一张春牛图。

师：我这里只有一张春牛图，我们这么多小朋友，春牛图不够怎么办呀？我们先一起画春牛好不好？

2. 基本部分

（1）教师请幼儿先欣赏春牛图，说说牛有什么特征。

师：你们看到春牛是什么样的？

（2）教师根据牛的特征，示范牛的画法。

①教师边读画春牛儿歌边示范牛的画法：先画牛的大鼻子，像颗摔倒的大花生；鼻子上面画牛脸，宽宽大大立中间；从上到下来添加，头顶画牛角，牛耳分两边，眼睛瞪得大，哞哞叫得欢。

②幼儿认真观看教师的示范，可以用手在空中模仿教师的动作。

（3）幼儿试着自己画牛。

①教师给幼儿分发绘画材料。

②幼儿试着画出牛的轮廓。

③教师巡回指导，提醒幼儿画春牛的要点。

（4）装扮春牛。

师：现在我们要让春牛变好看，你们说怎样让它变漂亮呀？

幼儿回答。

①教师给幼儿分发装扮春牛的材料。

②幼儿试着用各种方法（彩笔涂色、彩色橡皮泥粘贴、彩色纸剪贴等）装扮春牛。

③教师巡回指导，帮助不会装扮春牛的小朋友。

3. 结束部分

幼儿展示并讲解自己的作品，教师予以点评。

师：现在请几个小朋友把他们的春牛图拿上来给大家讲一讲怎么装饰的吧！

师：现在请小朋友们互相和同学交换，看看别人的春牛图。

【活动延伸】

幼儿把春牛带回家给爸爸妈妈分享，但是要再带回幼儿园交给老师，以便进行后续的送春牛活动。

中班艺术活动——画春牛（美术）

中班社会活动——送春牛

【活动目标】

认知目标：知道送春牛是春分的传统习俗，了解送春牛的寓意。

能力目标：能够大胆与社区的居民交流，并把春牛送给社区居民，会说送春牛的祝福语。

情感目标：体验送春牛的快乐，愿意宣扬我国传统文化。

【活动准备】

物质准备：幼儿上次美术课上画好的春牛。

经验准备：幼儿对春牛有一定的了解。

【活动过程】

1. 导入部分

教师拿出幼儿画好的春牛，并说：小朋友们，这个是什么呀？（春牛）对的，这个是我们画好的春牛，你们知道春分送春牛是什么意思吗？就是春分的时候挨家送春牛图。

2. 基本部分

（1）教师请幼儿说祝福语。

师：我们在给别人送春牛的时候要说一些祝福的话。你们说可以说一些什么祝福语呀？

（2）幼儿在班里练习送春牛。
师：现在我们在班上找一个“居民”，我们来给他送春牛。
①教师随机找一名幼儿当社区的居民，示范给幼儿看如何送春牛，以及送春牛时应该说什么。
师：现在请小朋友去找一个好朋友，互相练习送春牛，记得说祝福语哟！
②两名幼儿一组，练习相互送春牛。
③教师进行指导并对认真的幼儿提出表扬。
（3）教师带领幼儿去其他班送春牛。
①幼儿人手一张自己绘制的春牛图。
②教师提醒幼儿去其他班级的注意事项和规则。
③教师鼓励幼儿给其他班的教师和小朋友送春牛图。
④教师在旁边做指导。
尽量让每个幼儿都能够用正确的方式送出自己的春牛图。
3. 结束部分
教师带领幼儿回班级，并对刚才送春牛图时做得很规范并说了祝福语的幼儿提出表扬。
【活动延伸】
幼儿回家继续和父母练习“送春牛”，也可以和父母共同绘制春牛图，把春牛图送给周围的人。

大班艺术活动——风筝飞上天（手工）

【活动目标】
认知目标：了解风筝的材料、结构、图案，知道放飞风筝的方法。
能力目标：能够制作简易的风筝，并能选择合适的方法装饰自己的风筝，试着放飞自己的风筝。
情感目标：乐于表达与制作，体验制作风筝和放风筝的乐趣。
【活动准备】
物质准备：已经做好的风筝、各种各样的风筝图片、制作风筝的图片和视频。
经验准备：幼儿知道放风筝是春分节气的传统习俗之一，有一定的手工经验，对风筝有一定的了解。
【活动过程】
1. 导入部分
教师通过实物导入，激发幼儿兴趣，引出活动主题。
教师出示做好的风筝。
师：小朋友们看到我手里拿着的是什么了吗？（风筝）对，是风筝。我们都知道春分有一个习俗就是放风筝，这个风筝漂不漂亮呀？我们想不想自己做一个漂亮的风筝呢？
2. 基本部分
（1）幼儿了解风筝的外形特征和基本结构。
①教师再次出示做好的风筝，让幼儿感受风筝对称图案的特点。

师：小朋友们，你们能说说你看到的风筝是什么样的吗？

师：小朋友们，我们来看这个风筝它身上左边和右边的线条，图案和颜色有什么特别的地方？（都一样）对，这叫对称。

②教师出示各种各样的风筝图片，让幼儿进一步感知风筝图案的对称美，并且让幼儿知道风筝可以装饰成很多种样子。

师：我们的风筝有各种各样的，有不同的图案，有不同的花色。

③教师让幼儿继续观察风筝，了解风筝的基本结构。

师：请小朋友们认真看一下，风筝除了有美丽的对称的图案，还有哪些组成部分呢？

幼儿自由回答风筝的基本结构。

师：你们能说一说风筝是由哪些部分组成的吗？

教师小结：是的，风筝是由风筝图、骨架、线组成的。

（2）幼儿初步了解风筝的制作方法和步骤。

教师播放制作风筝的小视频。

幼儿观看视频，初步了解风筝制作步骤。

师：请小朋友们认真看视频中风筝的制作步骤，然后告诉老师我们该先做什么、后做什么、最后做什么。

教师小结风筝制作的步骤。

（3）幼儿尝试制作风筝。

教师为幼儿分发制作风筝所用的材料。

教师为幼儿示范制作风筝的步骤。

幼儿分组尝试制作风筝。

教师提醒幼儿可以参考风筝制作的步骤图片。

教师巡回指导。

3. 结束部分

幼儿展示自己制作的风筝，大家共同欣赏、评价作品，体验完成制作风筝的成就感。

【活动延伸】

户外活动：把自己制作的风筝拿到室外放。

中班健康活动——竖蛋大比拼

【活动目标】

认知目标：掌握竖蛋的技巧，了解竖蛋活动的寓意。

能力目标：能够小心地“拿蛋”“放蛋”和“竖蛋”。

情感目标：愿意参加集体活动，体验竖蛋游戏的乐趣。

【活动准备】

物质准备：每个幼儿从家带1枚鸡蛋（生下来4~5天，光滑匀整）、竖蛋的视频。

经验准备：幼儿见过鸡蛋，知道竖蛋活动是春分节气的传统习俗。

【活动过程】

1. 导入部分

教师通过实物导入，激发幼儿兴趣，引出主题。

教师出示鸡蛋，并提问。

师：小朋友们，这个是什么呀？你们觉得鸡蛋可以怎么玩呢？（幼儿自由回答）你们还记得春分节气有一个习俗是有关鸡蛋的吗？是什么呀？

2. 基本部分

（1）教师带领幼儿回忆竖蛋的寓意。

师："春分到，蛋儿俏"，自古民间就有春分竖蛋的习俗。春分这一天最好玩的莫过于"竖蛋"。"竖蛋"除有竖立鸡蛋的本意，亦有"马上添丁"（"立诞"）之意，意味着人们祈祷人丁兴旺，代代传承。

（2）幼儿熟悉鸡蛋的放法和拿法。

师：今天我们就一起来"竖蛋"吧！

教师给幼儿演示拿蛋、放蛋的方法，并强调轻拿轻放。

教师给每个幼儿分发一枚鸡蛋。

幼儿尝试拿蛋、放蛋。

（3）教师讲解竖蛋游戏的规则。

教师播放竖蛋的视频，让幼儿说出视频中的人是怎么做的。

教师小结：小朋友们，你们要保护好你们的鸡蛋宝宝呦，千万不要用力，要轻轻地、慢慢地将鸡蛋接触地面，保持平衡，然后轻轻地让手离开鸡蛋。

（4）竖蛋。

幼儿共同竖蛋，教师巡回指导。

教师请竖蛋成功的幼儿跟大家分享竖蛋经验。

教师小结。

3. 结束部分

幼儿在鸡蛋上画上漂亮的图案。

【活动延伸】

教师在手工区放几个鸡蛋模型，让幼儿可以在那里再次尝试竖蛋游戏。

※视频链接可扫描前言处二维码获取。

中班语言活动——《春天》（诗歌）

【活动目标】

认知目标：理解诗歌的内容，感受春天的美景。

能力目标：能在集体面前朗诵诗歌。

情感目标：体验春天带给人们的喜悦情绪，产生热爱大自然的情感。

【活动准备】

物质准备：音乐《清晨》、诗歌图谱。

经验准备：幼儿对春天的特征已经有所了解。

【活动过程】

1. 导入部分（谈话导入）

师：你们知道现在是什么节气呀？（春分）那么这个节气对应一年四季的什么季节呢？（春天）是的，现在是春天，那么你感受到春天了吗？（提醒：你看到了什么、听到了什么、闻到了什么或者感觉到了什么你就知道春天来了。）

幼儿自由谈论春天的美景。

2. 基本部分

（1）师幼共同欣赏诗歌，初步感受春天的美。

师：春天到了，花开了，红的、紫的、白的、粉的；小鸟也飞上枝头，叽叽喳喳唱起了歌，春天真美啊！请听诗歌《春天》。

教师读一遍诗歌，幼儿认真倾听。

师：春天从哪里来？它又是怎么来的呢？

教师播放音乐并朗诵诗歌，幼儿再次欣赏诗歌。

（2）幼儿分段学习诗歌。

① 教师出示第一段诗歌的图片。

师：刚刚我们共同听了这首诗歌，现在我们一边听一边来“看一看”这首诗歌。

教师朗诵第一段，幼儿根据内容排出图片顺序，并试着看图谱说儿歌。

②教师直接展示第二段图片，幼儿根据说第一段的经验试着说出本段诗歌内容。

③教师展示第三段图片，幼儿试着说出第三段诗歌内容。

（3）幼儿理解诗歌内容。

①师幼共同说诗歌第一段。

教师再次出示第一段诗歌的图片。

师：春天天气这么好，你们都想做些什么呢？

幼儿自由回答问题。

②师幼共同看图片，并说诗歌第二段。

教师再次播放第二段诗歌的图片。

师：在春天这么好的天气，你们还想做些什么呢？

幼儿自由回答。

③幼儿不通过图片，自己理解诗歌内容。

师：春天从“我”的心里飞出来，它会飞到哪里？哪里会发生什么变化呢？

幼儿分组讨论，并尝试表达。

教师小结：春天飞到哪里，哪里就发生着神奇的变化，飞到树上……

④幼儿体会诗歌不同的语气。

3. 结束部分

教师播放音乐《清晨》，师幼分角色朗诵诗歌。

【活动延伸】

美术区：画出诗中的美丽景色。

※音频链接可扫描前言处二维码获取。

清　明

一、设计意图

清明，是二十四节气中的第五个节气，也是比较特别的节气，因为它不仅是一个节气，还是我国的一个传统节日，是中国重要的“时年八节”之一，一般是在公历4月5日前后。清明节是我国的传统节日，清明来到，万物凋零的寒冬就过去了，风和日丽的春天真正地开始了。幼儿能直接感知清明时节的气象特征，但是对清明时节的养身常识、各地习俗、农业生产等不是很了解，这些传承千年的中华文化应被幼儿知晓。农村地区幼儿园的孩子了解此节气的农事更能发挥传统文化的实用价值。

二、活动领域

“清明”主题活动涉及语言、科学、艺术、健康、社会领域。

三、主题活动总目标

（1）让幼儿感知清明的气候特征、养身常识、农事活动、节气习俗，愿意参与清明节活动；

（2）让幼儿能理解和讲述与清明时节相关的故事，能表现或创作清明主题的艺术作品；

（3）让幼儿对与清明相关的传统文化和大自然产生认同和敬畏。

四、主题活动网络

“清明”主题活动面向幼儿园全体幼儿，分年龄阶段设置小、中、大班的集体教学活动。由于各个年龄阶段幼儿的身心发展特征不同，各个幼儿园的实际情况存在差异，我们尽量选择取材方便、贴近生活的活动。清明时节处于开学之际，幼儿的生活重点仍在于适应，因此教师可依据本班幼儿的情况酌情开展活动。

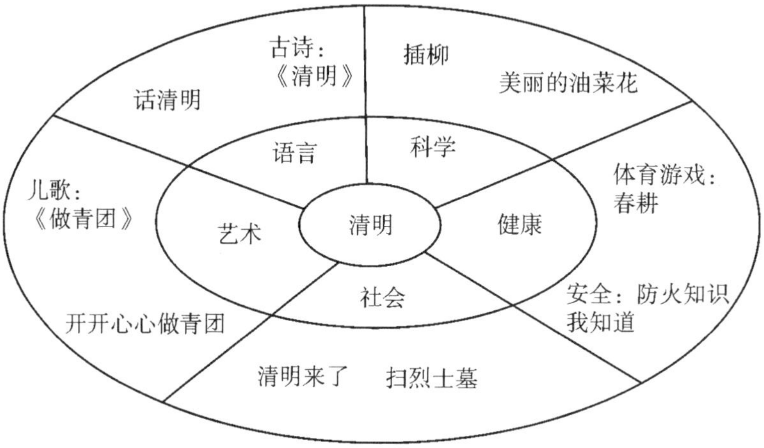

“清明”主题活动网络

五、主题活动实施注意事项

1. 依据班级幼儿发展水平适当调整活动

以上主题活动网络中的子活动在活动案例中仅针对某一特定年龄阶段的幼儿进行设计，但幼儿具有个体差异，因此班级教师在活动案例的基础上，应针对本班幼儿的实际情况适当增加或减少难度，以适宜本班幼儿的身心发展特点。

2. 因地制宜

以上主题活动网络涉及的活动取材于国内各地区清明的习俗，各地区幼儿园可选择更符合当地特色的活动。其中，活动案例的活动目标、活动准备等仅供参考，教师应根据具体情况进行调整或者准备。若为开阔眼界选择其他地区习俗进行教学设计，应在前期对相关知识进行介绍。

3. 家园共育

二十四节气与农事密切相关，对于身处农村的幼儿而言，他们的家庭生活和生产与此密切联系，因此，可多让家长参与此主题活动。例如，让家长与幼儿一同收集活动材料，让幼儿向家长询问与节气相关的农谚、农事活动、生活经验以及当地风俗等，也可邀请在这方面知识经验丰富的家长到幼儿园支持和参与各项活动。

六、活动案例

大班社会活动——清明来了

【活动目标】

认知目标：知道清明是二十四节气的第五个节气，是我国民间传统节日，了解清明的习俗。

能力目标：能够探索、发现生活的多样性及特征，并能与同伴分享自己的心得。

情感目标：了解人与人之间的亲属关系，怀念先辈。

【活动准备】

物质准备：二十四节气表、各地有关清明风俗的图片。

经验准备：幼儿已经在家和家长共同了解过清明。

【活动过程】

1. 导入部分（问题导入）

教师边放课件边讲述清明节的由来，帮助幼儿了解。

师：小朋友们，你们还记得一年有多少个节气吗？还记得前四个节气分别是什么吗？

教师出示二十四节气表，幼儿回忆二十四节气，并知道第五个节气——清明。

2. 基本部分

（1）幼儿了解清明的由来。

教师介绍清明的由来和有关清明的故事传说，让幼儿初步了解清明。

（2）幼儿自由交流清明的相关习俗。

（3）师幼共同探讨清明节气各地的风俗。

师：你们知道在清明节气，大家都可以做些什么、吃些什么吗？

幼儿讨论并自由发言。

教师给幼儿展示有关清明风俗的图片。

①荡秋千。

我国自古以来就有这个习俗。秋千，意即揪着皮绳而迁移。它的历史很古老，最早叫“千秋”，后为了避忌讳，改为“秋千”。古时的秋千多用树枝为架，再拴上彩带做成。后来逐步发展为用两根绳索加上踏板的秋千。荡秋千不仅有益健康，而且可以培养勇敢精神，至今为人们特别是儿童所喜爱。

②蹴鞠。

鞠是一种皮球，球皮用皮革做成，球内用毛塞紧。蹴鞠，就是用足去踢球。这是古代清明节时人们喜爱的一种游戏。相传是黄帝发明的，最初目的是用来训练武士。

③踏青。

踏青又叫春游，古时叫探春、寻春等。四月清明，春回大地，自然界到处呈现一派生机勃勃的景象，正是郊游的大好时光。我国民间长期保持着清明踏青的习惯。

④植树。

清明前后，春阳照临，春雨飞洒，种植树苗成活率高，成长快。因此，自古以来，我国就有清明植树的习惯。有人还把清明节叫作“植树节”。植树风俗一直流传至今。1979 年，我国规定每年 3 月 12 日为植树节。这对动员全国各族人民积极开展绿化祖国活动，有着十分重要的意义。

⑤放风筝。

放风筝也是清明时节人们所喜爱的活动。每逢清明时节，人们不仅白天放，夜间也放。夜里在风筝下或风稳拉线上挂上一串串彩色的小灯笼，像闪烁的明星，被称为“神灯”。过去，有的人把风筝放上蓝天后，便剪断牵线，任凭清风把它们送往天涯海角，据说这样能除病消灾，给自己带来好运。

⑥吃青团（清明果）。

人们用艾草做汁，莲蓉或豆沙做馅儿，制成一道老人小孩都钟爱的美食，名为青团，又名清明果。青团口感软糯，不甜不腻，是清明踏青必备零食。

3. 结束部分

幼儿共同玩游戏——“撞蛋”。

【活动延伸】

教师带领幼儿到户外进行踏青、放风筝、荡秋千等，体验幸福生活。

※视频链接可扫描前言处二维码获取。

大班社会活动——扫烈士墓

【活动目标】

认知目标：铭记烈士们的英勇事迹，学习烈士们顽强拼搏、艰苦奋斗的精神。

能力目标：能够用正确的礼仪为烈士扫墓。

情感目标：愿意积极参加活动，激发爱国情怀。

【活动准备】

物质准备：英雄人物的图片 PPT、鲜花。

经验准备：幼儿知道清明节的习俗之一是扫墓。

【活动过程】

1. 导入部分

教师通过图片导入，激发幼儿兴趣，引出主题。

教师播放英雄人物的图片，让幼儿初步了解他们的英雄事迹。

师：小朋友们，这些英雄人物为我们今天的美好生活做出了贡献，我们是不是应该感谢他们呀？那我们应该怎么感谢呢？还记得清明有一个习俗是扫墓吗？那我们也一起去为烈士扫墓好不好呀？

2. 基本部分

（1）出发前准备工作。

①教师告诉幼儿应该带什么。

②教师讲述注意事项并做好安全教育，引导幼儿遵守纪律，增强出行的安全意识。

③幼儿整队，准备出发。

（2）祭扫烈士墓。

①到了烈士墓，教师再次讲解烈士的光荣事迹。

②向烈士献花致敬：教师让幼儿代表向烈士献花。

③全体肃立，为革命先烈默哀。

④师生共同朗诵诗歌，缅怀革命先烈。

⑤师生绕烈士墓一圈，寄托哀思。

（3）休息，吃点小零食。

吃零食期间，教师给幼儿分享春天的故事，让幼儿体会春天的美景，明白今天的美好生活来之不易。

（4）踏青。

教师带领幼儿欣赏路边的美景，让幼儿与大自然亲密接触，亲自感受大自然的美好和今天的美好生活。

教师和幼儿合影，让幼儿在快乐玩耍中感受春天的美好。

3. 结束部分

整队回幼儿园。

中班语言活动——《清明》(古诗)

【活动目标】

认知目标：初步理解古诗内容，了解清明节人们踏春扫墓的传统习俗。

能力目标：能够按古诗的节律吟诵并能想象诗中描写的景象，初步学习按古诗的节律吟诵。

情感目标：产生热爱大自然的美好情感，培养初步的审美能力，产生对古诗吟诵的兴趣。

【活动准备】

物质准备：诗句对应画面的古诗情节图片。

经验准备：幼儿知道清明的相关习俗。

【活动过程】

1. 导入部分

教师通过故事导入，激发幼儿兴趣，引出主题。

教师出示图片并根据古诗讲述清明的故事。

幼儿边看图片，边听教师讲故事。

师：你在这张图片上看到了什么呢？(古时候的一个小孩，一个老人）他们在干什么呢？(在问路，在说话）天气怎么了？(下雨)

2. 基本部分

(1) 幼儿感受古诗意境。

教师再次出示诗歌图片，并朗诵诗歌。

师：小朋友们知道了故事中的人在清明节发生了什么事吗？

幼儿自由讨论。

教师小结：那个老人就是行人，那个小孩就是牧童，刚才听的那首诗就是描写行人向牧童问路的情节。

(2) 教师帮助幼儿理解。

教师有感情、有节奏地朗诵一遍，请幼儿欣赏。

教师朗诵第二遍，请幼儿边听边对照图片内容。

教师请幼儿回答有没有在诗歌中听到什么。

教师解读诗句，帮助幼儿理解个别字词（雨纷纷、欲断魂、借问、遥指）和古诗内容。

(3) 幼儿学习朗诵，表达情感，幼儿感受古诗意境。

教师朗诵第三遍，请幼儿慢慢跟读。

幼儿分组学念，感受古诗意境。

教师请几个幼儿上来表演，教师在一旁进行指导提醒，注意表达合适的感情，轮流请几批幼儿。

幼儿集体朗诵 1~2 遍，进一步感受古诗意境。

3. 结束部分

教师对幼儿朗读的情况进行评价，并对诗歌内容进行总结。

【活动延伸】

教师引导幼儿在其他活动中感受古诗意境。

大班语言活动——话清明

【活动目标】

认知目标：了解清明节的来历，理解扫墓的意义，感受清明节与其他节日的不同。

能力目标：能够较完整地概括故事情节，清楚连贯地表达自己的感受和看法。

情感目标：通过听英雄的故事，培养幼儿尊重烈士的情感，教育幼儿热爱祖国，更珍惜今天的幸福生活。

【活动准备】

物质准备：寒食节和清明节的图片、有关清明节习俗的图片、革命战斗历史视频。

经验准备：幼儿大概了解清明节气，知道相关习俗。

【活动过程】

1. 导入部分

教师给幼儿展示寒食节和清明节的图片，引出主题，激发幼儿兴趣。

2. 基本部分

(1) 幼儿初步感知故事，知道清明节的来历。

教师讲介子推的故事，即清明节的来历。

师：寒食节是怎样来的？（现在人们为什么过寒食节？为了纪念谁？）

幼儿自由回答。

(2) 幼儿知道寒食节和清明节的关系。

教师讲解寒食节的第二天是清明节。清明节是我国农历二十四节气中的一个，也是传统的扫墓日子，为了纪念革命先烈和死去的亲人，人们往往在这一天扫墓。

(3) 教师展示有关清明节习俗的图片。

师：人们是怎样过清明节的？（吃鸡蛋、扫墓、踏青等）

教师讲解清明节扫墓的原因。

(4) 教师播放革命战斗历史视频，并进行讲解。

师：今天，老师还请来了一位曾经参加过革命战斗的英雄来为小朋友讲一讲他自己亲身经历过的战斗故事。

革命军人讲述故事。

教师让幼儿讲一讲第一次参加这样的活动的感受，使幼儿深刻理解今天的幸福生活是无数的革命先烈用鲜血换来的，培养幼儿尊重烈士的情感，教育幼儿更加热爱我们的祖国，更加珍惜今天的幸福生活。

【活动延伸】

幼儿和父母共同观看电影《闪闪的红星》，进一步加深幼儿对革命烈士的敬仰之情与幸福生活来之不易的感悟。

中班艺术活动——《做青团》（儿歌）

【活动目标】

认知目标：理解歌词，感受歌曲优美的旋律。

能力目标：能在教师的引导下正确地演唱歌曲，并尝试用简单的动作表现歌曲内容。

情感目标：感受做青团的乐趣，体验歌唱活动的乐趣，激发唱歌的兴趣。

【活动准备】

物质准备：儿歌视频。

经验准备：幼儿已经对做青团有了一定的了解。

【活动过程】

1. 导入部分

教师通过谈话引入主题。

师：小朋友们，现在是清明节气。清明要吃一种特别的食物，它是绿绿的、圆圆的，你们猜到是什么了吗？（青团）我们今天要学习的一首好听的儿歌，就是和青团有关的，我们一起来欣赏吧。

2. 基本部分

（1）整体感知儿歌。

教师完整播放儿歌视频，引导幼儿观看。

（2）分段学习儿歌。

教师分段播放儿歌，幼儿欣赏。

教师通过提问，帮助幼儿理解歌词。

教师通过范唱、幼儿跟唱的形式，让幼儿进一步练习儿歌。

（3）整体练习儿歌。

教师播放儿歌，幼儿跟唱。

幼儿自由练习儿歌。

幼儿分组演唱后，教师可以请个别幼儿进行儿歌表演或小组表演，巩固幼儿对儿歌的记忆。

3. 结束部分

教师引导幼儿大胆表现歌曲，运用身体随意做出相应的动作。

【活动延伸】

幼儿回家和家长一起做青团。

大班艺术活动——开开心心做青团

【活动目标】

认知目标：知道吃青团是清明节的重要风俗习惯，了解做青团的步骤。

能力目标：能够用正确的方法做青团。

情感目标：体验制作的乐趣和成就感。

【活动准备】

物质准备：青团、青团粉（艾草粉）、豆沙馅。

经验准备：幼儿知道吃青团是清明的传统习俗。

【活动过程】

1. 导入部分

教师通过实物导入，激发幼儿兴趣，引出主题。

教师出示已经做好的青团。

师：这个是什么呀？你们吃过吗？什么时候吃的？我们今天一起来做青团吧！
2. 基本部分
（1）教师示范青团的做法。
①教师边做青团边讲解做青团的步骤和应该注意的要点：
a. 将艾草团分成大小一样的几份；
b. 艾草团捏成窝状后，放入豆沙；
c. 封口要收紧，并搓圆；
注意：包的时候，手上要沾点油，青团才不会沾手。
②幼儿可以边观看，边空手模仿动作。
教师请个别幼儿分步骤做青团，提高幼儿对做青团的熟练度。
（2）幼儿尝试做青团，教师指导。
教师用PPT展示做青团的过程。
教师给幼儿分发做青团的材料。
幼儿尝试做青团。
教师巡回指导。
（3）蒸青团。
幼儿将做好的青团放在盘中。
教师将制作好的青团送入厨房蒸煮。
3. 结束部分
幼儿品尝自己制作的青团。
吃完青团，教师让幼儿说一说青团的味道。
【活动延伸】
在角色游戏中，可以增加点心店的活动，让幼儿进行青团等各种点心的制作。

大班艺术活动——开开心心做青团

中班健康活动——春耕（体育游戏）

【活动目标】

认知目标：知道清明节气是春耕的时节，并初步了解春耕的动作。

能力目标：能够利用走、跑、跳、爬、平衡等动作展现春耕的场景。

情感目标：体验春耕劳动的忙碌，萌发敬爱劳动人民的情感。

【活动准备】

物质准备：春耕的视频、布置好的春耕的场地（圈、棍、球、沙袋各8~10个，体操垫5张，塑料筐5个，积木若干，泡沫若干）。

经验准备：幼儿知道清明节气的特征。

【活动过程】

1. 导入部分

师：小朋友们，清明来了，天气也越来越暖和了，我们的农民伯伯们也都开始忙碌起来了。你们知道他们在忙着做什么吗？（春耕）那我们今天也一起来春耕吧！

热身活动：师幼共同做热身运动。

2. 基本部分

（1）幼儿初步体验春耕的场景。

教师播放春耕视频，让幼儿更直观地了解春耕动作。

（2）幼儿尝试模仿春耕的动作。

师：今天田地里要耕种了，你们知道耕种有哪些动作吗？

教师示范耕种的典型动作。

幼儿与同伴一道模仿锄地、播种……

（3）幼儿尝试用工具做春耕的动作。

幼儿分小组练习春耕的动作。

幼儿可以选择自己喜欢的春耕工具，利用工具做春耕的动作。

教师请个别幼儿上台表演。

（4）教师增加动作难度。

教师改变活动规则，增加活动难度。幼儿分组进行春耕比赛，看哪一组能赢得冠军。

3. 结束部分

幼儿通过游戏练习春耕动作。

幼儿两人一组玩“猜一猜”游戏：一名幼儿模仿春耕动作，另一名幼儿猜。两人可互换角色玩。对有创意的动作，教师可让全班幼儿猜一猜、做一做。

【活动延伸】

幼儿回家把学习到的春耕动作教给爸爸妈妈。

大班健康活动——防火知识我知道（安全）

【活动目标】

认知目标：了解火灾发生的几种原因，知道如何防火，并掌握几种自救逃生的方法及技能。

能力目标：能够利用逃生技能在逃生训练中进行逃生。

情感目标：形成初步的自我保护意识。

【活动准备】

物质准备：扫墓时人们“烧纸”的图片、有关火灾的视频及图片、严禁烟火的标志。

经验准备：幼儿知道扫墓是清明的传统习俗。

【活动过程】

1. 导入部分

教师出示清明扫墓时人们“烧纸”的图片。

师：小朋友知道这些人在做什么吗？（烧纸）是的，这是清明节扫墓时的一种做法——“烧纸”。你们觉得烧纸活动怎么样？我们今天来一起讨论一下吧！

2. 基础部分

（1）了解火灾的危害。

教师播放火灾课件。

幼儿观看课件。

师：刚才课件里你看到了什么？（火灾）对的，是火灾。火灾给我们都带来了哪些危害呀？

幼儿说出火灾的危害（火不仅能烧毁房子，烧伤人，还会烧毁森林，污染空气）。

教师小结：小朋友看到了火灾给我们带来了这么多伤害。那我们应该如何预防火灾呢？

（2）学习预防火灾的方法。

教师播放视频。

幼儿观看视频，并自由说出预防火灾的方法。

教师总结火灾的预防方法：不随便玩火，蚊香不能靠近容易着火的物品，不能随便燃放烟花爆竹，不能玩未熄灭的烟头，见了没熄灭的烟头应及时踩灭等。

师：那小朋友再想一想清明用烧纸的方式为逝去的人扫墓可以吗？（不行）为什么不行？（容易引起火灾）。所以我们可以用其他方式扫墓，比如献花等。

（3）认识“严禁烟火”的标志。

教师展示严禁烟火的标志。

幼儿说出从哪里看出来是严禁烟火的标志。

教师出示几种标志，让幼儿找出严禁烟火的标志。

（4）了解火灾逃生知识。

教师给幼儿科普消防电话119。

师：如果火灾真的来了，我们应该怎么办？

幼儿自由回答。

教师出示小火、大火、公共场所着火等图片，并告诉幼儿在不同情况下应该用不同的方法来应对。

3. 结束部分

幼儿可以玩火灾逃生小游戏（练习逃生方法）。

教师总结火灾的危险性，再次提问幼儿如何预防火灾及发生火灾后正确的处理办法。

【活动延伸】

美术区：画出严禁烟火的标志。

大班科学活动——插柳

【活动目标】

认知目标：知道插柳是清明节期间的一种习俗，并知道其由来，理解插柳的意义，懂得植树造林的好处。

能力目标：能够运用正确的方法插柳。

情感目标：养成爱劳动的好习惯。

【活动准备】

物质准备：插柳的图片、插柳的工具和柳条。

经验准备：幼儿了解清明的习俗。

【活动过程】

1. 导入部分

教师出示插柳的图片。

师：小朋友们，从图片中我们看到了什么？他们在做什么？（插柳）是的，是插柳。插柳是我们清明节气的一个传统习俗。你们插过柳吗？今天我们一起来试一试吧！

2. 基本部分

（1）初步了解插柳的习俗。

教师介绍清明节插柳的习俗，幼儿倾听。

师：清明时节，草青树绿，人们有一种习俗，即折柳枝。这是为什么？人们为什么要在清明节插柳？

幼儿自由回答。

教师介绍插柳习俗的来历：晋文公在清明节到大臣介子推坟前祭奠时，发现与介子推同时被烧死的柳树复活了。晋文公便掐下柳枝，折成圈戴在了头上。群臣也仿效晋文公戴柳枝。另外还有一句民谣说："清明不插柳，死了变黄狗。"

（2）了解插柳的意义。

师：你们知道清明插柳有什么意义吗？

幼儿自由回答。

教师小结：插柳可以渲染节日的气氛，增添节日乐趣；绿化周围的环境等。

（3）尝试插柳。

①教师带幼儿去幼儿园的院子中。

②教师边演示插柳，边讲解插柳的方法（先用小铲松土，然后浇水，最后插柳枝）。

③教师将幼儿分组，并讲清要求：四个小朋友一组，其中一人用小桶提水，两人用小铲松土，一人拿柳枝。四人要团结协作，看哪一组插得好又快。

④教师为幼儿分发工具和柳条。

⑤幼儿尝试插柳，教师巡回指导。

3. 结束部分

教师组织幼儿将工具放好，然后小结活动的情况，表扬不怕脏、不怕累的幼儿及团结协作好的小组。

【活动延伸】

幼儿每天给柳枝浇水，轮流看护。

大班科学活动——插柳 1

大班科学活动——插柳 2

大班科学活动——插柳 3

谷 雨

一、设计意图

谷雨，是二十四节气中的第六个节气。“谷雨”润万物，万物都生发。谷雨是一个充满生机的节气，谷雨一过，夏天就要来了，此时正是谷物生长的好时候——寒潮结束了，瓜秧苗壮成长起来。幼儿能直接感知谷雨时节的气象特征，但是对谷雨时节的传说故事、养身常识、各地习俗、农业生产等不是很了解，这些传承千年的中华文化需要被幼儿知晓。农村地区幼儿园的孩子了解此节气的农事更能发挥传统文化的实用价值。

二、活动领域

“谷雨”主题活动涉及语言、科学、艺术、健康、社会领域。

三、主题活动总目标

（1）让幼儿感知谷雨的气候特征、养身常识、农事活动、节气习俗；

（2）让幼儿能理解和讲述与谷雨时节相关的故事，能表现或创作谷雨主题的艺术作品；

（3）让幼儿认同与谷雨相关的传统文化，学会爱护、保护大自然。

四、主题活动网络

“谷雨”主题活动面向幼儿园全体幼儿，分年龄阶段设置小、中、大班的集体教学活动。由于各个年龄阶段幼儿的身心发展特征不同，各个幼儿园的实际情况存在差异，我们尽量选择取材方便、贴近生活的活动。谷雨时节处于开学之际，幼儿的生活重点仍在于适应，因此教师可依据本班幼儿的情况酌情开展活动。

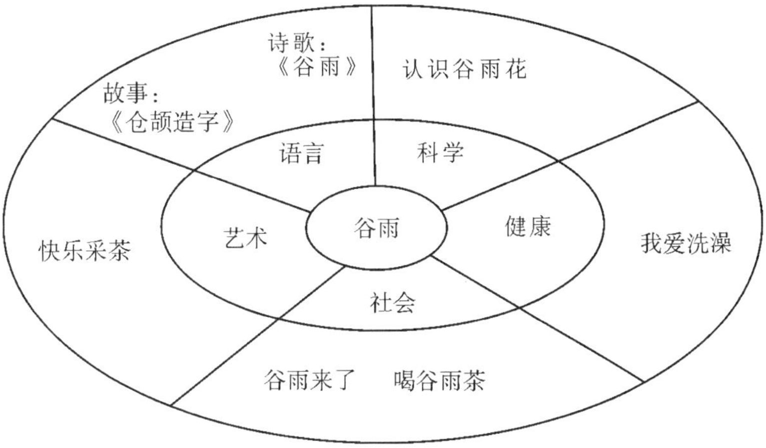

“谷雨”主题活动网络

五、主题活动实施注意事项

1. 依据班级幼儿发展水平适当调整活动

以上主题活动网络中的子活动在活动案例中仅针对某一特定年龄阶段的幼儿进行设计，但幼儿具有个体差异，因此班级教师在活动案例的基础上，应针对本班幼儿的实际情况适当增加或减少难度，以适宜本班幼儿的身心发展特点。

2. 因地制宜

以上主题活动网络涉及的活动取材于国内各地区谷雨的习俗，各地区幼儿园可选择更符合当地特色的活动。其中，活动案例的活动目标、活动准备等仅供参考，教师应根据具体情况进行调整或者准备。若为开阔眼界选择其他地区习俗进行教学设计，应在前期对相关知识进行介绍。

3. 家园共育

二十四节气与农事密切相关，对于身处农村的幼儿而言，他们的家庭生活和生产与此密切联系，因此，可多让家长参与此主题活动。例如，让家长与幼儿一同收集活动材料，让幼儿向家长询问与节气相关的农谚、农事活动、生活经验以及当地风俗等，也可邀请在这方面知识经验丰富的家长到幼儿园支持和参与各项活动。

六、活动案例

大班社会活动——谷雨来了

【活动目标】

认知目标：知道谷雨是二十四节气的第六个节气，了解谷雨的习俗。

能力目标：能够了解并大致说出有关谷雨的故事传说。

情感目标：体验谷雨节气的气氛，激发探索的欲望，并愿意大胆尝试。

【活动准备】

物质准备：二十四节气表、各地有关谷雨风俗的图片。

经验准备：幼儿已经在家和家长共同了解过谷雨。

【活动过程】

1. 导入部分（问题导入）

师：小朋友们，你们还记得一年有多少个节气吗？还记得前五个节气分别是什么吗？

教师出示二十四节气表，幼儿回忆二十四节气，并知道第六个节气——谷雨。

2. 基本部分

（1）幼儿了解谷雨的由来。

教师介绍谷雨的由来和有关谷雨的故事传说，让幼儿初步了解谷雨。

（2）幼儿自由交流谷雨的相关习俗。

（3）师幼共同探讨谷雨节气各地的风俗。

师：你们知道在谷雨节气，大家都可以做些什么、吃些什么吗？

幼儿讨论并自由发言。

教师给幼儿展示有关谷雨风俗的图片，展示图片后根据图片内容向幼儿提问，加深幼儿对谷雨风俗的印象。

①祭仓颉。

清明祭黄帝，谷雨祭仓颉，是自汉代以来流传千年的民间传统。据《淮南子》记载，黄帝于春末夏初发布诏令，宣布仓颉造字成功，当天下了一场谷子雨。仓颉死后，人们把他安葬在他的家乡——白水县史官镇北，墓门刻了一副对联：“雨粟当年感天帝，同文永世配桥陵。”每年的谷雨，“仓颉庙会”都会在陕西白水县如期举行。

②吃春。

谷雨前后，香椿醇香爽口，营养价值高，有“雨前香椿嫩如丝”之说。人们把春天采摘、食用香椿说成“吃春”。香椿一般分为紫椿芽、绿椿芽，尤以紫椿芽最佳。鲜椿芽中含丰富的蛋白质、胡萝卜素和大量的维生素C，其叶、芽、根、皮和果实均可入药，具有健胃理气、止泻润肤等多种功效。

③祭海。

谷雨节也是渔民出海捕鱼的“壮行节”。在中国北方沿海一带，渔民们过谷雨节已有两千多年的历史。海祭时刻一到，渔民便抬着供品到海神庙、娘娘庙前摆供祭祀；有的则将供品抬至海边，敲锣打鼓，燃放鞭炮，面海祭祀，场面十分隆重。这一习俗在今天胶东荣成一带仍然流行。

④赏花。

谷雨前后也是牡丹花开的重要时段，因此，牡丹花也被称为“谷雨花”。“谷雨三朝看牡丹”，赏牡丹成为人们闲暇重要的娱乐活动。

⑤喝谷雨茶。

谷雨茶就是用谷雨这天采的鲜茶叶制成的茶，而且要上午采的茶叶。谷雨茶色泽翠绿，叶质柔软，富含多种维生素和氨基酸，香气宜人。传说谷雨这天的茶喝了可以清火、明目、辟邪等。所以谷雨这天不管是什么天气，人们都会去茶山摘一些新茶回来喝。

⑥走谷雨。

古时有“走谷雨”的风俗，谷雨这天青年妇女走村串亲，有的到野外走一圈就回来。寓意与自然相融合，强身健体。

⑦谷雨贴。

谷雨节流行禁杀五毒的习俗。谷雨以后气温升高，病虫害进入高发期。为了减轻病虫害对作物及人的伤害，农家一边进田灭虫，一边张贴谷雨贴，进行驱凶纳吉的祈祷。这一习俗在山东、山西、陕西一带十分流行。清乾隆六年《夏津县志》记："谷雨，朱砂书符禁蝎。""禁蝎"的民俗反映了人们驱除害虫及渴望丰收平安的心情。

谷雨贴属于年画的一种，上面刻绘神鸡捉蝎、天师除五毒形象等，寄托人们查杀害虫、盼望丰收和安宁的心理。

⑧洗澡消灾避祸。

在西北地区，旧时人们将谷雨的河水称为"桃花水"，传说以它洗浴，可消灾避祸。

3. 结束部分

幼儿共同玩游戏——"赏花"。

【活动延伸】

幼儿回家给爸爸妈妈讲述谷雨的由来及风俗。

大班社会活动——喝谷雨茶

【活动目标】

认知目标：知道喝谷雨茶是谷雨时节的传统习俗，知道冲泡茶要讲究细节。

能力目标：能够区分茶叶的种类并能正确掌握泡茶的礼仪和技巧。

情感目标：体验泡茶、品茶的乐趣，为中华文化感到自豪。

【活动准备】

物质准备：喝茶的图片、泡茶喝茶的工具、各种茶叶的图片和实物。

经验准备：幼儿知道谷雨节气的习俗。

【活动过程】

1. 导入部分

教师带领幼儿回忆谷雨节气对于农事和民间习俗的重要意义，让幼儿知道谷雨节气气候的特点，引导幼儿了解谷雨期间的习俗。

教师展示喝茶的图片，并提问：看到这幅图，你能猜到这个是谷雨时节的什么习俗吗？（喝谷雨茶）那你想试试喝谷雨茶吗？

教师出示茶叶，展示茶叶。

师：日常生活中，我们会喝茶。谷雨时节有个习俗就是泡茶，那你们想试试喝谷雨茶吗？

2. 基本部分

（1）了解谷雨这一天的养生食品。

教师介绍中国的茶饮文化：二十四节气中的谷雨这一天，便是全民饮茶日，倡导茶为国饮、科学饮茶的生活态度。

教师请个别幼儿说一说对茶的了解。

（2）初步理解茶文化。

教师出示泡茶喝茶的工具——茶道六君子，即茶筒、茶匙、茶漏、茶则、茶夹、茶针。

教师一一向幼儿介绍茶具及其功能。

教师播放泡茶的视频，让幼儿初步了解泡茶的过程，并感受饮茶文化。

（3）认识不同种类的茶叶。

①教师出示不同种类茶叶的图片，对不同品种的茶叶进行介绍。

教师介绍茶叶的分类（红茶、绿茶、乌龙茶）及用途。

②教师出示几种不同的茶叶实物，让幼儿说出名称。

（4）尝试泡茶。

教师泡茶，并讲解茶水的冲泡方法和细节（温度、时间、茶的投放量、茶器等）。

幼儿尝试制作“谷雨茶”。

教师巡回指导。

3. 结束部分

幼儿品尝“谷雨茶”。

【活动延伸】

幼儿回家给爸爸妈妈泡一杯谷雨茶。

大班语言活动——《仓颉造字》（故事）

【活动目标】

认知目标：理解故事内容，了解汉字的由来以及汉字的演变过程，认识一些简单的象形文字。

能力目标：能用认识的象形文字与对应的现代文字进行匹配。

情感目标：知道汉字是中华民族智慧的结晶，喜欢认读汉字。

【活动准备】

物质准备：祭仓颉的图片、PPT、象形文字卡。

经验准备：幼儿大概了解谷雨节气的风俗之一是祭仓颉。

【活动过程】

1. 导入部分

教师出示祭仓颉的图片。

师：这个是什么，小朋友们还记得吗？（祭仓颉）对，这个就是谷雨时节的一个风俗“祭仓颉”。你们知道仓颉是谁吗？今天我们来学习一下他的故事吧！

2. 基本部分

（1）感知、理解故事内容。

①教师播放 PPT 1 并讲述故事。

师：故事里讲了谁？“结绳记事”是什么意思呢？这样的方法好吗？为什么？我们来看看这种方法是不是很好呢？

幼儿思考，并试着回答。

②教师播放 PPT 2 并讲述故事。

师：你看到了什么？仓颉为什么会愁眉不展？

幼儿自由回答问题。

教师小结：打结的方法虽然好，但记的事越来越多，这种方法就不管用了。

师：你有什么好办法来帮助仓颉？

幼儿可自由讨论。

师：那仓颉会用什么办法呢？我们一起来看看吧！

③教师播放 PPT 3 并讲述故事。

师：你认识这几个字吗？是什么意思？他是怎么想到这个办法的？

幼儿讨论，随后教师找个别幼儿回答。

教师总结故事内容。

④教师播放 PPT 4 并讲述故事。

师：仓颉又想到了什么好办法？他是怎么想到的？看你怎么读这句话？是从左向右读，还是从右向左读？

师：是的，那个时候读字的方向是和我们相反的。

⑤教师播放 PPT 5 并讲述故事。

师：这幅图中都有哪些象形文字？

（2）完整欣赏故事。

教师播放故事录音，幼儿认真听，并回答问题。

师：仓颉为什么要造字？文字是怎么造出来的？文字有什么用呢？

幼儿之间讨论，随后教师找个别幼儿回答问题。

教师小结：从古代的象形文字，到今天的现代文字，都是我们中国人创造出来的。文字能帮助我们记录看到和听到的很多事物，让我们从小学到很多本领。世界上有好多人都在学习我们中国的文字。相信不久的将来，中国文字还会成为世界上的通行语呢！

（3）认识简单的象形文字。

教师出示简单的象形文字卡。

教师读一遍象形文字的音。

幼儿跟读并记忆。

教师出示与上面象形文字相对应的汉字，告诉幼儿对应关系。

幼儿猜测象形文字，说出对应的汉字。

3. 结束部分

游戏：文字连连看。

【活动延伸】

图书区：发放象形文字与汉字配对的连线操作纸或字卡。

大班艺术活动——快乐采茶

【活动目标】

认知目标：知道采谷雨茶是谷雨时节的传统习俗之一。

能力目标：能有节奏地进行采茶动作，并能大胆表演律动。

情感目标：感受忙碌的采茶气氛，体验采茶时的喜悦心情。

【活动准备】

物质准备：采茶的照片、PPT、音频。

经验准备：幼儿知道谷雨的传统习俗。

【活动过程】

1. 导入部分

教师出示采茶的照片。

师：小朋友们，你们能看出来这些人在做什么吗？（采茶）是的，在采茶。采谷雨茶是谷雨时节的传统习俗之一。咱们今天也一起来采茶好不好呀？

2. 基本部分

（1）幼儿了解采茶的知识。

教师放映 PPT，并介绍采茶的知识。

师：茶叶树是生长在江南的一种植物，它很矮，高度大概到成人腰的部位。茶叶树一排一排地生长，排之间有空隙，方便人走在中间采茶叶。为了喝到又鲜又香的茶叶，人们通常都是采树尖上的叶子，最嫩的地方，所以要用大拇指和食指来捏，然后把它放到篮子里。

（这一环节是让幼儿直观形象地了解江南人民采茶时的情景，从而引发幼儿对采茶的欲望。）

（2）幼儿感知音乐。

教师播放音乐。

幼儿欣赏音乐，感受活泼、欢快的旋律。

师：这首歌带给你们的感觉是怎么样的？是快快的还是慢慢的？

幼儿可以随着音乐随意做动作。

（3）幼儿了解采茶的动作要领。

教师示范采茶的动作，并强调采茶的动作要领：大拇指与食指相捏的同时，手臂略弯曲并有后缩的感觉，眼睛一定要看着手。放茶：采茶后手翻一下，手心向下放入篮中，眼睛同样要看手。

幼儿模仿教师的动作。

教师巡回指导，矫正不正确的采茶动作。

教师教导动作后，请个别幼儿示范表演。

（4）幼儿进一步学习采茶的律动要领。

教师和幼儿共同用语言编出采茶动作的要领口诀：左边采一片放进小篮子，右边采一片放进小篮子；连采几片放进来，连采几片放进来；拨开树枝采两片放进来，拨开树枝采两片放进来；太多了，两手一块采了放进来。

教师播放音乐。

师幼共同跟着音乐做采茶的律动。

3. 结束部分

幼儿分组随音乐自由表现。

【活动延伸】

幼儿把采茶的动作教给爸爸妈妈。

大班科学活动——认识谷雨花

【活动目标】

认知目标：知道谷雨花就是牡丹花，了解花的外形特征。

能力目标：能够通过观察、比较，大胆地在集体面前表达自己的想法。

情感目标：感受谷雨花的美，激发喜欢和爱护牡丹花的情感。

【活动准备】

物质准备：谷雨花的图片。

经验准备：幼儿知道赏花是谷雨时节的传统习俗之一。

【活动过程】

1. 导入部分

教师出示谷雨花的图片。

师：小朋友们，图片中的花漂亮不漂亮呀？还记得谷雨时节有个传统的习俗是什么吗？（赏花）对的，就是赏花。赏的就是图片中的花，叫谷雨花。

2. 基本部分

（1）知道谷雨花的别称。

师：你们知道谷雨花的另一个名字吗？

谷雨花还有一个名字，叫牡丹花，很多人将它视作我国的国花。

（2）了解谷雨花的外形特征。

教师继续出示谷雨花的图片。

师：这是什么花？是什么样子的？

幼儿仔细观察，并说出谷雨花的颜色、形状等。（花颜色多而艳，花朵大，叶子大）你还见过其他颜色和形状的谷雨花吗？你在哪里看到过谷雨花？你喜欢它吗？为什么？

（3）了解谷雨花的作用。

师：谷雨花这么美丽，它有什么用处呢？

幼儿自由回答。

教师小结：谷雨花可供人们观赏，它的根的皮做中药时名为丹皮，能活血散瘀，治跌打损伤，还能降低血压。

（4）知道谷雨花是我国特有的花卉。

教师向幼儿讲述谷雨花（牡丹花）的花期等知识。

【活动延伸】

美术区：画出谷雨花。

立　夏

一、设计意图

立夏，是二十四节气中的第七个节气，是夏季的第一个节气，交节时间在每年公历5月5—7日。立夏，是标示万物进入旺季生长的一个重要节气。立夏后，日照增加，大地逐渐升温，雷雨增多，农作物进入了茁壮成长阶段。同时，立夏也表示告别春天，夏天开始。南方的小朋友此时能够感受到气温升高，天气变热，在作息上也有一定的变化。除了天气的变化外，立夏时节还有很多民俗活动，适合在幼儿园开展的活动有“立夏吃蛋”“立夏斗蛋”等。在农事上，也有“立夏种半田”之说，幼儿园可以利用此机会给幼儿讲解一些农业常识，加深幼儿对节气的理解和感知。本章节围绕“立夏”的主题，通过多种活动，让幼儿加深对“立夏”节气的感知和认识。

二、活动领域

“立夏”主题活动涉及社会、语言、科学、艺术、健康领域。

三、主题活动总目标

（1）让幼儿感知立夏的气候特征、节气习俗；

（2）让幼儿能够根据节气变化，适时地调整作息时间，适当增减衣服等，并能表现或创作立夏主题的艺术作品；

（3）让幼儿对与立夏相关的传统文化和大自然产生认同和敬畏，热爱家乡。

四、主题活动网络

“立夏”主题活动面向幼儿园全体幼儿，分年龄阶段设置小、中、大班的集体教学活动。由于各个年龄阶段幼儿的身心发展特征不同，各个幼儿园的实际情况存在差异，我们尽量选择取材方便、贴近生活的活动。

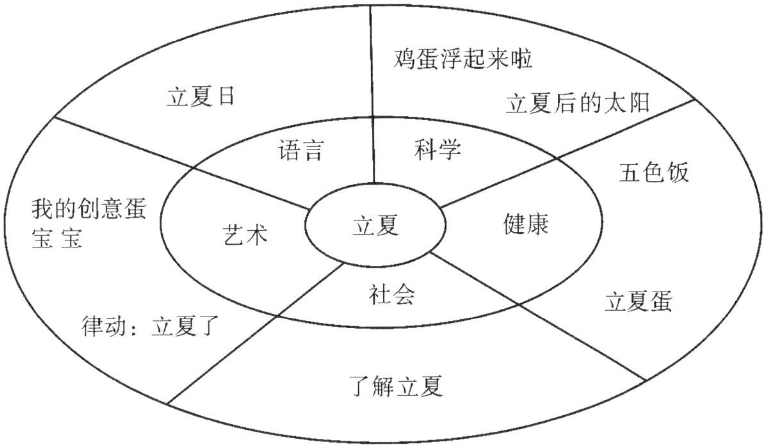

“立夏”主题活动网络

五、主题活动实施注意事项

1. 依据班级幼儿发展水平适当调整活动

以上主题活动网络中的子活动在活动案例中仅针对某一特定年龄阶段的幼儿进行设计，但幼儿具有个体差异，因此班级教师在活动案例的基础上，应针对本班幼儿的实际情况适当增加或减少难度，以适宜本班幼儿的身心发展特点。

2. 因地制宜

以上主题活动网络涉及的活动取材于国内各地区的立夏习俗，各地区幼儿园可选择更符合当地特色的活动。其中，活动案例的活动目标、活动准备等仅供参考，教师应根据具体情况进行调整或者准备。若为开阔眼界选择其他地区习俗进行教学设计，应让幼儿进行前期的知识经验准备。

3. 家园共育

立夏是夏季的第一个节气，此时天气转热，万物茁长生长。家长可以利用此时机带幼儿去农村或者公园感受初夏的到来。

六、活动案例

中班社会活动——了解立夏

【活动目标】

认知目标：了解立夏的知识，如立夏的时间、意义以及食俗等。

能力目标：能初步把立夏节气与相应的农事活动联系起来。

情感目标：体验立夏节气的变化，学习农民吃苦耐劳的精神，并对传统文化感兴趣。

【活动准备】

物质准备：PPT、视频、图片、鸡蛋。

经验准备：幼儿前期已经感知初步立夏时节周围事物的变化。

【活动过程】

1. 导入部分

教师通过谈话，引入立夏主题。

师：小朋友们，大家好！有谁注意到这几天太阳公公的变化了，它变得怎么样了？（幼儿回答）

教师总结：太阳公公早早地就起床了，到中午的时候变得越来越热了。小朋友们观察得可真仔细。大家知道我们为什么会有这样的感受吗？因为现在已经是立夏时节了。

2. 基本部分

（1）教师讲解立夏，让幼儿学习新知识。

①教师播放视频，让幼儿初步了解立夏时节相关知识。

师：小朋友们，我们先来一起看看这段视频（播放立夏节气视频），请大家仔细看哟！要做什么事情呢？（幼儿回答）

师：是的，立夏时节农民伯伯要忙于插秧种田，还要采摘茶叶，还要到田地里除草呢！小朋友们看得可认真了！

②幼儿加深对立夏的理解和感知。

师：小朋友们，现在我们这里也是立夏时节，大家说说，农民伯伯这段时间在干什么农活呢？

师：很多小朋友都说到了插秧、除草，还有小朋友说种黄瓜、种黄豆，都不错哟！

师：在立夏时节后，还有很多小昆虫也出来了哟！比如，蟋蟀（出示图片）开始鸣叫了，蚯蚓（出示图片）爬出来了，小蛇（出示图片）也苏醒了哟！

（2）幼儿体验立夏的隆重与有趣。

师：周朝时，立夏时节，天子会率领百官举行“迎夏”仪式，并指令司徒官去勉励农民耕作。仪式上君臣一律穿朱色礼服，佩朱色玉佩，以表达对司夏之神的敬意和对夏粮丰收的祈求。

师：我们小朋也可以做一项很有趣的游戏活动哦，就是“斗蛋”！我们一起来看看是怎么玩的吧！

教师拿出煮熟的鸡蛋，演示游戏的玩法。

（游戏规则：蛋头对蛋头，蛋尾对蛋尾对碰，蛋破下场，赢的人继续分组拼杀，直至“蛋王”产生。）

（3）教师组织幼儿进行斗蛋游戏活动。

师：小朋友们，刚才老师讲解了游戏的规则，大家都清楚了吧？现在我们就分组进行游戏活动了！请开始比赛！

3. 结束部分

师：小朋友们，今天我们学习了立夏的知识，知道了立夏时节到了就要忙碌起来，农民伯伯要插秧种地，除草施肥，做很多的农事。小朋友也要学习农民伯伯不怕吃苦的精神哟！

【活动延伸】

幼儿感受立夏时节的天气情况，并仔细观察周围事物的变化。周末家长带领幼儿去农村参加郊游，看看农民伯伯当下的农事活动，并进行体验。

※视频链接可扫描前言处二维码获取。

中班健康活动——立夏蛋

【活动目标】

认知目标：了解立夏蛋的来由，知道吃立夏蛋的好处。

能力目标：能够自己熟练地剥掉蛋壳，锻炼手眼协调能力。

情感目标：喜欢斗蛋活动，感受立夏节气的有趣。

【活动准备】

物质准备：PPT、视频、立夏蛋。

经验准备：幼儿前期已经了解过立夏时节的习俗。

【活动过程】

1. 导入部分

教师用立夏蛋导入，激发幼儿兴趣。

师：小朋友们，大家好！今天爸爸妈妈都给你们脖子上挂了一颗鸡蛋，大家知道这颗鸡蛋的名字叫什么吗？（幼儿回答）

教师总结：小朋友们说得真好，大家都回答正确了，这就是“立夏蛋”。

2. 基本部分

（1）教师讲解立夏蛋及其做法。

①教师讲解立夏蛋的由来与营养价值。

师：老师考考你们，有谁知道为什么这颗鸡蛋叫“立夏蛋”？（幼儿回答）

教师总结：在立夏这段时间，人们容易厌食消瘦，而吃鸡蛋可以强身健体。古时候的人们为保证劳动体力，干活有劲，就会在这天吃蛋，因此还有“立夏不吃蛋，上坎跌下坎”的说法。此外，立夏过后，老人和小孩由于体质偏弱，在夏季容易出现食欲不振、浑身乏力的情况，吃鸡蛋也有利于增强体质，所以有“立夏吃了蛋，热天不疰夏”的说法。

②教师播放视频，让幼儿了解立夏蛋的做法。

师：有没有小朋友知道立夏蛋是怎么做的？（幼儿回答）

教师总结并播放立夏蛋做法的视频，加深幼儿印象。

（2）幼儿进行斗蛋游戏，感受节气氛围。

师：请小朋友取下脖子上的立夏蛋，两个小朋友一组进行斗蛋游戏。教师示范拼蛋，注意小头对小头，大头对大头拼蛋。

当鸡蛋差不多都破了以后，教师让配班老师拿去热，为下面的吃立夏蛋做准备。

（3）幼儿吃立夏蛋，加深对立夏蛋营养价值的认识。

师：小朋友们，现在老师把热好的立夏蛋发给大家，请大家自己剥壳，并把剥下的壳放在渣盘里。剥好了的小朋友就可以吃了。

幼儿剥立夏蛋，吃立夏蛋。

师：小朋友们已经都吃完立夏蛋了，它是什么味道呀？（幼儿回答）

3. 结束部分

师：小朋友们，我们今天知道了立夏蛋的由来。吃立夏蛋对我们的身体也有好处，可以让我们健康地成长，所以小朋友每天都要吃一颗鸡蛋哟！

【活动延伸】

幼儿在父母的帮助下自己回家煮立夏蛋，并给家人品尝。

※视频链接可扫描前言处二维码获取。

中班健康活动——五色饭

【活动目标】

认知目标：知道为什么立夏要吃五色饭以及五色饭的寓意。

能力目标：能够根据五色饭的营养价值，合力搭配“营养餐”。

情感目标：珍惜农民伯伯的劳动成果，感受丰收的喜悦。

【活动准备】

物质准备：五色饭材料图片、视频、食材（大米、糯米、豌豆、竹笋等）。

经验准备：幼儿前期已经了解过立夏时节的习俗。

【活动过程】

1. 导入部分

教师通过谈话，引出五色饭的来由。

师：小朋友们，大家好！前面我们讲到了立夏的时候要吃立夏蛋，那立夏这一天除了吃立夏蛋，人们还会吃什么特别的食物呢？有小朋友知道吗？（幼儿自由讨论）

教师总结：有小朋友说，会吃好多好多的东西。那老师告诉大家，在立夏时节，人们还会吃五色饭哟！那么什么是五色饭，让我们一起来看一看吧！

2. 基本部分

（1）教师讲解五色饭及其寓意。

教师讲解五色饭是什么及其由来。

师：（教师出示五色饭材料图片）小朋友请看这张图片，这是五色饭的食材原料，含有“五谷丰登”的意思。立夏这天，人们都会吃五色饭，希望一年到头身体健康。

（2）教师播放视频，让幼儿了解五色饭的做法。

师：小朋友，你们知道五色饭是怎么做的吗？我们一起来学习一下吧！（教师播放五色饭的制作视频）

师：看完视频，我们知道了五色饭由好几种颜色的蔬菜、米以及豆类等做成，老师为大家准备了材料，我们一起来做“五色饭”吧！

（3）幼儿做五色饭，教师巡回指导，做好后蒸熟一起品尝。

教师巡回指导，并鼓励幼儿进行健康营养餐食的搭配。

3. 结束部分

幼儿对自己小组的作品进行分享，教师评价。

【活动延伸】

幼儿回家用彩铅画出五色饭，次日带到幼儿园做主题墙的装饰。

※视频链接可扫描前言处二维码获取。

五色饭材料图片

大班科学活动——鸡蛋浮起来啦

【活动目标】

认知目标：通过操作发现鸡蛋沉浮状态的变化，初步感知悬浮现象。

能力目标：在实验操作中学会观察并记录，能够用自己的语言进行表达。

情感目标：喜欢科学实验，体验成功的快乐。

【活动准备】

物质准备：鸡蛋，烧杯、盐、勺子、记录表等。

经验准备：幼儿会简单的观察记录方法。

【活动过程】

1. 导入部分

教师设置问题情景，引发幼儿讨论。

教师拿出一颗鸡蛋放在烧杯中，让幼儿观看。

师：小朋友们，请看杯子里的鸡蛋，有什么办法能让它浮起来?

幼儿小组讨论。教师请个别幼儿尝试操作，验证说法。

师：有的小朋友让鸡蛋浮起来了，有的不能，那我们要用正确的方法来试一下。

教师总结：有些小朋友说可以夹起来，有些小朋友说可以把鸡蛋放在泡沫上，还有些小朋友说放点盐，那么我们今天就来看看盐能不能让鸡蛋浮起来!

2. 基本部分

（1）幼儿分小组合作，进行实验操作。

教师讲解实验方法和要求。

实验方法：注意烧杯与材料对应，搅拌均匀。

分工合作：幼儿自由协商讨论谁记录、谁操作等。

（2）幼儿实验，教师巡回观察指导。

（3）分享交流：幼儿回忆实验过程、汇总实验结果。

师：在实验的过程中，有些组的鸡蛋没有浮起来，有些组的浮起来了。这是为什么呢？

教师把两组实验作品及记录表拿上讲台，让幼儿动脑筋想原因。幼儿回答后，再次实验正确的做法和错误的做法，进行比较。

（4）教师评价，幼儿交流经验。

师：恭喜大家，你们的鸡蛋宝宝都浮起来了。有谁来说一说鸡蛋从沉到浮的变化过程？

3. 结束部分

师：小朋友，我们今天让鸡蛋从水里浮起来了，知道了盐水的密度比鸡蛋大，鸡蛋会从水底浮到水面上来。这就是浮力！请大家回家后把这个有趣的现象讲给爸爸妈妈听吧！

【活动延伸】

幼儿回家后跟父母一起探索，除了盐以外，还有哪些物质可以让鸡蛋从水里浮起来。

大班科学活动——鸡蛋浮起来啦 1

大班科学活动——鸡蛋浮起来啦 2

中班科学活动——立夏后的太阳

【活动目标】

认知目标：知道如何躲避夏天炙热的阳光。

能力目标：根据气温升高情况，适时自主地减少衣服，并注意防晒。

情感目标：感受夏日乐趣。

【活动准备】

物质准备：太阳伞、防晒帽。

经验准备：幼儿会简单的观察记录方法。

提示：此活动要在晴朗的日子开展。

【活动过程】

1. 导入部分

教师让幼儿融入实际情景，感受立夏后的太阳。

师：小朋友们，现在我们在操场上晒一晒太阳吧！

幼儿自由地席地而坐，感受阳光照在身上。

师：（过几分钟，具体时间根据实际情况而定）小朋友，请你们说一说现在的太阳晒在身上的感受吧！（幼儿回答）

教师总结：太阳晒在身上很热，头上很热，肩膀上很热。我们来看一看为什么吧！

2. 基本部分

（1）教师讲解为什么身上有的地方很热。

师：由于不同颜色吸收热量的程度不一样，穿深颜色衣服的小朋友就比穿浅颜色衣服的小朋友要热一点，比如说穿黑色衣服的小朋友就会比穿白色衣服的小朋友热一些。所以，刚才有小朋友说，头很热，因为我们的头发是黑色的，就会吸收更多的热量，就会更热啦！所以，在夏天的时候我们穿什么颜色的衣服要凉快一些呢？（幼儿回答）

（2）教师讲述还有哪些方法可以避暑、乘凉。

师：小朋友们，请你们现在去教室楼下、树荫下感受一下！

幼儿自由去这些地方感受。

师：你们现在感受怎么样呢？（幼儿回答）

教师总结：感受到很凉快，没有刚才那么热了。

（3）教师再次创设情景，让幼儿思考如果在路上行走，没有遮阴物，该怎么防晒。

教师提示，幼儿可以戴上帽子或者打伞等。

3. 结束部分

师：小朋友们，戴上你们的小帽子在幼儿园里走一走，玩一玩吧！注意，如果太热了要及时报告老师哟！

【活动延伸】

幼儿在此活动结束后，回家和父母一起把自己夏季的衣服按深浅颜色分类，并告知父母夏季最好穿浅颜色的衣服。

小　满

一、设计意图

小满，二十四节气中的第八个节气，是夏季的第二个节气。每年 5 月 20 日到 22 日视太阳到达黄经 60°时为小满。小满后，天气渐渐由暖变热，并且降水也会逐渐增多，民谚有“小满大满江河满”的说法。小满，标志着炎夏登场。麦类等夏熟作物籽粒饱满但未成熟，故称小满。本主题活动结合小满时节与重要的农事活动，让幼儿感知农民伯伯的不易，体会劳作的艰辛。该主题活动拟先开展社会领域的活动——小满及农事，在幼儿对小满时节及所在时节的农事活动有了解的基础上，再开展健康、艺术等方面的活动。本主题涉及的活动丰富多样，幼儿可以通过听传统故事、体验节气劳作以及创意手工方式等加深对小满时节的认识。

二、活动领域

“小满”主题活动涉及社会、语言、艺术、健康以及科学领域。

三、主题活动总目标

（1）让幼儿了解小满时节的来历及其相应的农事活动；

（2）让幼儿掌握有关小满的食俗知识；

（3）让幼儿体验小满时节丰收前的喜悦，激发幼儿对农业耕作的兴趣，体会到农民伯伯的辛苦，养成珍惜劳动成果的好习惯。

四、主题活动网络

“小满”主题活动面向幼儿园全体幼儿，分年龄阶段设置小、中、大班的集体教学活动。由于各个年龄阶段幼儿的身心发展特征不同，各个幼儿园的实际情况存在差异，我们尽量选择取材方便、贴近生活的活动。

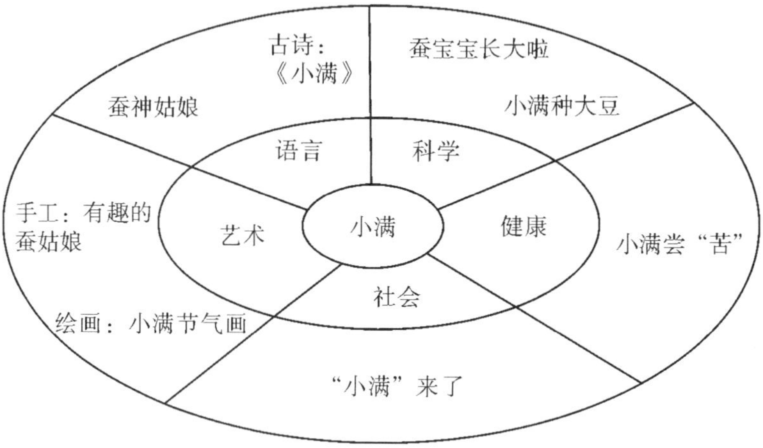

“小满”主题活动网络

五、主题活动实施注意事项

1. 依据班级幼儿发展水平适当调整活动

以上主题活动网络中的子活动在活动案例中仅针对某一特定年龄阶段的幼儿进行设计，但幼儿具有个体差异，因此班级教师在活动案例的基础上，应针对本班幼儿的实际情况适当增加或减少难度，以适宜本班幼儿的身心发展特点。

2. 因地制宜

以上主题活动网络涉及的活动取材于国内各地区的小满习俗，各地区幼儿园可选择更符合当地特色的活动。其中，活动案例的活动目标、活动准备等仅供参考，教师应根据具体情况进行调整或者准备。若为开阔眼界选择其他地区习俗进行教学设计，应让幼儿进行前期的知识经验准备。

3. 家园共育

本主题活动多涉及农耕农业，教师在幼儿园为小朋友讲解相关知识，家长也应带幼儿去农村或郊外感知小满时节相应的农事活动，加深幼儿对小满这个节气的认识。

六、活动案例

中班社会活动——“小满”来了

【活动目标】

认知目标：知道有关小满的知识，如小满的来历、小满的意义等。

能力目标：能初步把小满节气与相应的天气特征、习俗等联系起来。

情感目标：学习农民不怕吃苦的精神，喜欢小满时节的习俗活动。

【活动准备】

物质准备：PPT、视频、未成熟的麦穗或道具、蚕茧、白色的超轻黏土、稻草等。

经验准备：幼儿已有关于小满的相关知识与经验。

【活动过程】

1. 导入部分

教师用实物（麦穗）导入，引发幼儿兴趣，并进入主题。

师：小朋友们，大家好！请大家看看老师手里拿的是什么？（幼儿回答）

师：有小朋友说这是麦穗。那你们再看看这是什么颜色的麦穗呢？（青色、绿色）

师：我们都知道成熟的麦穗是黄色的，那么绿色的麦穗就是没有成熟的。当下的时节里，我们可以看到农民伯伯的地里有很多这种未成熟的麦穗，但是现在还不能收割它们。现在这个节气就是小满，今天我们一起来学习为什么这个节气被称为“小满”吧！

2. 基本部分

（1）教师向幼儿讲解小满时节的相关知识。

①教师放映 PPT（含视频），让幼儿了解小满的由来。

师：小朋友们，刚才老师给大家看了绿色的麦穗，我们现在把麦穗上的麦粒剥开看看。（老师剥开一粒，巡回让幼儿观看）你们看到了什么？（幼儿回答）

教师总结：麦粒里面是白色的浆汁儿，还没有成熟！这就是农民伯伯口中的“小满”！在这段时间里，农民伯伯种植的麦子已经灌浆饱满了，但是还未成熟，只是小满，还未大满！我们就把这个节气称为“小满”。这个节气一般是每年的 5 月 20 日至 22 日到来哟！

②幼儿结合 PPT（含视频），让幼儿了解小满节气的气候特点。

师：小朋友们，现在我们这里正值小满时节，你们感受到天气有什么变化了吗？（幼儿回答）

教师总结：刚才很多小朋友都说到了下了很多的雨。是的，因为我们处在南方地区，在小满时节一般来说会出现“小满大满江河满”的情况，就是我们感受到的下很多雨。农民伯伯还有一句俗语是说：“小满不满，麦有一险。”这是发生在黄河中下游的地方，在这里小满时节可能会出现干热风，导致小麦灌浆不足，使小麦长得不饱满。

③幼儿了解小满节气的习俗——祭蚕。

教师出示图片——蚕。

师：在小满这个节气，古时候我们有一个活动叫祭蚕，为什么我们要祭蚕呢？因为蚕非常难以养活，被视为“天物”。在男耕女织的时代，人们都希望能把蚕养活，祈求蚕茧得到丰收，因此在小满时节就要去祭拜蚕神！

（2）幼儿捏蚕茧，体验小满的习俗。

师：古时候，为了祈求蚕茧丰收，人们要举行祭蚕活动。其中有一项就是要做“面茧”，然后挂在稻草上。老师给大家带来了稻草和白色的超轻黏土，请大家跟老师一起来做“蚕茧”吧！

幼儿操作，教师巡回指导。

3. 结束部分

师：现在“蚕茧”都做好了，请大家拿着自己做的“蚕茧”挂在稻草上！我们一起来祈祷今年农民伯伯的蚕茧得到丰收吧！

【活动延伸】

师：小朋友，我们今天学习了小满节气的气候、习俗等知识，体会到了农民伯伯的不易。请大家一定要做到“一粥一饭，当思来处不易”，不要随意浪费粮食哟！

※视频链接可扫描前言处二维码获取。

中班语言活动——《小满》（古诗）

【活动目标】

认知目标：初步了解古人诗词中小满的意境表现。

能力目标：结合小满节气视频，能说出小满的节气特点和习俗。

情感目标：通过古诗欣赏，感受诗人所表达的意境，激发幼儿热爱大自然的情感。

【活动准备】

物质准备：视频、图纸、画笔。

经验准备：幼儿对小满时节有一定的了解。

【活动过程】

1. 导入部分

教师通过谈话，引出本次主题活动。

师：小朋友们，大家好！现在我们已经到了小满时节，体会到各方面的变化，古人也有一些描绘小满时节的诗歌，今天我们就一起来学习宋代文人欧阳修的《小满》。

2. 基本部分

（1）师幼共同欣赏古诗《小满》。

①教师播放视频《小满》，幼儿仔细听古诗内容。

师：小朋友，请大家仔细看视频，看看这首古诗里提到了什么？（幼儿回答）

教师总结：有柳树、夜莺、麦子，还有月亮。

②教师逐句地教幼儿诗歌内容，并进行解释。

“夜莺啼绿柳，皓月醒长空”，意思是：初夏的夜晚杨柳依依，偶尔传来夜莺动听的歌声。一轮明月高高挂在天上，皎洁的月光照亮夜空。

“最爱垄头麦，迎风笑落红”，意思是：最喜欢这个时节田垄前面的麦子，迎风轻摆，仿佛在笑那些早落的花儿。

师：诗人写出了小满时节的风景，表达了对小满时节的喜欢。

（2）教师再次播放视频，幼儿学习诗歌的律动动作。

教师指导幼儿跟着视频中的老师一起学习该古诗的律动动作，把思维记忆和动作记忆联系起来，加强幼儿的记忆。

幼儿分组练习古诗及律动动作。教师请幼儿表演。

3. 结束部分

师：请小朋友们为这首古诗配一幅图画，把小满时节的景象表达出来！

附：

小满

〔宋〕欧阳修

夜莺啼绿柳，皓月醒长空。

最爱垄头麦，迎风笑落红。

※视频链接可扫描前言处二维码获取。

中班艺术活动——有趣的蚕姑娘（手工）

【活动目标】

认知目标：了解蚕的身体构造，以及蚕是如何爬行的。

能力目标：通过用餐巾纸做蚕的活动，锻炼幼儿的小肌肉能力及专注力。

情感目标：体验手工带来的乐趣，喜欢手工活动。

【活动准备】

物质准备：PPT、餐巾纸、滴管、颜料、水。

经验准备：幼儿知道蚕的成长变化。

【活动过程】

1. 导入部分

复述蚕姑娘的故事，引入主题活动。

师：小朋友们，前面老师给大家讲了蚕姑娘的故事，有谁还记得蚕姑娘长什么样？（幼儿回忆）

2. 基本部分

（1）幼儿观察蚕的长相及蠕动特征。

①教师出示图片，幼儿观察蚕的长相。

师：小朋友，请大家仔细观察这张图片。蚕姑娘长什么样？（幼儿回答）

教师总结：蚕姑娘有小小的黑黑的眼睛，还有嘴巴。它的身体是一节一节的，可以爬动。

师：小朋友观察得可真仔细，现在我们就一起来做一只蚕宝宝。

②幼儿使用餐巾纸创作蚕宝宝。

师：老师为大家准备了餐巾纸，请每个小朋友拿一张，跟着老师这样做一只蚕宝宝。

教师示范，幼儿跟着老师操作，拧成一个蚕的身体。

师：我们做好了蚕宝宝的身体，它没有鼻子、眼睛、脚，请大家拿出笔来为它添上。

幼儿在教师的指导下画好鼻子、眼睛、脚。

幼儿尝试运用渐变色绘画，充分发挥想象，大胆创作。

（2）幼儿运用滴管，让蚕宝宝变身蚕姑娘并蠕动起来。

师：蚕宝宝做好了，我们给她穿上漂亮的衣服吧！

教师用滴管汲取颜料水，然后滴在餐巾纸做的蚕宝宝上，蚕宝宝就变身蚕姑娘并可以蠕动了。

幼儿操作，教师指导。

3. 结束部分

教师进行活动总结及评价。

【活动延伸】

师：小朋友们，我们刚才让蚕宝宝穿上好看的衣服，变成了蚕姑娘，并且让蚕姑娘慢慢地“蠕动”起来了。你们知道为什么把颜料水滴在“蚕宝宝”身上，它就动起来了吗？请大家回家后跟父母一起收集资料，我们下次再来探讨吧！

中班艺术活动——小满节气画（绘画）

【活动目标】

认知目标：知道小满节气可以用哪些事物表达。

能力目标：能够运用彩笔独立地画出小满的节气画。

情感目标：喜欢绘画活动，感受小满节气的氛围与快乐。

【活动准备】

物质准备：圆形纸张、水彩笔、示范画。

经验准备：幼儿了解小满的由来、小满节气的气候特点，以及节气习俗、饮食习俗。

【活动过程】

1. 导入部分

教师请幼儿回顾小满节气的重要习俗活动。

师：小朋友们，前面老师给大家讲了小满节气，有谁还记得小满时节会有哪些事物出现吗？（幼儿回忆）

教师小结：有蚕宝宝、苦菜、小麦、水车等等。

2. 基本部分

（1）教师讲解作画内容。

教师为幼儿分发彩笔和圆形的画纸，并拿出示范画。

师：小朋友，请看这幅图画，这是老师根据小满时节的事物画的一幅节气画。老师在上面画了绿色的麦穗，因为小满的时候麦穗还没有成熟；然后还画了一个农民伯伯正在弯腰除草的样子。画的上方还有温暖的太阳哟！

师：请小朋友们根据自己对小满的认识，选择你想画的小满内容，可以是麦穗，也可以是水车，还可以是蚕和桑叶等。请小朋友们自由作画吧！

（2）教师指导幼儿作画，注重画面的构图、颜色、内容以及主题表达。

教师巡回指导幼儿作画。

3. 结束部分

师：小朋友的画都画好了，请大家来展示一下吧！说一说你画的是什么，以及为什么要画这个来表达小满节气。

幼儿作品展示及分享。

【活动延伸】

幼儿把自己的作品贴在教室的主题墙的相应位置，丰富主题墙的内容。

中班科学活动——蚕宝宝长大啦

【活动目标】

认知目标：了解蚕的外形特征、生活习性以及用途。

能力目标：用已有的生活经验，进一步了解蚕的演变过程。

情感目标：关心蚕宝宝的生长，对小动物有爱心，培养好奇心，乐于研究和实验。

【活动准备】

物质准备：蚕卵、蚕的生长图、桑叶图片。

经验准备：幼儿有饲养小动物的经历。

【活动过程】

1. 导入部分

教师通过谈话，引入主题活动。

师：最近我们班的自然角来了一些小客人，它们在我们的照顾下慢慢长大了，你们知道是谁吗？（蚕）

2. 基本部分

（1）了解蚕的生长变化。

教师出示蚕的生长图片，让幼儿观察，并讲解。

问题1：蚕是由什么变成的？蚕卵是什么样的？（教师出示蚕卵，幼儿观察）

问题2：蚕卵是怎样变成蚕宝宝的？（幼儿观察图片，并联系经验作答）

问题3：蚕宝宝又是如何变化的呢？

教师总结：蚕是由小小的黑黑的蚕卵变成的，蚕卵在暖和的阳光下慢慢地孵化成蚕蚁，蚕蚁就要吃桑叶啦，慢慢变成蚕宝宝！蚕宝宝一天天长大，然后就结茧变成了蚕蛹，然后蚕蛹会咬开茧，飞出来，就变成了飞蛾了！这就是蚕的一生，它会经历蚕卵—幼虫—蚕蛹—成虫的四个阶段。

（2）了解桑叶以及蚕的用途。

①教师讲解蚕的食性。

师：蚕宝宝喜欢吃什么？桑叶长什么样子？（幼儿回答）

教师总结：蚕宝宝喜欢吃桑叶，也可以吃莴笋叶。（出示桑叶的图片）

②教师讲解蚕的用途及药用价值。

师：蚕屎可做枕芯，有药用价值；蚕茧能抽丝纺织成丝绸，可做衣服，还可以做成面膜等。

可延伸：蚕的作用大，蚕丝可做成舒适的衣服、被子。蚕蛹还是一种营养很丰富的食物。

3. 结束部分

教师讲解蚕的养护事项，并发放蚕卵，让幼儿动手养一养。

师：蚕对我们的用处很大，我们在饲养的时候要勤换桑叶，让蚕宝宝吃饱；帮蚕宝宝清理便便，注意卫生。蚕结茧时，也不要移动。老师现在给大家每人发放一些蚕卵，请大家带回家和爸爸妈妈一起养护。

【活动延伸】

教师发放蚕卵，幼儿回家和家人共同养护，并观察和记录蚕的成长过程。

中班科学活动——小满种大豆

【活动目标】

认知目标：清楚豆子在什么条件下适合发芽和生长。

能力目标：能够及时地发现种子的变化情况，并用作画的方式进行记录；能使用简单的工具（铲子、水壶等）。

情感目标：体验劳动的快乐，培养观察能力及爱护植物的情感。

【活动准备】

物质准备：大豆若干、豆类种植盆栽、一些简单的工具。

经验准备：幼儿已经种植好了豆子，并进行了一段时间的观察，事先了解了豆子的外形特征、生长过程等。

【活动过程】

1. 导入部分

教师用谜语引出主题活动。

师：身穿绿衣裳，体圆像珍珠；房间像小刀，又像弯月亮；兄弟姐妹多。打一蔬菜。（豆子）

师：是的，豆子。之前老师给大家发了豆子让你们回家种，已经过了一段时间了，现在带回幼儿园跟大家分享一下吧！

2. 基本部分

（1）幼儿展示自己种植的豆子，全班幼儿进行观察、分享。

师：小朋友们，请你们拿出自己种植的豆放在桌子上，大家一起看看谁的豆子发芽长出来了，谁的没有长出来。

（2）教师讲解豆子的生长条件。

师：植物生长需要水、阳光、空气、土壤。怎样才能让豆子长得好？你是怎么做的？

幼儿出示自己的记录手册，并回答。

教师小结：需要水和空气，要放在有阳光的地方。

师：有些小朋友的豆子没有种植成功，大家想一想为什么呢？

教师小结：有些可能是豆子本身就是坏的，或者水浇得太多或太少、缺少阳光等。

（3）教师帮助种豆失败的幼儿进行总结，找出失败的原因。

3. 结束部分

种豆成功的幼儿把盆栽放在植物角，继续观察豆子的成长过程，并做好记录。

中班科学活动——小满种大豆 1

中班科学活动——小满种大豆 2

芒种

一、设计意图

芒种，是二十四节气之一，每年6月6日前后开始，也是夏季的第三个节气。芒种的字面意思是："有芒的麦子快收，有芒的稻子可种。"芒种时节大麦、小麦等有芒作物种子已经成熟，抢收十分急迫。"芒种"的谐音也很巧妙：芒种，忙着收，忙着种，忙忙碌碌都为收和种。

现在很多城市的幼儿远离农村，很少感知农村的事物，为了加深幼儿对农村劳动教育的认识，并因地制宜利用各种自然、文化和人力资源，结合相关的自然节气，我们设计了主题活动课"芒种，忙收种"。本次主题活动拟通过故事、游戏、手工、绘画、劳作等活动，让幼儿全面地了解芒种这个节气。一方面让幼儿了解节气的重要性；另一方面让幼儿懂得劳动的不易，珍惜粮食，尊重他人的劳动成果。

二、活动领域

"芒种"主题活动涉及社会、语言、艺术、健康以及科学领域。

三、主题活动总目标

（1）让幼儿了解芒种气候、习俗等相关知识；

（2）让幼儿能够把芒种节气与相应的农事活动及农作物联系起来；

（3）让幼儿对农民伯伯在芒种时的劳动有尊重之情，感谢他们的辛劳付出。

四、主题活动网络

"芒种"主题活动面向幼儿园全体幼儿，分年龄阶段设置小、中、大班的集体教学活动。由于各个年龄阶段幼儿的身心发展特征不同，各个幼儿园的实际情况存在差异，我们尽量选择取材方便、贴近生活的活动。

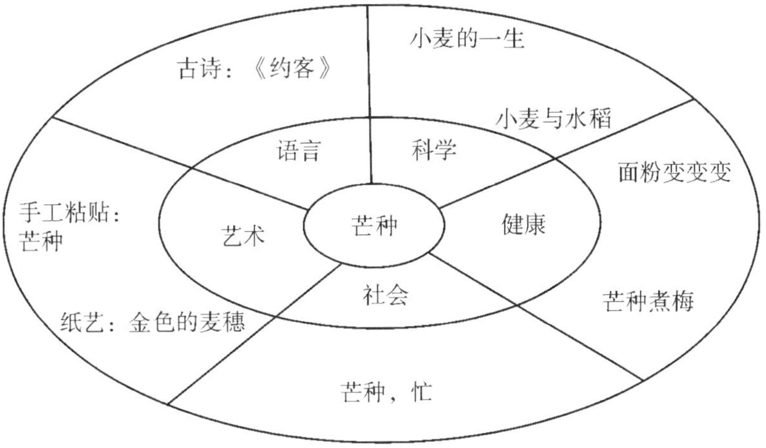

“芒种”主题活动网络

五、主题活动实施注意事项

1. 依据班级幼儿发展水平适当调整活动

以上主题活动网络中的子活动在活动案例中仅针对某一特定年龄阶段的幼儿进行设计，但幼儿具有个体差异，因此班级教师在活动案例的基础上，应针对本班幼儿的实际情况适当增加或减少难度，以适宜本班幼儿的身心发展特点。

2. 因地制宜

以上主题活动网络涉及的活动取材于国内各地区的芒种习俗，各地区幼儿园可选择更符合当地特色的活动。其中，活动案例的活动目标、活动准备等仅供参考，教师应根据具体情况进行调整或者准备。若为开阔眼界选择其他地区习俗进行教学设计，应让幼儿进行前期的知识经验准备。

3. 家园共育

本主题活动多涉及农耕农业，教师在幼儿园为小朋友讲解相关知识，家长也应带幼儿去农村或郊外感知芒种时节相应的农事活动，加深幼儿对芒种这个节气的认识。

六、活动案例

大班社会活动——芒种，忙

【活动目标】

认知目标：了解芒种节气，知道芒种是小麦丰收的季节。

能力目标：掌握芒种的习俗。

情感目标：对农民伯伯在芒种时的劳动有尊重之情，感谢他们的辛劳付出。

【活动准备】

物质准备：PPT、图片、视频、面粉等。

经验准备：幼儿具有一定的农作认识。

【活动过程】

1. 导入部分

教师用儿歌引出主题活动。

教师和幼儿一起回忆《大大的馒头哪里来》。

师：小朋友，儿歌里面唱到的馒头是什么做的？（面粉）

师：面粉又是什么农作物生产出来的？

教师引导出小麦。

师：现在正是小麦成熟的季节，也是农民伯伯非常忙碌的时候，这个时候就被称为“芒种”。

2. 基本部分

（1）教师通过视频向幼儿介绍什么是“芒种”。

师：芒种是二十四节气之一，每年6月6日前后开始。这个时候农民伯伯非常忙碌，他们既需要种植一些作物又需要收获小麦。芒种时节，人们还有很多的习俗活动，我们一起来看看吧！

（2）教师通过PPT和图片，讲解“芒种”有哪些习俗。

民间有送花神、安苗、打泥巴仗、煮梅的传统习俗。

送花神：农历二月二花朝节上迎花神。芒种时节，百花开始凋残、零落，民间多在芒种日举行祭祀花神仪式，饯送花神归位，同时表达对花神的感激之情，盼望来年再次相会。

安苗：每到芒种时节，种完水稻，为祈求秋天有个好收成，各地都要举行安苗祭祀活动。家家户户用新麦面蒸发包，把面捏成五谷六畜、瓜果蔬菜等形状，然后用蔬菜汁染上颜色，作为祭祀供品，祈求五谷丰登、村民平安。

打泥巴仗：贵州东南部一带的侗族青年男女，每年芒种前后都要举办打泥巴仗节。当天，新婚夫妇由要好的男女青年陪同，集体插秧，边插秧边打闹，互扔泥巴。活动结束，检查战果，身上泥巴最多的，就是最受欢迎的人。

煮梅：南方，每年五至六月是梅子成熟的季节，新鲜梅子大多味道酸涩，难以直接入口，须加工后方可食用，这种加工过程便是煮梅。

（3）幼儿感受芒种以来天气的变化，图片展示小麦颜色的变化，以及农民伯伯忙碌、丰收的喜悦。

师：小朋友，最近的天气怎么样呢？（天气变热了）

师：请小朋友观看图片，现在麦子是什么颜色了？（金黄色，表示小麦成熟了）

师：小朋友请看图片，农民伯伯在干什么？（收割麦子）他们看起来是什么样的？（开心、喜悦、忙碌）

（4）师幼共做馒头，体验丰收的喜悦。

师：小朋友，我们今天一起来蒸馒头，并带回家给亲人尝一尝，感谢他们的辛勤劳作。

3. 结束部分

品尝馒头，体验自己动手的喜悦。

教师总结：小朋友，今天我们学习了芒种，知道了关于芒种的知识，也知道了农民伯伯种植粮食的不容易，请大家珍惜粮食，不要浪费哟！

【活动延伸】

1. 幼儿回家和家人分享馒头，感受劳动的不易。

2. 幼儿回家和父母一起讨论，芒种还有哪些可以收获或可以种植的农作物。

附：

大大的馒头哪里来

大大的馒头哪里来？白白的面粉做出来！
白白的面粉哪里来？黄黄的小麦磨出来！
黄黄的小麦哪里来？农民伯伯种出来！
大大的馒头做得好！小朋友吃了身体好！

※视频链接可扫描前言处二维码获取。

大班科学活动——小麦与水稻

【活动目标】

认知目标：知道面粉制品（馒头、蛋糕、饼干等）由小麦制作而成，大米是水稻种出来的。

能力目标：掌握两种作物的区别，知道它们的生长过程。

情感目标：喜欢动脑筋，乐于观察与思考。

【活动准备】

物质准备：小麦和水稻的生长挂图，小麦、水稻加工做成食品的视频，小麦麦粒和水稻谷粒，米糕和蛋糕。

经验准备：幼儿已经学习了小麦的生长过程。

【活动过程】

1. 导入部分

教师出示小麦生长过程的挂图，让幼儿回忆小麦的生长顺序。

师：小朋友们，大家好！上次的活动我们学习了小麦的一生，知道了小麦的成长要经历四个阶段，由谁来说一说要经历哪四个阶段？（萌芽—麦株—结穗—芒种）

2. 基本部分

（1）幼儿区别谷粒和麦粒。

教师出示两种作物的种子，请幼儿进行观察。

师：请大家仔细看你们桌子上的两个小碗，一个装的是麦粒，一个装的是谷粒，谁来告诉老师哪个是麦粒，哪个是谷粒？

幼儿观察，并回答。

师：之前老师讲过，麦粒是硬硬的，比较光滑，看起来像一个椭圆形，两头尖尖的，中间有一条小缝。那谷粒呢？

幼儿回答。

师：谷粒外表是刺刺的，不光滑，也是椭圆形，两头尖尖的。外面有一层皮，里面就是白色的大米了！

（2）教师出示挂图，讲解水稻的生长过程。

师：请小朋友仔细观看图片，看看水稻如何长出金灿灿、沉甸甸的稻子的？

教师小结：水稻成长也包括四个阶段：秧田期—分蘖期—长穗期—结实期。

（3）教师请幼儿猜一猜：我们吃的哪些食物是用水稻和小麦加工成的？

师：有没有小朋友知道，水稻和小麦可以做成什么食物？

教师小结。

（4）教师播放视频，讲解小麦、水稻加工而成的食品。

师：请小朋友观看视频，看看我们平时吃的米、面是如何制作而成的？

幼儿回答。

教师小结：米是由稻谷通过脱皮、抛光得到的，然后就可以煮成白白的大米饭了。麦粒经过去麸皮、加工，就可以得到白白的面粉，然后做成馒头、包子、面条等食物。

3. 结束部分

教师请幼儿品尝米糕和蛋糕，让幼儿说一说它们都是由什么制作而成的。

【活动延伸】

幼儿回家和父母一起制作一道米制品和一道面制品，并上传到班级群。

※视频链接可扫描前言处二维码获取。

中班健康活动——芒种煮梅

【活动目标】

认知目标：知道芒种时节“煮梅”的由来。

能力目标：能够说出煮梅需要的材料以及煮梅的方法步骤。

情感目标：体验跟小伙伴一起品尝美食的开心与喜悦。

【活动准备】

物质准备：视频、水、电磁炉、玻璃烧水壶、小纸杯若干；青梅、冰糖、山楂若干。

经验准备：幼儿吃过梅子、话梅等。

【活动过程】

1. 导入部分（谜语导入）

师：小朋友们，大家好！今天老师给小朋友们带来了一个谜语，想请大家猜一猜。“青青果子浑身毛，绿色果肉酸酸酸。”（猜一种水果）

幼儿猜谜语后，教师出示青梅。

师：小朋友们知道青梅是什么时节的水果吗？（芒种）那青梅可以怎么吃呢？（青梅酒、酸话梅等）

幼儿回答后，教师小结引出芒种煮梅的习俗。

师：今天老师要用青梅来做一道酸甜可口的汤，想喝的话就跟老师认真学习哟！

2. 基本部分

（1）教师讲解“芒种煮梅”的来历。

师：小朋友，请看这段视频，看看里面讲了什么？

教师播放视频 1，让幼儿了解“煮梅”的由来。

教师小结：芒种时节有煮梅的习俗，这一习俗历史悠久，早在夏朝便已经有了。由于梅子味道酸涩，很难直接食用，必须要加工后方可食用，便有了煮梅。

（2）教师讲解酸梅汤的营养价值。

师：煮梅后的酸梅汤酸酸甜甜的，还有独特的营养价值。比如说，有净血、降血脂、消除疲劳、美容、调节酸碱平衡、增强人体免疫力等。但是注意，小朋友喜欢喝酸梅汤，但是也不能喝得过多。

（3）教师煮酸梅汤，供幼儿品尝。

①教师播放视频 2，请幼儿观看煮梅的视频。

②教师出示制作酸梅汤的材料，讲解材料并进行操作演示。

③教师在一旁进行操作演示，并提醒幼儿在家不要去碰电源设备、远离开水等。

3. 结束部分

师幼品尝酸梅汤，结束活动。

师：小朋友们，老师的酸梅汤煮好了，请大家品尝一下吧！

教师为每一位幼儿提供一小杯的酸梅汤，让幼儿进行品尝。

【活动延伸】

教师在品茶区为幼儿提供了速溶的酸梅粉，幼儿可以去冲泡、品尝。

※视频链接可扫描前言处二维码获取。

大班语言活动——《约客》（古诗）

【活动目标】

认知目标：初步理解古诗内容。

能力目标：感受到黄梅时节的画面情景，能够比较熟练地朗诵古诗。

情感目标：通过古诗欣赏，感受诗人所表达的闲适的生活态度。

【活动准备】

物质准备：视频。

经验准备：幼儿已有学习古诗词的经历。

【活动过程】

1. 导入部分

教师通过谈话，引出本次主题活动。

师：小朋友们，大家好！老师有一个问题想问一问小朋友，你们有没有请过朋友到家里做客？（幼儿回答）今天我们学一首约朋友做客的古诗，叫作《约客》。大家一起来看一下吧！

2. 基本部分

（1）幼儿学习古诗，初步理解诗意。

①教师播放视频《约客》，让幼儿完整欣赏一遍古诗。

师：小朋友，请大家仔细看视频，看看这首古诗里提到了什么？（幼儿回答）

教师小结：黄梅、雨、青草、池塘、青蛙，下棋，还有灯花（蜡烛）。下面老师就逐句地给大家讲一讲诗歌的意思吧！

②师：这首古诗讲的什么意思呢？我们一起看看。

教师逐句讲解并教幼儿学念古诗。

教师出示 PPT 1，并问幼儿：图上有什么？是什么季节？

教师小结：梅子黄时，家家都被笼罩在雨中。长满青草的池塘边上，传来阵阵蛙声。这描绘出乡村景色的清新恬静，和谐美妙。

幼儿齐念诗句：“黄梅时节家家雨，青草池塘处处蛙。”

教师出示 PPT 2。

师：诗人请的客人来没有？（幼儿回答）客人没有来，诗人在做什么？

教师小结：时间已过午夜，已约请好的客人还没有来，诗人无聊地轻轻敲着棋子，震落了点油灯时灯芯结出来的疙瘩。如果你的朋友过了约定时间也没有来，你是怎样的心情呢？这两句诗写出了诗人心里的焦虑与无奈。

幼儿齐念三四句："有约不来过夜半，闲敲棋子落灯花。"

教师播放视频，幼儿再次欣赏古诗。

（2）教师带领幼儿完整朗诵古诗2~3遍。

（3）教师播放手势舞视频，幼儿边熟悉诗歌内容边学习动作。

教师指导幼儿，跟着视频中的老师一起学习该古诗的律动动作，把思维记忆和动作记忆联系起来，加强幼儿的记忆。

（4）教师再次加强手势舞动作的指导，并让幼儿再次熟悉诗歌内容及意义。

3. 结束部分

教师播放手势舞的视频，邀请幼儿跟着视频再一起边做动作边唱诗歌。

附：

约客

〔宋〕赵师秀

黄梅时节家家雨，青草池塘处处蛙。

有约不来过夜半，闲敲棋子落灯花。

※视频链接可扫描前言处二维码获取。

中班健康活动——面粉变变变

【活动目标】

认知目标：通过操作，了解面粉的特性以及营养价值。

能力目标：能够在教师的指导下，加水把面粉揉成面团，并做成团子形状。

情感目标：体验到品尝自己劳动成果的喜悦。

【活动准备】

物质准备：PPT、面粉、水、面盆、动物造型的面点、绿豆、剪刀。

经验准备：幼儿对面粉有一定的认识。

【活动过程】

1. 导入部分

教师出示动物造型的面点，引起幼儿注意。

师：小朋友们，大家好！看看老师今天给大家带来了什么？

教师出示动物造型的面点，有小刺猬、小兔子、小猪等。

幼儿回答。

师：小朋友们刚才都说出了动物的名字。非常棒，那有谁知道这些小动物是由什么制作而成的？

幼儿回答。

师：小朋友们说的都对，就是面粉。老师为大家准备了面粉，今天我们就要一起来做面点。

2. 基本部分

（1）师幼共同和面，做面点。

①教师教幼儿和面，在操作中感知面粉的特性。

师：（事先让幼儿洗手，并戴上手套）小朋友们，老师给每一组的小朋友都放了一个面盆，盆子里有面粉。大家可以先观察一下面粉的颜色，戴上手套摸一摸面粉。记得一定要小心，不要弄得到处都是！

师：好的，接下来我们进行第二步，让配班老师帮我们把水加进盆子里，老师会邀请小朋友和面。小朋友知道加了水的面粉是什么样的吗？

配班教师加水，并示范和面。

幼儿操作，教师巡回指导。

教师总结：小朋友，我们在和面时发现面粉加水后就会变得黏糊糊的，使劲揉搓后就会变成面团啦。接下来，我们就开始做小动物吧！

②教师教幼儿制作小刺猬面点。

师：面团已经揉好了，现在我们就来做一只小刺猬吧！

教师示范，先揉一个椭圆形，然后用剪刀把小刺猬背上的“刺”剪出来，然后揉一个小小的圆鼻子，最后把绿豆贴上去当眼睛就做好了！

幼儿分工协作，教师巡回指导。

（2）教师给幼儿讲解面食的营养价值。

师：小朋友们的动物面点都做好了，现在我们请配班老师拿到厨房给大家蒸熟，我们一会儿品尝。现在，老师给大家讲讲吃面食的好处吧！

教师出示幻灯片，为幼儿讲解面食的营养价值。

师：面食含有丰富的碳水化合物，能够为小朋友提供足够的能量，在冬天的时候吃面条会感觉特别的暖和；面食容易消化，还可以增强免疫力，帮助小朋友健康成长！所以，小朋友们可不能挑食哟！

3. 结束部分

师：小朋友们，刚才老师为大家讲了面食的营养价值。待会儿，我们的小刺猬面点也蒸熟了，午餐时我们就一起品尝吧！

【活动延伸】

1. 幼儿品尝自己动手做的小刺猬面点。

2. 回家后，幼儿可以继续跟父母一起动手做其他的面点。

大班艺术活动——金色的麦穗（纸艺）

【活动目标】

认知目标：初步了解小麦的外形特征及小麦的象征意义。

能力目标：能够在教师的帮助下，完成麦穗的制作。

情感目标：喜欢手工活动，体验手工带来的乐趣，感受丰收的喜悦。

【活动准备】

物质准备：麦穗图片，麦穗纸艺作品，麦穗折纸视频，黄色、绿色的手工纸若干，剪刀、胶棒、铅笔若干。

经验准备：幼儿对麦穗的外形有一定的了解。

【活动过程】

1. 导入部分

教师出示麦穗图片，导入本次活动。

师：小朋友们，请看老师手里的东西，你们知不知道这是什么呢？（麦穗）是的，麦穗代表着丰收。当下我们已经进入芒种时节了，农民伯伯也等着麦子丰收，那我们就来做一个麦穗，庆祝农民伯伯丰收吧！老师为大家带来了纸张和剪刀，我们一起学起来！

教师出示范例，请幼儿欣赏。

师：今天老师带来了一幅好看的画，你们看漂亮吗？这幅画和平时我们看到的画有什么不一样？我们一起来学学吧。

（1）教师引导幼儿观察麦穗是拼贴上去的。

教师小结：告诉幼儿麦穗是用金色的纸条剪碎后拼贴在麦穗的形状上的。

（2）教师示范：拼贴好麦穗后，大胆发挥想象对画面填涂丰富的背景。

（3）教师介绍基本剪贴方法后提出安全常规要求。

2. 基本部分

（1）师幼一起制作麦穗。

①师幼共同观看麦穗折纸视频，学习制作过程。

师：小朋友，请大家认真地看这个视频，视频中的人如何把这些纸变成好看的麦穗的？

教师为每组幼儿分发工具，包括纸张、剪刀、胶棒。

②教师讲解工具的用法及注意事项。

（2）幼儿分步骤制作麦穗。

师：现在老师一步一步地教大家如何制作麦穗，请大家仔细听老师讲解。

步骤一：用绿色的手工纸卷一个小棒，放在旁边。

步骤二：用绿色的纸剪两片细长的叶子，备用。

步骤三：把黄色的纸剪成大小相等的五对，然后用铅笔画出麦子的轮廓，再用剪刀剪下来，放着备用。

步骤四：拿起麦穗秆，在麦粒上涂上胶水，然后两边对称粘上，从上往下依次进行。

步骤五：最后粘上麦穗叶子，麦穗就做好了。

幼儿操作，教师巡回指导、帮助。

3. 结束部分

教师讲评并展示幼儿作品，幼儿互相欣赏。

【活动延伸】

师：小朋友，我们的麦穗都做好了，真的是好漂亮啊！请大家把手里的麦穗放到我们的作品区进行展示吧！

※视频链接可扫描前言处二维码获取。

大班艺术活动——芒种（手工粘贴）

【活动目标】

认知目标：知道用何种事物来表达芒种时节，作品构图具有一定的美感。

能力目标：能够专心致志地进行粘贴，主题具有一定的创造性。

情感目标：喜欢创意手工活动，体验活动的快乐与有趣。

【活动准备】

物质准备：胶水、胶棒、双面胶、麦粒、大米、各类豆子、水彩笔、纸盘子。

经验准备：幼儿有粘贴的经验。

【活动过程】

1. 导入部分

教师帮助幼儿回忆芒种时节的主要代表事物，导入活动。

师：小朋友们，大家好！老师已经给大家介绍了芒种时节的很多内容，有谁知道哪些事物是可以代表芒种时节的呢？（幼儿回答）

教师小结：是的。我们可以用小麦、秧苗、黄梅等事物来表现芒种。

2. 基本部分

（1）教师出示几幅关于“芒种”的粘贴画，着重讲解一幅。

师：小朋友，请大家仔细看老师的手工作品，老师做的是一个什么呀？用什么做成的呢？（幼儿回答）

教师小结：是的。老师做的是一幅麦穗图，老师用了麦粒、大米还有绿豆粘贴上去的。并且老师是提前用笔把麦穗的形状勾画出来，然后再粘贴的！

师：小朋友，请你们动动脑筋，想一想，还可以用哪些事物来表达芒种呢？请你们先画出来吧！

（2）教师分发纸盘子，幼儿画出芒种时节的代表事物。

教师巡回指导。

（3）幼儿进行粘贴，教师帮助并指导。

师：现在所有小朋友已经画好了，老师也为每一组的小朋友提供了各种豆子和谷粒、麦粒以及粘贴的工具。请小朋友开始进行粘贴吧！

幼儿操作，教师指导。

3. 结束部分

教师进行活动总结及评价。

【活动延伸】

教师把剩余的豆子和谷粒放到美工区，有兴趣的小朋友或者这次没有完成好的小朋友还可以继续动手做。

夏　至

一、设计意图

夏至，二十四节气中的第十个节气，是夏季的第四个节气，每年6月21日到22日交节。对于我国位于北回归线以北的地区来说，夏至日过后，正午太阳高度开始逐日降低；对于我国位于北回归线以南的地区来说，夏至日过后，正午太阳高度经过南返的太阳直射后才开始逐日降低。夏至虽然阳气较盛，且白昼最长，但却未必是一年中最热的一天，因此时接近地表的热量仍在积蓄，并没有达到最多的时候。夏至以后地面受热强烈，空气对流旺盛，易形成雷阵雨。夏至既是二十四节气之一，古时也是民间“四时八节”中的一个节日，自古民间有在夏至拜神祭祖的习俗。此外，夏至后，人们普遍会食用清补凉汤、凉茶、酸梅汤等来避暑。

本主题活动以夏至这个节气为主线，整合幼儿园五大领域的内容，运用游戏、绘画、音乐、劳动实践等多种活动开展丰富的课程，让幼儿加深对夏至及相应活动的体验和认识。

二、活动领域

“夏至”主题活动涉及社会、语言、艺术、健康以及科学领域。

三、主题活动总目标

（1）让幼儿清楚夏至的来历及气候情况，认识夏至的代表性植物；

（2）让幼儿掌握夏至的食俗知识，以及夏季安全防范知识；

（3）让幼儿喜欢夏至的习俗活动，尊重不同地区的风俗文化和饮食习惯。

四、主题活动网络

“夏至”主题活动面向幼儿园全体幼儿，分年龄阶段设置小、中、大班的集体教学活动。由于各个年龄阶段幼儿的身心发展特征不同，各个幼儿园的实际情况存在差异，我们尽量选择取材方便、贴近生活的活动。

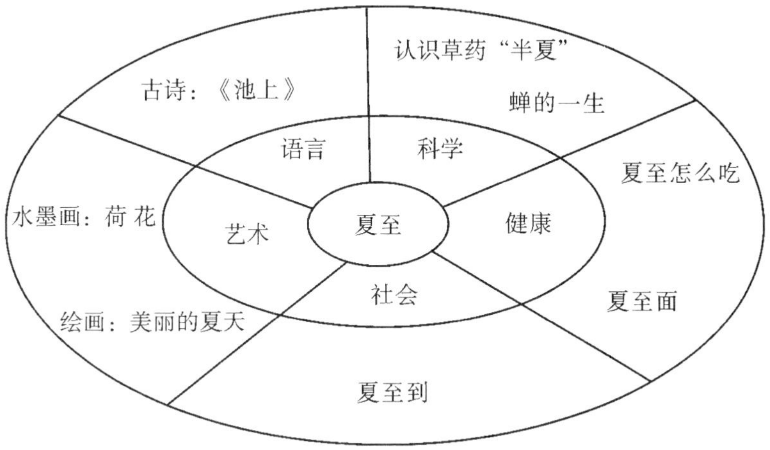

“夏至”主题活动网络

五、主题活动实施注意事项

1. 依据班级幼儿发展水平适当调整活动

以上主题活动网络中的子活动在活动案例中仅针对某一特定年龄阶段的幼儿进行设计，但幼儿具有个体差异，因此班级教师在活动案例的基础上，应针对本班幼儿的实际情况适当增加或减少难度，以适宜本班幼儿的身心发展特点。

2. 因地制宜

以上主题活动网络涉及的活动取材于国内各地区的夏至习俗，各地区幼儿园可选择更符合当地特色的活动。其中，活动案例的活动目标、活动准备等仅供参考，教师应根据具体情况进行调整或者准备。若为开阔眼界选择其他地区习俗进行教学设计，应让幼儿进行前期的知识经验准备。

3. 家园共育

本主题活动很多涉及植物的认识，特别是夏至的一些中草药。家长可以周末的时候带幼儿到郊外、农村或者公园里，去认识花草树木等。

六、活动案例

中班社会活动——夏至到

【活动目标】

认知目标：清楚夏至的气候特点，了解夏至相关的习俗活动。

能力目标：能够明白夏至传统习俗的来历。

情感目标：通过感受夏至习俗，知道传统文化的重要性。

【活动准备】

物质准备：PPT、视频、音频（蝉鸣声）、香囊的简易材料（小布袋、香水）。

经验准备：幼儿听过蝉鸣声，有一定的夏季常识。

【活动过程】

1. 导入部分

教师用音频导入，引起幼儿注意，进入主题活动。

师：（教师播放蝉鸣声的音频）小朋友们，大家好！请大家听，这是什么声音？（知了的叫声）

师：小朋友说，这是知了在叫！我们什么时候会听到知了叫呢？（夏天）

师：是的，是夏天的时候！知了叫得最厉害的时候呢，是我们中国的二十节气之一——夏至！现在我们就一起来了解一下夏至这个节气吧！

2. 基本部分

（1）教师向幼儿讲解夏至的相关知识。

教师播放视频，让幼儿了解夏至的气候特点。

师：小朋友们，夏至是夏天的第四个节气，一般是在每年的6月21日至22日。夏至这天，是我们一年中白天最长，而夜晚最短的一天。过了夏至，万物茂盛生长，雨水滋润，且时有雷雨闪电情况出现。

（2）教师结合课件，向幼儿讲述夏至农事忙的原因。

师：小朋友，请看这张图片，农民伯伯在干什么呢？（锄草）是的，在这张图片里我们可以看见农民伯伯忙着在锄草。因为当夏至到来后，雨水降得多，阳光也很充足，地里的草就会长得很快，在这个节气农民伯伯就不得不把这些杂草锄掉，以免影响庄稼作物生长。

师：小朋友们，再看！这张图片上，农民伯伯在干什么呢？（打药）

师：是的，农民伯伯正在地里打药呢！因为到了夏季，很多的害虫也出来了，农民伯伯不得不背上喷雾器给地里的庄稼喷上农药，这也是为了庄稼的生长。

师：小朋友，除了上面的事情，在夏至过后农民伯伯还有很多其他农活要做，有谁知道的吗？（幼儿回答）

教师总结：是的，刚才有小朋友说种蔬、施肥等，这可是非常忙碌的时节呢！

（3）教师出示课件，讲解夏至的传统习俗。

师：夏至正值小麦丰收之后，人们为了祈求来年丰收，有祭祀祖先的习俗。请大家看这张图片，在这张图片里，你们可以看见什么？（幼儿回答）

教师总结：图片里摆满了猪头肉、鸡鸭鱼肉，还有瓜果蔬菜，还有香蜡等。这是人们在祭拜祖先、神明。

师：除了祭祀活动，古时候的人们还会在夏至到来时互相赠送消暑驱蚊的礼物。你们知道哪些东西可以驱蚊吗？（幼儿回答）

教师总结：是的，花露水可以，风油精也可以，香囊也可以的！

3. 结束部分

做简易的香囊，结束本次活动。

师：小朋友们，老师为大家准备了做香囊的材料，请大家动手做起来吧！然后赠送给你的好朋友！

幼儿动手操作，教师巡回指导。

【活动延伸】

师：小朋友，我们今天学习了夏至的相关知识和重要的一些习俗活动！你们还知道夏至的其他习俗吗？请大家回家跟爸爸妈妈一起收集起来，我们下次再分享哦！

※音频、视频链接可扫描前言处二维码获取。

中班健康活动——夏至怎么吃

【活动目标】

认知目标：了解夏至人们的食俗习惯、夏至前后的天气。

能力目标：能够根据天气变化调整自己的生活作息习惯。

情感目标：喜欢尝试各种食物，知道不同的饮食习俗和文化。

【活动准备】

物质准备：课件、图片。

经验准备：幼儿对夏至节气有一定的了解。

【活动过程】

1. 导入部分

回顾上次活动内容，运用谈话导入本次活动。

师：小朋友们，大家好！前面老师给大家讲了夏至的一些习俗活动，有祭拜祖先、神明，赠送驱蚊避暑的礼物等。其实不同的地方也有一些不一样的习俗，老师上次布置了任务，让大家回家和爸爸妈妈一起收集，有谁来分享一下？

幼儿分享。

师：有小朋友说到要吃面，还有小朋友说有些地方要吃荔枝，还有一些小朋友说吃葫芦，那我们就一起来看看不同地区的人们在夏至时，有哪些不一样的食俗习惯吧！

2. 基本部分

（1）教师介绍不同地区的夏至食俗习惯。

教师放映PPT，讲解不同地区的夏至食俗习惯。

出示图片1：北京——吃凉面。

师：老北京的习惯是每到夏至就会吃凉面、凉菜，因为到了这时气温升高，凉面凉菜可以降火开胃，促进食欲。

出示图片2：浙江绍兴——吃圆糊醮。

师：吃圆糊醮是浙江一带的习俗，夏至到来之前小麦新收，人们为了祭祀祖先，就会用面糊调成糊糊，做一盘薄饼烤熟食用，并且有“夏至吃了圆糊醮，踩得石头咕咕叫”的说法。

出示图片3：江苏无锡——吃馄饨。

师：江苏无锡的人在夏至这天，早上会吃麦粥，中午会吃馄饨，还会给小朋友称体重，希望小朋友体重增加，健康成长。

出示图片4：广州——吃荔枝。

师：夏至到了，广州的人有吃荔枝的习惯，清甜可口的荔枝也是会增加人们的食欲的。

（2）教师引导幼儿讨论本地的夏至食俗习惯，并让幼儿学会尊重不同的饮食习惯。

师：小朋友，刚才我们一起看了好多地方人们的夏至食俗习惯，那我们到了夏至会吃哪些东西呢？

幼儿回答，教师总结。

3. 结束部分

教师强调不同地方的人有不同的饮食习惯，要互相尊重。

【活动延伸】

师：今天我们学习了不同地区夏至的不同饮食习惯，其实不同民族地区的人们也有不同的饮食习惯，请小朋友查阅我国各民族的人喜欢吃什么吧！请大家选择一个民族把他们喜欢的食物画出来！

大班健康活动——夏至面

【活动目标】

认知目标：知道夏至有吃凉面的习俗。

能力目标：能够在教师的帮助下，制作一份凉面。

情感目标：通过动手操作，养成珍惜劳动成果的良好习惯。

【活动准备】

物质准备：视频、黄瓜丝、胡萝卜丝、各种调料、揉好的面团、电磁锅、盘子、筷子等。

经验准备：幼儿有一定的操作能力。

【活动过程】

1. 导入部分

教师用实物导入，引起幼儿兴趣。

师：（出示面团）小朋友们，大家好！请看，老师今天给大家带来了什么？（面团）

师：是的，这就是我们今年芒种时节丰收的新鲜的小麦做成的。我们把小麦磨成了面粉，然后做成了面团。俗话说“冬至饺子夏至面”，今天我们就自己动手来做一碗夏至面吧！

2. 基本部分

（1）教师播放视频，讲解夏至面的做法。

师：小朋友请看，视频中的阿姨怎么做的夏至面？（幼儿回答）

教师小结：首先和面，然后切成面条，再煮熟过凉水，最后拌上各种小菜和调料。

（2）教师把面团搓成长条，然后切断放锅里煮熟，过凉水捞出来备用。

（3）幼儿自己动手做夏至面。

教师对幼儿进行分组，并给幼儿每人一个餐盘和一双筷子，让幼儿按顺序（先取适量的面条，然后放上小菜，再放调料，最后混合均匀）自己动手做夏至面。教师在一旁指导，并维持秩序。

3. 结束部分

师幼共同品尝夏至面，结束活动。

师：小朋友，大家的夏至面都做好了，请你们坐在自己的位置上，我们一起品尝吧！吃面的时候要注意不要弄得到处都是，要爱惜粮食，珍惜农民伯伯的劳动成果。

【活动延伸】

师：小朋友们，老师在美工区为大家提供了做夏至面的材料，有橡皮泥、小盘子、叉子等，你们可以约上自己的小伙伴一起动手做一份“夏至面”哟！

※视频链接可扫描前言处二维码获取。

中班科学活动——认识草药“半夏”

【活动目标】

认知目标：知道半夏名称的来历及其药用价值。

能力目标：能够辨认出半夏，知道其形态特征。

情感目标：通过对半夏的认识，激发对中草药植物的兴趣爱好。

【活动准备】

物质准备：PPT、图片、半夏实物或标本、画纸、彩笔。

经验准备：幼儿对夏至有的一定的了解。

【活动过程】

1. 导入部分

教师出示半夏盆栽，谈话导入。

师：小朋友们，现在夏天到了，植物都长得绿葱葱的，大家可以看看我们教室里的植物，长得怎样啊？（幼儿回答）是的，都长得很好，今天老师带来了一株新的植物，大家看看这是什么？有没有认识的小朋友？

师：这就是半夏，可能很多小朋友不认识，也有小朋友在田野里看见过，但是不知道它的名字！今天，我们就一起来认识一下它吧！

2. 基本部分

（1）认识半夏，了解其药用价值。

①教师放映PPT，讲解半夏名称的由来。

师：大家知道半夏的名字由来吗？我们一起来听一听这个故事！

教师播放视频。

师：故事听完了，大家知道它为什么叫半夏了吗？（幼儿回答）

教师总结：半夏原来是为了纪念一个心地善良的姑娘！其实半夏的名字还有一种说法，那就是这种植物生长旺盛的时节就是在夏至，而夏至表示夏天快过去一半了，所以称之为“半夏”！现在小朋友知道半夏名字的由来了吧！

②教师讲解半夏的植株特点。

教师拿出盆栽，让幼儿观察。

师：请大家看看半夏长什么样子？（指导幼儿从上往下观察）

教师挖出根茎，让幼儿观察。

师：小朋友们，它的根茎长什么样？（幼儿回答）

教师总结：半夏长了像小船一样的叶子，有3片——当然也有不同的片数的，一般来说是2~5片。它还有长长细细的秆，秆下面就是茎块，茎块由大小不一的小球组成。

③教师讲解半夏的药用价值。

师：小朋友们，刚才我们听故事的时候，故事里讲到心地善良的姑娘用半夏熬药给老百姓喝，老百姓们的病就好了。其实，半夏就是一味中草药，具有很重要的药用价值。我们一起来看看它可以治哪些病吧！

教师放映PPT。

师：在故事里，我们听到了半夏可以治疗咳嗽，还可以祛痰；此外，半夏还可以和生姜一起服用，可以止吐，让我们的胃变得舒服一些！

（2）画一画，巩固学习半夏植株特点。

教师给幼儿发一张白纸和彩笔。

师：小朋友，请大家把半夏画出来吧！

幼儿作画，教师巡回指导。绘画完成后，教师简要评价。

3. 结束部分

找一找，识别半夏。

师：刚才我们学习了半夏，现在是户外活动时间，大家跟随老师一起去幼儿园里找一找，看看有没有半夏呢！

【活动延伸】

教师可以带领幼儿到户外寻找半夏，也可以让幼儿父母利用周末时间带幼儿去田地里寻找半夏，为幼儿讲解半夏相关的知识。

附：半夏由来的传说

传说在很久很久之前，有一个姑娘叫作白霞。有一天，她去田野里割草，偶然间挖出了一块长在地下的植物的块茎，因为白霞十分饥饿，所以就试着将这个植物块茎放进了嘴里食用，想着可以用来充饥。可是谁知吃完了就开始呕吐，于是她赶快吃生姜来止呕，没想到吃完之后，她很久都没有治好的咳嗽竟然痊愈了。在这之后，白霞就开始用这种块茎与生姜一同熬汤，送给乡亲们，帮助他们治疗咳嗽，效果非常好。由于这种块茎的浆液非常丰富，所以需要多次清洗。有一次白霞在帮乡亲们清洗药的时候，不小心掉进了河里，因此丧命。人们为了缅怀这个美丽善良的姑娘，就把这种药称为白霞，后来渐渐地人们发现这种植物一般在夏秋时节采摘，就逐渐地改称其为半夏了。

中班语言活动——《池上》（古诗）

【活动目标】

认知目标：理解古诗所描绘的内容。

能力目标：能够欣赏古诗中的意境，并能够熟读古诗。

情感目标：喜欢古诗内容，体验到古诗意境中的美好。

【活动准备】

物质准备：课件、荷花实物或道具、《池上》视频。

经验准备：幼儿认识荷花。

【活动过程】

1. 导入部分

教师出示荷花实物，引起幼儿兴趣。

师：小朋友们，看一看，老师为大家带来了什么？（荷花）是的，这就是荷花！你们喜不喜欢荷花？你们知道荷花长在哪里吗？（池塘里）今天我们要学一首与荷花相关的古诗，现在我们就一起来看一看吧！

2. 基本部分

（1）师幼共同欣赏古诗《池上》。

①教师出示配图，让幼儿观察图上内容，并讲解古诗前两句。

师：小朋友，请大家仔细观察看这张图片，看看这张图画了什么？（幼儿回答）

教师总结：画上有两个小朋友，他们撑着小船到了湖中间。一个小女孩手中还摘了一朵荷花，船上也有好多荷花、荷叶还有莲蓬。他们笑得可开心了。

师：古人用了两句诗来说明，我们一起来读一读："小娃撑小艇，偷采白莲回。"意思就是说，这两个小朋友悄悄地划着小船，去摘了荷花要回家去了。

②教师继续让幼儿观察挂图，讲解古诗后两句的意思。

师：图片中的小朋友自己划船去湖中间，危不危险？（危险）

师：摘完荷花，他们现在要回家了。如果爸妈知道了这件事，他们会怎么样？（挨打）那他们能不能把弄坏的荷花藏起来，不被父母发现？（能）

师：能吗？他们可以把摘的荷花藏起来，但是水面上弄乱了的地方是掩盖不住的！我们一起来看看，诗人怎么说的。"不解藏踪迹，浮萍一道开。"意思就是说，小朋友怕挨打，但是也不知道怎么把这些弄乱的地方遮起来，因为水面上的浮萍草被小船弄开了一条路，父母一眼就看得出来他们划船去摘荷花了！

（2）教师完整地讲述诗歌，加深幼儿理解。

①教师播放视频，让幼儿一起跟着读。

师：好的，我们现在一起来完整地欣赏一下这首古诗。

教师出示课件，完整地呈现古诗内容。

池上

〔唐〕白居易

小娃撑小艇，偷采白莲回。

不解藏踪迹，浮萍一道开。

②师幼共同背诵古诗，加深记忆。

师：小朋友们，跟着老师一起背诵这首古诗吧！

3. 结束部分

师：小朋友，我们幼儿园的池塘里也有荷花，我们去看一看，然后一起打水仗玩吧！

幼儿在幼儿园的小池塘里玩水，体会同伴游戏的美好时光。

【活动延伸】

教师把这首古诗发在家长群里，请家长帮助孩子复习，加深他们对诗歌的理解和记忆。

※视频链接可扫描前言处二维码获取。

中班艺术活动——荷花（水墨画）

【活动目标】

认知目标：知道荷花和荷叶的绘画步骤和技法。

能力目标：能够根据颜色的深浅，控制毛笔的水分，营造出水墨画的意境。

情感目标：感受到荷花的美，喜欢水墨画的创作过程，激发热爱中华传统文化的情感。

【活动准备】

物质准备：荷花图片、宣纸、墨、曙红颜料、毛笔、水、调色盘、书画毡。

经验准备：幼儿见过荷花，对水墨画有的一定的了解。

【活动过程】

1. 导入部分

（1）幼儿欣赏荷花的图片，感受荷花的美。

教师出示荷花的图片。

师：小朋友们，你们看见了什么呢？荷花生长在哪里？

（2）教师出示水墨荷花图，幼儿欣赏并且对比它和荷花图片有什么不同。

师：我们一起来观察一下，这幅画有什么特点？它是用什么画的？和刚才图片中的荷花有什么不同？

教师小结：水墨荷花是我国传统绘画的一种，也就是国画的代表。基本的水墨画，仅有水与墨，黑色和白色，通过加入清水调节墨的颜色浓淡。

2. 基本部分

（1）教师教幼儿用毛笔绘制荷花。

师：今天我们就用毛笔来画一幅荷花图吧！

①教师教幼儿用毛笔蘸曙红画荷花的花瓣。

先将毛笔放在比较淡的曙红水里浸泡饱满，然后在颜色比较浓的曙红水里点一下，再在宣纸上勾勒出花瓣的形状，然后画出一朵完整的荷花，并在其他位置画出一个花苞。

②教师教幼儿用毛笔画荷叶。

用另一支毛笔在比较淡的墨水里浸泡，然后蘸比较浓的墨汁，随后勾勒出荷叶的样子。

③教师教幼儿用毛笔蘸浓墨，笔尖勾勒出荷叶的脉络。

画脉络时要注意笔尖的墨不能太淡，否则勾勒出来的线条不清晰。

④教师教幼儿用毛笔画出花茎并点出花茎上的小刺。

画花茎的时候用淡一点的墨，小刺用浓墨点缀。

（2）教师讲解构图，让幼儿体会近大远小，近实远虚的意境。

（3）幼儿自主作画，教师巡回指导。

3. 结束部分

绘画完成后，师幼共同点评欣赏。

【活动延伸】

幼儿把水墨画荷花带回家，给爸爸妈妈欣赏，也让家长陪幼儿练习使用毛笔作画的技巧。

中班艺术活动——美丽的夏天（绘画）

【活动目标】

认知目标：加深对夏天的认识，知道哪些事物可以表示夏天。

能力目标：能够画出夏天的基本特征。

情感目标：喜欢绘画，善于想象，有一定的创造力。

【活动准备】

物质准备：画纸、蜡笔、黑色勾线笔、夏天的图片、夏天范画。

经验准备：幼儿有一定的绘画经验。

【活动过程】

1. 导入部分

教师出示夏天范画，师幼共同赏析。

师：小朋友们，请看这一幅画。你们看看这是画的哪个季节？你怎么知道画的是这个季节？（幼儿回答）

教师小结：是的，这是夏季。因为我们在图画中看到了茂盛的森林，有人在河里游泳，还有人在扇扇子……

师：夏季还有哪些事物会出现？你们在夏天喜欢做哪些事情？请你们来说一说。

2. 基本部分

（1）教师讲解范画中夏天的特点，以及构图、用色、点缀等。

师：夏天的太阳像个大火球，夏天的树叶很大很密，看上去很凉爽。夏天人们穿得很少，喜欢在大树下乘凉，吃西瓜。红色、橙色看上去比较暖，可以表示炎热；蓝色、绿色看上去比较冷，可以表示凉爽。

（2）幼儿进行绘画，教师指导。

教师收起范画，给幼儿分发画纸和蜡笔，请幼儿自行作画。

（3）幼儿自主作画。教师巡回指导，并对能力差的幼儿进行个别指导。

3. 结束部分

绘画完成后，师幼共同点评欣赏。

【活动延伸】

幼儿把画贴在作品展示区，跟小朋友一起分享自己画的什么和为什么要这么画。

小　暑

一、设计意图

小暑，是二十四节气之第十一个节气，公历每年 7 月 7 日或 8 日太阳到达黄经 105°时为小暑。暑，表示炎热的意思，小暑意指小热，还不十分热。小暑时天气开始炎热，但还没到最热，全国大部分地区如是。小暑时全国的农作物都进入了茁壮成长阶段，需加强田间管理。小暑时节，也是即将进入暑假的时候。本主题活动在语言领域教幼儿一些跟天气相关的谚语，让幼儿能够根据谚语辨别天气情况；然后让幼儿基于这些知识观察天空的云朵，知道云朵与天气之间的关系，以此培养幼儿的科学观察能力。时节总是跟美食联系在一起的，在小暑时节，吃藕也是民间一大习俗，那么在健康领域就安排幼儿认识藕、品尝藕的活动；然后就开展了艺术领域的活动莲藕拓印，以此培养幼儿的艺术创作能力。通过这一系列的活动，让幼儿充分地感受小暑时节，把周围的活动跟小暑时节联系起来，加深对小暑时节的感知和体验。

二、活动领域

“小暑”主题活动涉及语言、艺术、健康、科学、社会领域。

三、主题活动总目标

（1）让幼儿知道小暑时节的天气情况，知道天气与节气的关系；
（2）让幼儿掌握小暑节气的一些谚语，能够初步进行天气的预判；
（3）让幼儿喜欢观察身边的事物，养成留心周边事物的习惯。

四、主题活动网络

“小暑”主题活动面向幼儿园全体幼儿，分年龄阶段设置小、中、大班的集体教学活动。由于各个年龄阶段幼儿的身心发展特征不同，各个幼儿园的实际情况存在差异，我们尽量选择取材方便、贴近生活的活动。由于此时正处于暑假期间，以下活动可以在幼儿入园后选择性地进行，旨在让幼儿完整感知二十四节气。

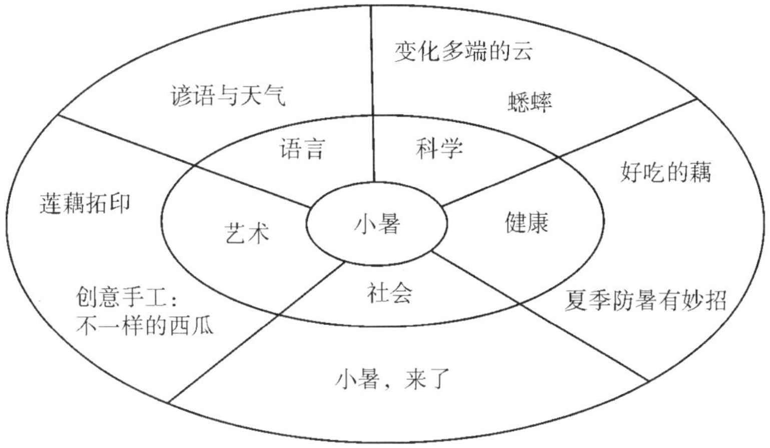

“小暑”主题活动网络

五、主题活动实施注意事项

1. 依据班级幼儿发展水平适当调整活动

以上主题活动网络中的子活动在活动案例中仅针对某一特定年龄阶段的幼儿进行设计，但幼儿具有个体差异，因此班级教师在活动案例的基础上，应针对本班幼儿的实际情况适当增加或减少难度，以适宜本班幼儿的身心发展特点。

2. 因地制宜

以上主题活动网络涉及的活动取材于国内各地区的小暑习俗，各地区幼儿园可选择更符合当地特色的活动。其中，活动案例的活动目标、活动准备等仅供参考，教师应根据具体情况进行调整或者准备。若为开阔眼界选择其他地区习俗进行教学设计，应让幼儿进行前期的知识经验准备。

3. 家园共育

本主题活动多涉及农耕农业，教师在幼儿园为小朋友讲解相关知识，家长也应带幼儿去农村或郊外感知小暑时节相应的农事活动，加深幼儿对小暑这个节气的认识。

六、活动案例

大班语言活动——谚语与天气

【活动目标】

认知目标：通过学习天气谚语，增长自然科学知识和社会知识。

能力目标：通过民间谚语的学习，提高语言的使用和表达能力。

情感目标：感受劳动人民的智慧，培养对劳动人民的热爱之情。

【活动准备】

物质准备：课件、天气图片。

经验准备：幼儿感受到天气的变化。

【活动过程】

1. 导入部分（谈话导入）

教师引导幼儿谈论小暑的天气变化情况。

师：小朋友们，昨天我们在幼儿园户外玩耍的时候，突然下起了大雨，下大雨之前天气有什么变化吗？（幼儿回答）

师：是的，下大雨之前刮起了好大的风，树叶都被刮走了，雨一下子就下起来了，我们有些小朋友身上都淋湿了！那我们怎么才能提前知道，下不下雨呢？（看天气预报）

师：是的，看天气预报。可是古时候，农民伯伯没有天气预报，该怎么办呢？

2. 基本部分

（1）教师向幼儿讲解关于天气的谚语。

①教师放映 PPT，讲解天气与谚语的关系。

师：小朋友们，刚才我们说到了，古时候没有天气预报。农民伯伯为了生产劳作，必须观看天气，经过很多很多次的天气观察，他们总结出来了一些经验。他们把这些经验编成好记的顺口溜，帮助人们识别天气，这就是我们所说的谚语啦！那我们就来学几条与我们现在这个时节相关的谚语吧！

②教师讲解谚语，并让幼儿理解谚语的意思。

教师出示图片 1，展示第一条：风急云越急，越急越有雨。

师：刚才我们说到了，昨天我们这里下了一场又急又大的雨。小朋友们都说，在下大雨之前还刮了大风，这句谚语就是这个意思啦！一般来说，在小暑或者夏季时，如果吹很大的风，天空中的云也跑得很快，那么就可能会下很大的雨了！

教师出示图片 2，展示第二条：天上勾勾云，地上雨淋淋。

师：我们再来看一看这张图片，天上的云是什么样的？（幼儿回答）当我们看到这种雨时，意味着好天气就要结束了，可能会下雨，农民伯伯得赶紧把晾晒的东西收起来！

教师出示图片 3，展示第三条：火烧云，晒死人。

师：前面两条都是关于下雨的，现在我们来看一条其他的。请看这张图片，你们看到了什么？（幼儿回答）当你看见天空出现像火一样的云时，就表示天气会非常热，要做好防暑的准备。

（2）配配对，教师念谚语，请幼儿将相应的天气图片找出来。

分组计时，看哪一组小朋友用的时间最短。

3. 结束部分

师：我们今天学习了三句谚语，我们一起再来重复一遍！（幼儿齐说谚语）接下来老师请大家留心观察一下最近的天气，看看是不是像谚语说的一样。

【活动延伸】

幼儿留心观察天空云的变化，找一找与云有关的谚语。

大班科学活动——变化多端的云

【活动目标】

认知目标：知道云的形状、颜色是多变的。

能力目标：了解云会变成雨、雪落下来。

情感目标：能够留心观察周边事物，对自然现象感兴趣。

【活动准备】

物质准备：课件、图片。

经验准备：幼儿对云有一定的认识。

【活动过程】

1. 导入部分

户外观察云朵形状，导入本次活动。

教师带领幼儿观察天空云朵的形状及颜色，让幼儿有直观的感受。

师：小朋友，你们看看，天上的云朵是什么颜色、什么形状的呢？

幼儿观察并回答。

师：你们再仔细看，云朵会动吗？想一想，云为什么会移动？

幼儿观察并自由讨论。

2. 基本部分

（1）教师引导幼儿认识各种各样的云，了解云与天气的关系。

①教师出示图片1——白云。

师：小朋友，请你们看看，这是什么云？看见它时一般是什么天气？

②教师出示图片2——乌云。

师：这是什么云？看见它时又是什么天气呢？

③教师出示图片3——傍晚的云彩。

师：为什么会有各种各样的云呢？

幼儿讨论。教师向幼儿介绍云和天气相关的内容。

（2）教师借助画面帮助幼儿认识云的多变性。

师：这幅图上的云像什么？你们见过吗？请分别说说这些云像什么。

（3）教师让幼儿初步了解云会变成雨、雪等形态。

教师向幼儿讲解云、雨、雪三种形态的变化过程。

3. 结束部分

教师让幼儿把云、雨、雪三种形态的变化用图画出来。

【活动延伸】

师：我们今天观察了天空中的云朵，请小朋友在回家的路上观察一下今天天空中的云是什么样子的，然后回家画出来吧！

大班科学活动——蟋蟀

【活动目标】

认知目标：观察蟋蟀的外形特征，了解其生活习性。

能力目标：能够按照教师要求观察蟋蟀，并用语言表达出来。

情感目标：体验斗蟋蟀的乐趣。

【活动准备】

物质准备：蟋蟀、图片、音频、视频。

经验准备：幼儿有一定的观察经验。

【活动过程】

1. 导入部分

教师用谜语引起幼儿兴趣，导入本次活动。

师：小朋友，请你们猜一猜：偷偷摸摸躲墙角，窸窸窣窣在鸣叫（打一昆虫）。

师：老师提醒一下你们，这种昆虫当下这个时节很常见哟！是蟋蟀，也叫作蛐蛐！今天我们就一起来认识它！

2. 基本部分

（1）教师出示蟋蟀音频，让幼儿了解蟋蟀声音。

师：小朋友们，你们听过蟋蟀的声音吗？（幼儿回答）

师：我们现在一起来听一听吧，听听蟋蟀是什么声音。

师：现在请小朋友来模仿一下蟋蟀的声音。

（2）教师出示蟋蟀及其图片，让幼儿观察。

师：小朋友们，请你们看一下蟋蟀的头上有什么？它的嘴巴是什么样子的？它的腿有什么特别的？它的尾部是什么样的？

幼儿观察讨论，并回答。

教师小结：蟋蟀的头上有两根细长的触角，有大大的牙齿，很锋利，后腿粗壮有力。雄性蟋蟀喜欢打架。雄性蟋蟀的尾巴有两根，雌性蟋蟀的尾巴有三根！

（3）教师播放视频，让幼儿了解蟋蟀的生活习性。

师：小朋友们，请你们看视频，看看蟋蟀有哪些生活习惯？

幼儿观看视频，并总结回答。

教师小结：蟋蟀喜欢生活在石砖下、草丛中、墙角下，可以吃各种蔬菜，并且喜欢打架！

3. 结束部分

游戏：斗蟋蟀

幼儿观看斗蟋蟀视频，了解斗蟋蟀的规则。

师：现在给大家分组，每组两个蟋蟀，分组斗蟋蟀，请大家一起来感受下蟋蟀是如何打架的！

【活动延伸】

师：小朋友，今天我们讲了蟋蟀，那么蟋蟀是害虫还是益虫呢？请你们回家跟父母一起查一查吧！

※视频链接可扫描前言处二维码获取。

中班健康活动——好吃的藕

【活动目标】

认知目标：了解藕的营养价值，知道藕的营养成分。

能力目标：尝试自己拿筷子夹藕丁，发展手眼协调能力。

情感目标：观看藕的采摘视频，感受农民伯伯劳作的艰辛。

【活动准备】

物质准备：PPT、视频、莲藕实物、餐盘（每组一个）、筷子、塑料小刀。

经验准备：幼儿有吃藕的经历。

【活动过程】

1. 导入部分

教师让幼儿猜谜语，引起幼儿兴趣。

师：小朋友们，老师今天带来了一首谜语，请大家猜一猜。“它在水中节节长，浑身沾泥不怕脏。你若把它掰开看，孔多洁白丝线长。”（猜一种蔬菜）有没有小朋友知道它是什么？（幼儿回答）

教师总结：是的，它就是藕。那我们就一起来看一看，藕到底是不是谜语中说的一样。

2. 基本部分

（1）幼儿观察藕的外貌特征，并了解藕的营养价值。

①师幼共同观察藕，了解藕的外貌特征。

师：（拿出一节藕）小朋友，请大家仔细看看老师手中的藕，看看藕是长什么样子的？

幼儿观察并回答。

教师总结：藕两头有节，外面是灰白色的。

师：（教师横着切开藕）请小朋友再看，藕中间是什么样的？（中间有一些小洞）

师：小朋友们，再凑近看一看，你们看见了什么？（有丝丝，连在一起的）

②教师讲解藕的营养价值。

师：（教师放映PPT）小朋友，你们吃过藕吗？藕吃起来是什么感觉呢？（幼儿回答）

教师总结：吃起来吃脆脆的，有点甜！

师：那你们知道莲藕对我们身体有什么好处吗？（幼儿回答）

教师总结：莲藕营养丰富，含有蛋白质、脂肪、碳水化合物、多种维生素、微量元素及矿物质。生吃能清热解烦、解渴止吐，煮熟的莲藕性味甘温，有健脾开胃、补血消食的功效。藕富含维生素C及人体所需要的碳水化合物，能促进胃肠蠕动，润肠通便，改善血液循环，预防动脉硬化，有益于身体健康。

（2）幼儿观看莲藕的采摘视频，感知农作的艰辛与不易。

师：小朋友们，我们现在一起看看农民伯伯是怎么采藕的。

师：观看了视频，我要请小朋友们说说农民伯伯是怎么采藕的。（幼儿回答）

师：农民伯伯采藕累不累？辛不辛苦？（幼儿回答）

（3）幼儿尝一尝生藕的味道，锻炼手部肌肉协调能力。

教师让幼儿分组动手把藕洗干净，再在教师的帮助下自己动手切成丁，放在餐盘里。每个小朋友手拿一双筷子，自己夹起藕丁来尝一尝生藕的味道和口感。

3. 结束部分

师：小朋友们，我们这里还剩下好多节莲藕，剩下的我们就送到厨房里，让厨房阿姨帮我们煮熟，一会儿我们再尝一尝熟的莲藕的口感和味道吧！

【活动延伸】

幼儿回家后跟父母去超市，找一找超市里面还有哪些食物是藕制品，巩固对藕的营养价值的认识。

※视频链接可扫描前言处二维码获取。

中班健康活动——夏季防暑有妙招

【活动目标】

认知目标：了解夏季防暑的几种常用的方法，知道中暑后的简单处理方法。

能力目标：能够在不同的场景里运用合适的方法避暑纳凉。

情感目标：具有自我保护意识。

【活动准备】

物质准备：小狗、水牛、河马、老虎、蛇等动物图片，中暑图片，绿豆汤，冰块，毛巾，雨伞，扇子。

经验准备：幼儿课前已查阅动物降暑的方法。

【活动过程】

1. 导入部分

教师出示图片，进行谈话导入。

教师出示小狗、水牛、河马、老虎、蛇等动物图片，请幼儿讨论它们是如何进行避暑乘凉的。

教师小结：小狗热的时候就会伸出舌头，用舌头进行散热，还会去河里游泳呢！水牛会躲在树荫下，或者在泥潭里蹲着。河马也会蹲在泥潭里。老虎总是蹲在荫凉的地方伸着舌头喘气，来散发体温。蛇会去阴凉的地方避暑，所以夏天的时候小朋友千万不要去草丛里！

2. 基本部分

（1）幼儿讨论人类避暑的方法。

师：小朋友，请你们想一想，夏天到了，你们有什么好办法来防暑呢？

幼儿讨论并根据自己的经验回答。

教师小结：天气太热的时候我们可以多喝水，保持体内水分充足，这样可以有效为身体降温。我们还可以吃各种冷饮，比如说冰激凌、酸梅汤、雪糕、绿豆汤等，也可以在家里吹空调、扇扇子。

师：那如果你们去到户外的时候，怎么防暑呢？

幼儿讨论并回答。

教师小结：我们可以戴帽子、戴墨镜、打伞，走路的时候最好走屋檐下或者树荫下。

（2）教师引导幼儿夏天吃冷饮要适度。

师：小朋友们刚才总结的夏天避暑的方法可真多！老师在这里要强调一下，吃冷饮的时候不要贪多，吃多了就会肚子疼，会生病的！

（3）教师讲解中暑了怎么办。

师：小朋友们，中暑时会怎么样？现在你们来看看图片，看看中暑时会怎样。

教师出示图片，幼儿自由回答。

师：刚才小朋友们都知道中暑之后会怎样了，那你们知道中暑后应该做什么吗？

幼儿回答。

教师小结：

①我们首先要让中暑的人尽快脱离高温环境，把病人抬到附近阴凉或通风的地方，

也可请附近的人帮忙。

②中暑后可以使用冰敷，但要注意时间的控制和中暑人体温的控制。

③中暑后也可以喝中草药，多喝白开水。

④我们也要根据病情的严重情况，如果病情严重时应及时送到医院。

⑤你们还要告诉爸爸妈妈每天要与幼儿园配合做好防暑降温工作。

3. 结束部分

请幼儿品尝绿豆汤，感受防暑降温的方法给身体带来的舒适感。

情境游戏：中暑了怎么办？

幼儿模拟中暑之后的情景，并用教师提供的道具为“中暑幼儿”降暑。

【活动延伸】

幼儿回家后跟父母一起巩固夏季防暑的知识，加强自我保护意识。

中班艺术活动——莲藕拓印

【活动目标】

认知目标：通过观察、讨论，认识莲藕的内部特点及纹路特征。

能力目标：能够大胆想象，根据莲藕的内部纹路特征合理地组合、制作不同的拓印画。

情感目标：感受拓印的乐趣，激发创作兴趣。

【活动准备】

物质准备：藕片、水彩笔、水粉颜料、调色盘。

经验准备：幼儿有一定的绘画创作能力。

【活动过程】

1. 导入部分

教师出示莲藕实物，引起幼儿讨论。

师：小朋友们，前面我们讲了莲藕长什么样子，还知道了莲藕是可以吃的，并且我们尝了它的味道。那莲藕还可以用来做什么呢？有没有小朋友知道的？

幼儿进行头脑风暴，并回答。

教师总结：小朋友说了那么多，可以雕刻、可以炖汤，还可以做莲藕粉。老师今天要用莲藕来作画，怎么来做呢？

2. 基本部分

（1）教师出示莲藕，激发幼儿的探究欲望。

师：那莲藕里面是什么样子的呢？

教师引导幼儿大胆猜测，请幼儿说一说。

（2）验证猜测结果：教师现场切开莲藕，请幼儿进行观察、交流，发现莲藕内部特征。

（3）师幼一起进行莲藕的拓印画。

①教师讲解如何用莲藕拓印作画。

教师拿出莲藕，切成厚薄相当的藕片，然后用调色盘把颜料调好，将莲藕蘸取颜料拓印到画纸上。

此过程教师要注意引导幼儿蘸取颜料时要小心，别把画纸弄脏了。

②幼儿自己动手操作，进行莲藕拓印。

教师为每一组幼儿提供三种不同颜色的颜料，且幼儿人手一块莲藕，幼儿可以选择自己喜欢的颜色进行拓印。

幼儿动手操作，教师巡回指导。

（4）莲藕拓印画创作。

①教师引导幼儿进行莲藕拓印画的创作想象。

师：小朋友们，现在老师想把这个莲藕的拓印变成一个小动物，你们看看可以变成什么小动物呢？

幼儿回答：螃蟹、金龟子、乌龟……

②师幼对莲藕拓印进行创作。

幼儿在教师的引导下，为莲藕拓印填上四肢和眼睛、头等，变成小螃蟹、金龟子、乌龟等小动物。

3. 结束部分

作品赏析，结束活动。

师：小朋友们，今天我们用莲藕作了拓印画，小朋友把拓印画装饰成了各种小动物。现在请小朋友来说一说，你是怎么想到要变成那样的小动物的吧！

【活动延伸】

教师鼓励幼儿探索还有哪些东西适合做拓印，可以去美工区试一试。

中班艺术活动——不一样的西瓜（创意手工）

【活动目标】

认知目标：初步了解西瓜的简单知识。

能力目标：能够把粘贴、水彩、点画联系起来，构成一幅西瓜图。

情感目标：喜欢美术活动，能够进行大胆的不一样的创作。

【活动准备】

物质准备：带点的塑料防震包装、调色盘、排笔、各种颜色的黏土、西瓜的图片。

经验准备：幼儿知道整个和切块西瓜的样子。

【活动过程】

1. 导入部分

教师通过谜语导入，激发幼儿兴趣。

师：今天老师给小朋友们带来了谜语，请小朋友们来猜一猜。“看着是绿的，打开是红的，吃着是甜的，吐出是黑的。”（猜一种水果）小朋友们可要仔细想想哦！

幼儿回答。

2. 基本部分

（1）教师出示西瓜图片，让幼儿进行观察。

教师出示圆圆的西瓜和被切开的西瓜的图片。

师：小朋友们，大家好！请你们看一看西瓜是什么样子？

幼儿观察，并回答。

（2）教师播放视频，师幼一同观看创意手工“画西瓜”。

师：小朋友，大家好！请大家看这个视频，看一看视频中画的西瓜跟我们平时画的有什么不一样？

幼儿观看视频，并讨论回答。

教师小结：视频中的西瓜不是用彩笔画出来的。它的制作方法：第一步，是用塑料抗震膜剪成西瓜的样子；第二步，贴上双面胶后贴在卡纸上；第三步，用水彩笔涂上颜色，切片的内里是红色的，并用黑色点上瓜籽；第四步，用绿色的超轻黏土做成瓜皮，贴在瓜瓤下。

师：小朋友，你们想来试一试吗？

（3）教师分发手工材料，并讲解制作的注意事项。

教师讲解使用剪刀的注意事项和使用水彩进行涂画时的要点。

（4）幼儿进行手工创作画，要求具有一定的创意。

幼儿在教师的引导下，可以制作颜色不同、形状不一样的西瓜。

3. 结束部分

师幼进行作品赏析，结束活动。

师：小朋友们，今天我们画了不一样的西瓜，请你来说一说你画的西瓜为什么不一样？

【活动延伸】

幼儿把自己的作品粘贴在主题墙上，进行主题墙的装饰。

大　暑

一、设计意图

大暑，二十四节气之一，夏季最后一个节气。每年的公历 7 月 22—23 日，是大暑节气。与小暑一样，大暑也是反映夏季炎热程度的节令，而大暑表示天气炎热至极。大暑时节幼儿正值暑假，教师要在该节气前开展此活动，以提前让幼儿学会应对闷热的夏季。鉴于此，本次主题活动我们设计的课程主要有大暑节气的介绍及习俗认知、大暑安全预防教育，还有针对夏季饮食，进行正确的引导，以及向幼儿讲解他们最喜欢的萤火虫。通过一系列的活动，让幼儿从各方面对大暑时节及夏天有一定程度的认识和体验。

二、活动领域

“大暑”主题活动涉及语言、社会、艺术、健康以及科学领域。

三、主题活动总目标

（1）让幼儿知道大暑时节的天气情况，并知道遇到坏天气时怎么办；
（2）让幼儿能够在成人的帮助下收集资料，完成节气习俗活动的整理；
（3）让幼儿擅长观察身边的事物，能够动手动脑完成各项活动。

四、主题活动网络

“大暑”主题活动面向幼儿园全体幼儿，分年龄阶段设置小、中、大班的集体教学活动。由于各个年龄阶段幼儿的身心发展特征不同，各个幼儿园的实际情况存在差异，我们尽量选择取材方便、贴近生活的活动。由于此时正处于暑假期间，以下活动可以在幼儿入园后选择性地进行，旨在让幼儿完整感知二十四节气。

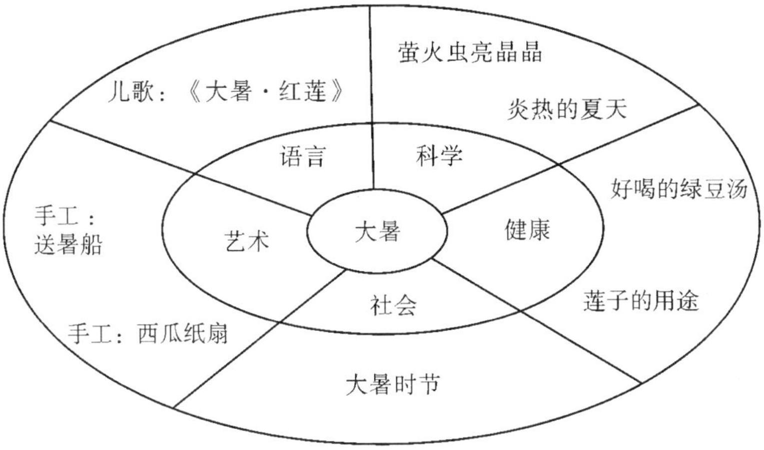

“大暑”主题活动网络

五、主题活动实施注意事项

1. 依据班级幼儿发展水平适当调整活动

以上主题活动网络中的子活动在活动案例中仅针对某一特定年龄阶段的幼儿进行设计，但幼儿具有个体差异，因此班级教师在活动案例的基础上，应针对本班幼儿的实际情况适当增加或减少难度，以适宜本班幼儿的身心发展特点。

2. 因地制宜

以上主题活动网络涉及的活动取材于国内各地区的大暑习俗，各地区幼儿园可选择更符合当地特色的活动。其中，活动案例的活动目标、活动准备等仅供参考，教师应根据具体情况进行调整或者准备。若为开阔眼界选择其他地区习俗进行教学设计，应让幼儿进行前期的知识经验准备。

3. 家园共育

大暑节气的习俗较多，每个地方不一样。在家园共育方面，家长可以和幼儿一起收集该节气的习俗，做成手抄报，完成幼儿园的主题墙饰。

六、活动案例

中班社会活动——大暑时节

【活动目标】

认知目标：通过本次学习，了解大暑的天气特点。

能力目标：能够把大暑的天气变化与习俗活动对应起来。

情感目标：通过对民间传统习俗的学习，激发对民族文化的喜爱之情。

【活动准备】

物质准备：图片、视频。

经验准备：幼儿对自然现象有认识。

【活动过程】

1. 导入部分（谈话导入）

师：小朋友，我们马上就要放暑假了。暑假的天气怎么样？

教师总结：是的，暑假的天气很热。我们不能跑到小河边或者池塘里玩水，也不能中午还在户外玩耍，否则要中暑……俗话说“大暑前后，衣裳湿透”，这就是说大暑时节到了，天气就非常热，衣服都被汗水打湿了！所以，小朋友一定要注意啦！那今天，老师就给大家讲讲大暑这个节气吧！

2. 基本部分

（1）教师向幼儿讲解大暑的由来及天气情况。

①教师播放视频，讲解大暑的由来。

师：大暑和小暑一样，都是表示节气，大暑是夏季的最后一个节气。“暑”是炎热的意思。大暑，指炎热之极。大暑是一年中日照最多、气温最高、雷雨天气横行的节气。大暑节气，高温酷热，打雷闪电，雨量充沛，是万物狂长的时节。

②教师讲解大暑时节的天气变化，引导幼儿正确对待。

教师出示图片1——天气炎热，幼儿戏水。

教师教导幼儿大暑时节天气炎热，但是不能自己去玩水，以免中暑、溺水等。

教师出示图片2——雷雨闪电，幼儿在树下躲雨。

教师讲解这种做法是错误的，并告知幼儿正确的躲雨方式。

（2）教师讲解大暑的习俗，加深幼儿体验。

①教师展示课件，分别讲解晒伏姜、喝伏茶、烧伏香等习俗。

②教师着重讲解民间传统习俗“送暑船”。

教师播放视频，幼儿观看“送暑船”的场景。

师：“大暑船”完全按照旧时的三桅帆船缩小比例后建造，船内载各种祭品。活动开始后，渔民轮流抬着“大暑船”在街道上行进，鼓号喧天，鞭炮齐鸣，街道两旁站满祈福的人群。“大暑船”最终被运送至码头，进行一系列祈福仪式。随后，这艘“大暑船”被渔船拉出渔港，然后在大海上点燃，任其沉浮，以此祝福人们五谷丰登，生活安康。

3. 结束部分

教师总结：小朋友，今天老师讲了大暑时节的天气状况，当我们遇到天气变化时要有正确的认识和处理方式哟！此外，老师还讲了大暑时节的节气活动，你们可以跟父母讲一讲人们“送暑船”的节气习俗。

【活动延伸】

幼儿放学回家后，跟父母一起收集关于大暑的其他节气习俗，制作成手抄报带回幼儿园做墙面展示。

※视频链接可扫描前言处二维码获取。

中班语言活动——《大暑·红莲》（儿歌）

【活动目标】

认知目标：通过本次学习，加深对大暑节气的认识。

能力目标：能够用手势舞连贯熟练地表达儿歌的内容。

情感目标：喜欢用手势舞表达对节气活动的喜欢。

【活动准备】

物质准备：图片、视频。

经验准备：幼儿有律动活动的经历。

【活动过程】

1. 导入部分

教师通过谈话，唤起幼儿已有认知。

师：小朋友，前面我们学习了大暑时节的知识，你们知道在大暑时节正是什么花盛开的时候？

教师小结：小朋友们都说了那么多种花了，我们一起来看看到底是什么花。

教师出示莲花图片。

2. 基本部分

（1）教师播放视频，幼儿整体感知儿歌内容。

师：请小朋友欣赏视频《大暑·红莲》，看一看这首儿歌描述的是什么事物？

幼儿观看，并回答。

师：今天老师带来了一首关于莲花的儿歌，请小朋友们和老师一起欣赏。

师：儿歌的名字叫什么？听起来感觉怎么样？

幼儿观看并回答。教师引导幼儿学习新词“优美”。师幼再次欣赏儿歌。

（2）教师逐句讲解儿歌内容。

师：请仔细看一看，听一听儿歌里是怎样描写莲花的？

幼儿观看并回答。

师：“大暑池畔赏红莲，亭亭玉立水中间；幽幽绿叶白莲藕，好似画中美天仙。”

教师通过图片逐句地给幼儿解释儿歌的意思，让幼儿加深对莲花的认识。

（3）教师带领幼儿一起朗诵儿歌。

在图片的提示下，幼儿跟随教师有节奏地朗诵儿歌2~3遍。

（4）教师教幼儿手势舞。

师：请小朋友们跟老师一起学习这首儿歌的手势舞。

教师边唱儿歌边做动作，幼儿跟着教师学习。

3. 结束部分

师幼一起边唱儿歌，边进行手势舞的表演，结束本次活动。

【活动延伸】

幼儿回家把所学内容表演给父母看，加深对该首儿歌内容的理解。

※视频链接可扫描前言处二维码获取。

中班艺术活动——送暑船（手工）

【活动目标】

认知目标：认识折纸标记，知道“送暑船”的寓意。

能力目标：通过折纸锻炼手的灵活性。

情感目标：感受折纸活动的乐趣，体验民族习俗，激发对习俗的喜爱之情。

【活动准备】

物质准备：课件、折好的纸船一只、折纸若干。

经验准备：幼儿掌握一定的折纸技巧。

【活动过程】

1. 导入部分

师幼回顾“送暑船”习俗。

师：小朋友们，上一次我们讲了大暑的时候，人们有一个习俗是“送暑船”，还有人记得为什么要“送暑船”吗？（幼儿回忆）

师：是的，“送暑船”是为了让大暑天气快点过去，人们能够迎来比较舒适的生活。那今天我们也来折一只“暑船”吧！

2. 基本部分

（1）教师示范折纸船的过程，让幼儿仔细观看。

（2）幼儿跟着教师一步一步地学习，折成船的样子。

此过程中，教师要耐心指导，对动手能力弱的幼儿进行个别指导。

（3）幼儿对纸船进行绘画装饰，体现大暑时节的元素。

师：现在我们的纸船折好了！请大家拿出画笔，在船身上画出美丽的线条和形状，装饰一下我们的“暑船”吧！

3. 结束部分

小池塘“送暑船”，结束活动。

师：小朋友们，我们的“暑船”已经做好了。请大家排队，我们一起去幼儿园外的小池塘，把它们放进池塘里，看谁的“暑船”游得最远吧！

※视频链接可扫描前言处二维码获取。

中班艺术活动——西瓜纸扇（手工）

【活动目标】

认知目标：了解纸的性质，进一步熟悉纸质材料的操作。

能力目标：能够在教师的帮助下，成功制作出西瓜纸扇。

情感目标：喜欢做手工，体验到做手工的快乐和趣味。

【活动准备】

物质准备：视频，折好的西瓜纸扇，红色、绿色折纸，冰糕棍，胶水、双面胶，黑色记号笔。

经验准备：幼儿有一定的折纸技巧。

【活动过程】

1. 导入部分

通过猜谜导入：

师：小朋友们，今天老师带来了一个谜语，想请大家猜一猜。“有风不动，一动就有风。你要它不动，等到起秋风。”（幼儿猜谜）

教师通过幼儿猜谜引出扇子。

提问：①它是什么形状的？②它是用什么材料做成的？什么纸？③它是由哪几个部分组成的？（扇面、扇骨、扇钉）

2. 基本部分

（1）教师出示西瓜纸扇，幼儿观察其样子。

师：这个扇子是做成了圆圆的西瓜的样子，并且扇柄是用我们平时吃的冰糕棍做的呢！那我们一起来看一看，如何做一把这样的小扇子吧！

（2）教师播放视频，幼儿初步学习制作西瓜纸扇。

（3）教师逐步讲解纸扇的做法，幼儿跟着学习。

第一步：师幼人手一张红色的正方形的纸，在纸的上下两端各贴上绿色和浅绿色的小条，然后用记号笔画出西瓜籽的样子；

第二步：把整张纸对折成同样大小，然后在中间再对折贴上双面胶，压实；

第三步：在两边贴上冰糕棍，然后下拉就是一个完整的西瓜纸扇了。

3. 结束部分

师幼共同欣赏作品，并且体验一下小扇子带来的凉爽。

【活动延伸】

幼儿把小扇子送给父母，感谢父母的辛苦付出。

※视频链接可扫描前言处二维码获取。

中班健康活动——好喝的绿豆汤

【活动目标】

认知目标：认识绿豆，了解绿豆的营养价值。

能力目标：能够说出绿豆汤的功效与作用。

情感目标：喜欢听故事，敢于尝试新的食物。

【活动准备】

物质准备：PPT、图片、视频，绿豆。

经验准备：幼儿对豆类食物有一定的了解。

【活动过程】

1. 导入部分

教师通过《好喝的绿豆汤》的故事，让幼儿对绿豆产生好奇。

师：小朋友，今天老师给大家带来一个好听的故事，我们一起来听听吧！

教师边放映 PPT，边讲故事。

师：故事讲完了，老师问问大家，故事里的小朋友在喝什么呢？（绿豆汤）那你们知道绿豆是什么样子的吗？我们一起来认识一下吧！

2. 基本部分

（1）教师出示绿豆实物及图片，让幼儿认识绿豆。

①观察绿豆颜色、形状。

师：小朋友，请你们看看绿豆是什么颜色和形状的？

幼儿回答。

师：是的，因为它外面是绿色的，所以我们叫它“绿豆”。

②摸一摸，咬一咬。

教师让幼儿用手指摁一摁，用嘴咬一咬绿豆，感知豆类的特性。

（2）教师讲解绿豆可以做成什么美食。

师：小朋友们，你们想一想绿豆可以做成什么美食？

幼儿回答后，教师出示用绿豆做的美食的图片。

教师总结：刚刚我们认识了这么多用绿豆做的美食，其中绿豆汤是不是我们在故事里听到的？接下来我们来了解绿豆汤有哪些作用。

（3）教师讲解绿豆汤的功效及做法。

①教师讲解绿豆汤的功效。

师：故事里的妈妈给莹莹喝绿豆汤，那你们知道绿豆汤有哪些作用吗？

教师向幼儿讲解绿豆汤具有清热、消暑、解毒等作用。

②教师播放视频，展示绿豆汤的做法。

3. 结束部分

幼儿品尝教师准备的绿豆汤，结束活动。

师：小朋友们，今天天气很热，厨房的阿姨为我们熬制了绿豆汤，请大家都来尝一尝吧！

【活动延伸】

师：小朋友，今天老师跟大家讲了绿豆汤的做法，请小朋友回家后和爸爸妈妈一起熬一碗美味的绿豆汤吧！

※视频链接可扫描前言处二维码获取。

附：故事《好喝的绿豆汤》

太阳炙烤着大地。小狗蜷缩在树荫下，伸出湿淋淋的舌头。

莹莹刚和小朋友们玩过老鹰捉小鸡的游戏，这会儿正热得受不了。瞧，衣裳全湿了，一颗颗晶亮的汗珠正从额头上争先恐后地滚落下来，“啪哒、啪哒”地掉在地上。

莹莹风风火火地跑回家，大声地叫嚷着：“热死我了，热死我了！”随后马上向冰箱奔去。她刚拉开冰箱门，耳畔就传来了妈妈的声音：“莹莹，开冰箱门干什么？”

“拿冰棍儿呢！”莹莹说。

“刚运动完就吃冰棍可不好。”妈妈说，“况且你今天一根冰棍的‘指标’已经完成了。”

“那怎么办呢？”莹莹噘着小嘴。

“快过来。”妈妈叫唤莹莹来到厨房。只见妈妈取出一只碗，拿起一把大汤勺，伸进一口大锅里，舀出一大碗绿莹莹的汤汁。

“妈妈，这是什么？”莹莹的小眼睛忽闪着。

“绿豆汤都不认得了？你不是和我一块去地里摘过绿豆吗？”妈妈说。

莹莹有点不好意思了，刚才她的心思还在冰棍上，连老朋友都不认识了。

一粒粒绿莹莹的绿豆躺在碗里，肚子都“笑”开了花，好可爱。

“这是今天一大早熬好的绿豆汤，现在凉了，好喝着呢！”妈妈说。

冰棍没吃着，能喝上一碗绿豆汤也是个不错的选择。莹莹捧着碗，找来把调羹，舀着绿豆汤往小嘴里送。可调羹太小，喝起来不过瘾，莹莹索性端起碗直接喝起来，一股清凉霎时涌遍全身。

看着莹莹贪吃的样子，妈妈慈爱地问：“绿豆汤好喝吗？”

“当然好喝！”莹莹特兴奋。

“那你说说，绿豆汤有什么好处？”

"解渴。"莹莹不假思索，脱口而出。

"没别的了？"

"没别的了。"

妈妈告诉莹莹，绿豆汤不仅能补充水分、解渴，还能解毒呢。绿豆里含有一种叫球蛋白的东西，它遇到身体里的有毒物质，会紧紧地"抱"住它们，让有毒物质随大便一起排出体外。绿豆汤里的营养成分还可以保护我们的肝脏呢！

"绿豆汤真是太神奇了！"莹莹接着又喊道，"妈妈，我还想再喝一碗。"

"好嘞！"

母女俩清脆的笑声在厨房里回荡。

中班健康活动——莲子的用途

【活动目标】

认知目标：初步了解莲子的功效与作用。

能力目标：通过学习，掌握莲子的生长过程，并能用自己的话表达出来。

情感目标：体验喝莲子羹的快乐，愿意尝试新鲜的事物。

【活动准备】

物质准备：图片、视频，莲子、银耳、红枣、冰糖、枸杞，电锅、小碗。

经验准备：幼儿见过莲花、莲子，吃过用莲子制作的美食。

【活动过程】

1. 导入部分

教师通过谜语导入，引起幼儿兴趣。

师：小朋友，请你们猜一猜这个谜语。"一个小姑娘，坐在水中央。身穿粉红衫，坐在绿船上。"猜一猜是什么坚果？

幼儿动脑筋思考，并回答。

师：是的，是莲子。有很多小朋友都不知道莲子是什么，今天我们一起来看一看吧！

2. 基本部分

（1）教师出示莲子实物及图片，让幼儿观察莲子。

师：小朋友，请你们看一看、摸一摸莲子，用自己的话说一说莲子是什么样子的。

幼儿观察，并回答。

教师小结：莲子全身都是白色的，圆圆的；中间有一条小缝，摸起来硬硬的！

（2）教师讲解莲子的营养价值及作用。

师：小朋友，你们知道吗？这小小的莲子可有大大的作用呢！莲子可以对抗可怕的疾病，比若说癌症；还可以降血压，有高血压的人可以多吃一些！在炎热的夏天，人们也可以吃莲子达到安神、降火的作用呢！

（3）幼儿观看视频，了解莲子的生长过程。

师：请小朋友来看一看，莲子是怎么生长的？

幼儿观看视频，并回答。

教师小结：首先莲藕会发芽长成荷叶，再开莲花，莲花开了中间有小莲蓬，再落花瓣，莲蓬再长个15天左右就成熟了，再采摘下来，剥开莲蓬就是莲子了。然后再加工：剥开莲子的壳，把附着在莲子上的一层半透明的皮给弄下来，放在水里泡半小时左右，再用专用顶莲芯的针把长在莲子里的莲芯给顶出来，之后放在太阳下晾晒，再放在炭火上烘烤干。这样就成了我们刚刚看到的莲子了！

（4）幼儿了解莲子可以做出什么美食。

师：刚刚我们已经认识了莲子，请小朋友们想想，平常吃过莲子做的美食吗？有些什么美食？

幼儿自由回答。

师：小朋友们说了好多用莲子做的美食，比如百合莲子瘦肉粥、莲子红枣汤、莲子松仁玉米等等。

教师出示图片。

（5）教师熬煮莲子，供幼儿品尝。

师：我们现在就来看看莲子银耳羹的做法。

师：看了莲子银耳羹的做法后，你们知道是怎么做的吗？需要用到哪些材料？

幼儿回答。

师：今天老师就为小朋友们制作了莲子银耳羹，请小朋友们尝尝。

3. 结束部分

幼儿品尝教师准备的莲子银耳羹，结束活动。

师：小朋友们，今天天气很热，老师为大家熬制了莲子银耳羹，请大家都来尝一尝吧！尝过的小朋友来说一说，这是什么味道的呢？

【活动延伸】

幼儿回家和父母分享莲子银耳羹的做法，有兴趣的父母也可以在家和幼儿一起制作。

※视频链接可扫描前言处二维码获取。

立　秋

一、设计意图

立秋是“七月节”，二十四节气中的第十三个节气，也是秋天的第一个节气。从古至今，立秋对农家人尤为重要，如农谚中有“雷打秋，冬半收”“立秋晴一日，农夫不用力”。在古代中国，立秋之时，天子会亲率大臣迎秋，以祈求丰收。但对幼儿而言，立秋是一个感受不太分明的节气。立秋之后，天气依旧炎热，只在早晚时分增添了一些凉意。且幼儿大多远离农耕生活，对于四季的感知仅仅局限于温度、衣着和周围的草木。立秋主题的活动可以让幼儿通过故事、游戏、科学探索、绘画、手工等不同形式的活动，认知自然的规律，感受中华优秀传统文化的丰富与美好。

二、活动领域

“立秋”主题活动涉及语言、科学、艺术、健康、社会领域。

三、主题活动总目标

（1）让幼儿感知立秋的气候特征、节气习俗；
（2）让幼儿能理解和讲述立秋的节气故事，能表现或创作立秋主题的艺术作品；
（3）让幼儿对与立秋相关的传统文化和大自然产生认同和敬畏。

四、主题活动网络

“立秋”主题活动面向幼儿园全体幼儿，分年龄阶段设置小、中、大班的集体教学活动。由于各个年龄阶段幼儿的身心发展特征不同，各个幼儿园的实际情况存在差异，我们尽量选择取材方便、贴近生活的活动。由于此时正处于暑假期间，以下活动可以在幼儿入园后选择性地进行，旨在让幼儿完整感知二十四节气。

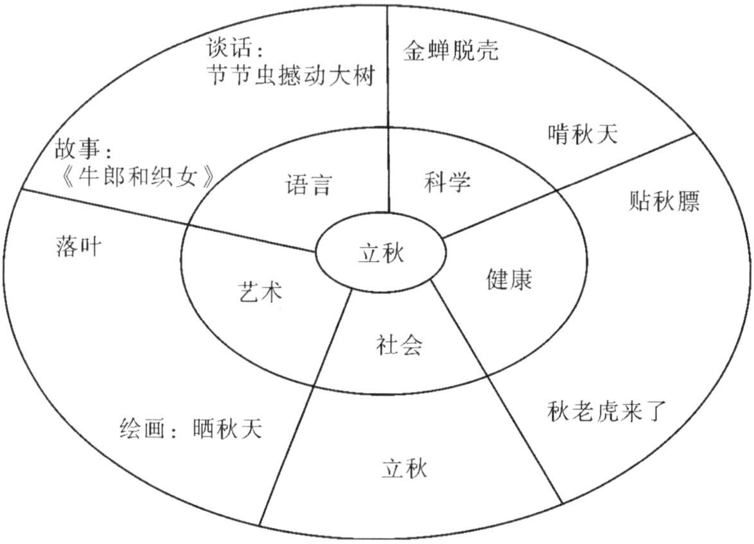

“立秋”主题活动网络

五、主题活动实施注意事项

1. 依据班级幼儿发展水平适当调整活动

以上主题活动网络中的子活动在活动案例中仅针对某一特定年龄阶段的幼儿进行设计，但幼儿具有个体差异，因此班级教师在活动案例的基础上，应针对本班幼儿的实际情况适当增加或减少难度，以适宜本班幼儿的身心发展特点。

2. 因地制宜

以上主题活动网络涉及的活动取材于国内各地区的立秋习俗，各地区幼儿园可选择更符合当地特色的活动。其中，活动案例的活动目标、活动准备等仅供参考，教师应根据具体情况进行调整或者准备。若为开阔眼界选择其他地区习俗进行教学设计，应让幼儿进行前期的知识经验准备。

3. 家园共育

立秋正处于暑假时期，教师若在开学之际选择“立秋”主题的活动，可与开学之初的家长活动融合进行，如“贴秋膘”活动，可邀请家长到幼儿园一起准备和共享各种好吃的肉食，幼儿、家长、教师一起“贴秋膘”。

六、活动案例

大班艺术活动——晒秋天（绘画）

【活动目标】

认知目标：知道晒秋天的原因，了解晒秋天的习俗。

能力目标：能够有技巧地用水彩笔、蜡笔等多种绘画工具进行创作。

情感目标：积极主动地参与绘画活动，感受创作和想象的乐趣。

【活动准备】

物质准备：图片、水彩笔、蜡笔、白纸。

经验准备：幼儿掌握绘画的相关技能。

【活动过程】

1. 导入部分

（1）教师出示晒秋天的图片，引导幼儿观察。

教师引导幼儿说出观察结果，点明晒秋天的主题。

（2）教师介绍晒秋天的习俗。

师：晒秋是一种典型的农俗现象，生活在山区的村民，由于地势复杂，村庄平地极少，只好利用房前屋后及自家窗台、屋顶架晒或挂晒农作物。但晒秋这种农俗现象，并非秋季“专属”，一年四季都有，只不过秋季是丰收的季节，表现得更为丰富。

2. 基本部分

（1）教师向幼儿提问，帮助幼儿理解晒秋天的原因。

师：晒秋的现象在我们这里也是有的，小朋友有没有见到过呢？

师：那小朋友们知道为什么秋天到了要把东西拿出去晒吗？

师：小朋友们想一想，是苹果容易坏还是苹果干容易坏？为什么呢？

师：秋天的时候，雨季过去了，天气比较干燥，出太阳的日子也比较多，正是将瓜果晒干保存的好时候，而且秋季成熟的农作物也比较多，采摘下来晒好，这样我们在冬天就也能吃到秋天的美味了。

（2）教师提供多种材料，引导幼儿把自己想晒的秋天画出来。

师：现在呢，小朋友们想象一下自己有一个宽敞的院子，你们可以在院子里面晒自己喜欢的东西，你们会画什么呢？现在我们用画笔把簸箕装满吧！

教师介绍材料，示范作画，边示范边介绍材料的用法。

（3）幼儿操作，教师观察引导。

教师帮助能力弱的幼儿正确地使用材料，鼓励幼儿进行情节画的创作。

3. 结束部分

师幼欣赏、评价幼儿的作品。

【活动延伸】

幼儿将作品集中起来放在展示区进行展示。

小班语言活动——节节虫撼动大树（谈话）

【活动目标】

认知目标：通过观看视频，知道落叶知秋这一说法。

能力目标：能安静倾听别人讲话，并用简短的语言表达自己的想法。

情感目标：愿意参与到活动中，并感受到轻松愉悦。

【活动准备】

物质准备：《节节虫撼动大树》视频节选。

经验准备：幼儿能听懂普通话。

【活动过程】

1. 导入部分

教师通过视频导入，激发幼儿兴趣。

教师选取《节节虫撼动大树》中节节虫想办法撼动大树，树叶落下代表立秋的片段播放给幼儿看。

幼儿观看前，教师提醒幼儿注意节节虫是怎样撼动大树的。

2. 基本部分

（1）幼儿围绕话题自由交谈。

看完视频后，教师提问幼儿，引导幼儿自由交谈。

师：节节虫是怎样撼动大树的？如果你是节节虫，你会怎样晃动大树呢？

师：一个组的小朋友可以互相讨论一下。

教师在幼儿自由交谈期间巡回观察，了解幼儿的谈话，可以给有困难的小组一些提示。

师：小朋友们刚刚都讨论了节节虫是怎样撼动大树的，那老师请几位小朋友来和我们分享一下他们小组的想法。

幼儿分享想法。

师：节节虫一开始用蛮力使劲地撞大树，不仅没有晃动大树，还把自己撞得非常疼，后来在吉鸟的提示下，节节虫爬上树晃动了大树。树叶落下来就代表秋天到了。

（2）教师引导幼儿拓宽谈话范围。

师：我们刚刚提到树叶落下来代表秋天到了，那小朋友们讨论一下这是为什么呢？

幼儿讨论。

师：秋天的时候叶子会变黄，也会落下来。当我们看到叶子落下来时，说明秋天已经到了，这一天被我们叫作立秋。在中国有二十四节气，立秋是第十三个节气，一般在每年公历的 8 月 7 日或 8 日。

师：二十四节气是非常有趣的，我们刚刚看的节节虫就跟二十四节气有关，每过一个节气节节虫就会长一节。

师：节节虫最后会长成什么样呢？我们一起期待一下吧！

3. 结束部分

师：我们在日常生活中，会遇到很多困难。这个时候呢，小朋友们千万不要放弃，我们要像节节虫一样，尝试用新的办法去解决它。当自己实在不能够解决的时候呢，可以向身边的长辈、老师或者是同伴求助。

【活动延伸】

幼儿回家与父母分享节节虫的故事。

※视频链接可扫描前言处二维码获取。

大班语言活动——《牛郎和织女》（故事）

【活动目标】

认知目标：理解故事的主要内容。

能力目标：在深入理解故事的基础上，对故事进行创编。

情感目标：体验到创作的乐趣。

【活动准备】

物质准备：PPT、角色头饰。

经验准备：幼儿有较好的语言表达能力、表现力。

【活动过程】

1. 导入部分

教师通过设置悬念，激发幼儿兴趣。

教师出示牛郎织女鹊桥相会的图片，向幼儿提问：看到这幅图你们会想到什么？

幼儿回答。

师：我们一起来看看究竟为什么他们会在鹊桥上呢？

2. 基本部分

（1）幼儿初步感知故事内容。

教师借助图片向幼儿讲述故事，讲述过程中向幼儿提问，幼儿带着问题听故事，加深对作品的理解。

师：故事中有哪些人？为什么牛郎织女会被拆散？牛郎织女在每年的什么时候相会？

（2）教师归纳故事大意，简单向幼儿复述。

师：织女虽然是天上的仙女，但她向往生气勃勃的人间，爱上了勤劳朴实的牛郎，他俩男耕女织，过着勤劳快乐的日子，但王母却派了天将把织女押回天宫，并且划了一道银河，想把他俩永远隔开。后来灵鹊在天河上架起了鹊桥，让牛郎织女相会，王母也无可奈何，只得答应在每年农历七月七日让牛郎织女鹊桥相聚。

（3）幼儿通过故事表演加深对故事的理解。

教师选取较为经典的片段让幼儿分组表演，根据故事情节分配角色，合作表演。

3. 结束部分

教师假设性提问，引导幼儿创编故事。

参考提问：如果你是王母的话你会怎么做？

【活动延伸】

幼儿在绘画活动中，画出“我心中的鹊桥”。

中班健康活动——贴秋膘

【活动目标】

认知目标：知道立秋过后有贴秋膘的传统。

能力目标：能够掌握烹饪的相关知识，养成健康饮食的习惯。

情感目标：在动手的过程中体验到合作的重要性。

【活动准备】

物质准备：PPT、饺子皮、馅料、包饺子器。

经验准备：幼儿知道贴秋膘的由来。

【活动过程】

1. 导入部分

教师通过谈话导入，点明立秋的主题。

师：老师发现最近天气逐渐凉爽了，小朋友们有没有感受到呀？

师：那为什么会这样呢？是因为秋天来了！我们也把这一天叫作“立秋”。

（1）教师简单介绍立秋。

（2）教师向幼儿介绍立秋贴秋膘的习俗。

师：在立秋这一天有贴秋膘的习俗，我们班上有没有小朋友知道呢？有的话可以上来跟大家分享。

师：夏天由于天气炎热，很多人食欲会变差，导致体重下降。秋天到来后天气逐渐凉爽，我们胃口也变得好起来，想要补充营养，吃一些美味佳肴，这就叫贴秋膘。

教师出示食物图片。

2. 基本部分

（1）教师介绍贴秋膘的食物。

师：老师刚刚给小朋友们介绍了贴秋膘，也给你们看了贴秋膘该吃的食物，那你们觉得什么食物最适合贴秋膘呢？

师：小朋友们说的食物多种多样。吃的东西太多太杂对身体也不好，所以在贴秋膘的同时要注意营养均衡、荤素搭配，可以适当多吃一些肉类，但不宜太多，也尽量不要吃油炸食品——可以用水煮或清蒸的方式来做；同时也不能放弃水果蔬菜，营养均衡才有助于健康。

教师出示适合幼儿吃的食物。

（2）幼儿与家长合作包饺子。

师：我们刚刚已经知道了小朋友贴秋膘的时候应该吃什么食物，现在我们就一起来制作饺子。饺子馅有蔬菜也有肉，小朋友平时都很爱吃。

教师示范，分发食材后，巡回观察。

（3）贴秋膘。

饺子包好后，统一在教室煮。在煮的过程中，教师引导幼儿观察饺子浮起来的现象，告诉他们饺子浮起来就代表熟了。

师幼一起“贴秋膘”。

3. 结束部分

师：今天我们知道了立秋贴秋膘的习俗，也一起动手包了饺子，贴了秋膘，有了健康饮食的意识。希望小朋友们在以后的生活中也能够养成健康饮食的习惯。

【活动延伸】

语言活动：幼儿向父母询问其他立秋的习俗，开展谈话活动。

家园合作：煮汤圆时可以让幼儿在一旁观看，了解“浮起来就熟了”的有趣现象。

大班健康活动——秋老虎来了

【活动目标】

认知目标：了解秋老虎的由来以及天气特征。

能力目标：能够根据天气的变化增减衣物。

情感目标：初步养成自我保护意识，避免生病。

【活动准备】

物质准备：图片、视频。

经验准备：幼儿有过增减衣物的经验。

【活动过程】

1. 导入部分

教师通过谈话导入，激发幼儿兴趣。

师：小朋友们能告诉我你们现在穿的什么衣服？和夏天穿的衣服有什么不一样吗？

师：那天气和夏天比起来是更热了还是更凉爽了呢？

2. 基本部分

（1）教师介绍秋老虎的由来以及天气状况。

师：刚刚我们对比了夏天和秋天的天气。有的小朋友说秋天凉快，有的小朋友说秋天很热，那究竟是怎么一回事呢？

师：我们在前面提到“立秋”到了，但并不是秋天完全到来了，天气依然很热。而在立秋之后有一段时间，早晚凉，中午高温，这被称为“秋老虎”。这一段时间的昼夜温差大，要注意及时增减衣物，防止感冒。

（2）教师出示图片，启发幼儿根据天气增减衣物。

教师分别出示早晨、中午、晚上不同穿着的图片。

师：小朋友们看这是什么时候？他们穿的什么衣服？

师：立秋过后的天气是早晚凉，中午热，小朋友们要根据气温来增添衣物，不要受凉感冒，也不要受热生病。

（3）教师播放儿童生病的视频，让幼儿有自我保护的意识。

3. 结束部分

（1）教师小结。

（2）幼儿朗诵儿歌，加深记忆。

秋老虎

秋天到，天气凉，为啥脸上汗水淌？
奶奶说是秋老虎，吓得我呀到处藏。
奶奶看了哈哈笑，搂着我呀给我讲：
秋老虎，不是虎，秋天刚到来热浪。

【活动延伸】

幼儿轮流当天气播报员，根据天气变化提醒幼儿增减衣服。

※音频、视频链接可扫描前言处二维码获取。

大班社会活动——立秋

【活动目标】

认知目标：知道二十四节气是中国特有的，了解各地贴秋膘吃的不同食物。

能力目标：通过竞赛活动，加强对贴秋膘相关知识的掌握。

情感目标：在活动过程中萌发出主人翁意识。

【活动准备】

物质准备：动画短片、奖品、PPT。

经验准备：幼儿已初步认识二十四节气。

【活动过程】

1. 导入部分

教师通过视频导入，激发幼儿兴趣。

教师播放动画，请幼儿仔细观看。

2. 基本部分

（1）教师与幼儿交谈，帮助幼儿了解二十四节气是中国特有的。

师：刚刚视频里面都说了什么？（幼儿回答）

师：二十四节气在距离我们很远的农耕时代就出现了，只有我们国家才有，其他国家是没有的。它与农作物的生产息息相关，在我们的日常生活中也发挥了很大的作用。每个节气都有特定的含义，现在我们正处于立秋这个节气。立秋是第十三个节气，是秋季的第一个节气。

（2）教师介绍不同地方所吃食物不同的情况。

师：立秋有许多习俗，贴秋膘、啃秋、晒秋天等等。今天我们只讲贴秋膘。

师：我想问一下小朋友们，你们家贴秋膘吃什么？

师：那新疆人贴秋膘时也和我们吃的一样吗？

师：因为气候、饮食习惯的不同，每个地方在选择贴秋膘的食物时也会有所不同。

师：东北吃饺子，北京吃红烧肉，内蒙古吃白切羊肉，新疆吃羊肉串，河南吃红烧鱼，广东吃叉烧肉。（配上相关图片）

（3）教师帮幼儿再次记忆，并介绍竞赛规则。

师：我们把刚刚各个地方吃的食物再记忆一遍。

师：现在呢，我们开展一个知识竞赛，关于哪个地方吃什么的问答。

教师介绍竞赛规则：

幼儿分为四组。第一轮是根据食物回答地名，每个组有两次机会。第二轮是根据地名回答食物，每个组有一次机会。第三轮是抢答，每个组有一次机会，五秒以内回答不上算弃权。抢答答对的小组奖励小红旗，抢答答错不得小红旗，红旗多的小组获胜。全部小组回答完后才会公布答案。

（4）开展竞赛活动。

开展竞赛。竞赛结束后，教师分发奖品，并对成绩不佳的小组给予鼓励。

3. 结束部分

角色游戏：我是代言人。

幼儿分别扮演外来游客以及本地人。“本地人”幼儿选择一个地方向外来游客介绍贴秋膘的食物。

【活动延伸】

美术活动：幼儿将自己喜欢的贴秋膘的食物画出来。

※视频链接可扫描前言处二维码获取。

处　暑

一、设计意图

处暑，二十四节气中的第十四个节气。据《月令七十二候集解》记载："处，止也，暑气至此而止矣。"处，有躲藏、终止的意思；处暑，就意味着酷热的天气结束了。但农谚仍有"处暑天还暑，好似秋老虎"，意指处暑时节，"三伏天"虽结束，但白天依然感觉不到秋凉，只在早晚时才有些许凉爽的感觉。在教师和家长的引导下，这些气候上的差异幼儿尚且可感知。但"谷到处暑黄""处暑高粱遍地红"的农事经验，"处暑寒来"要"秋冻"的健康常识，祭祖、迎秋、开渔、放河灯、吃鸭子等民俗却离幼儿的生活越来越远。本主题的设计旨在丰富幼儿处暑节气的气候、农事等知识经验，引导幼儿体验处暑的民俗，认同中华民族的传统文化，并在未来继续传承。

二、活动领域

"处暑"主题活动涉及语言、科学、艺术、健康领域。

三、主题活动总目标

（1）让幼儿感知处暑的气候特征、农事活动、节气习俗；
（2）让幼儿能理解和讲述处暑的节气故事，能表现或创作处暑主题的艺术作品；
（3）让幼儿对与处暑相关的传统文化和大自然产生认同和敬畏。

四、主题活动网络

"处暑"主题活动面向幼儿园全体幼儿，分年龄阶段设置小、中、大班的集体教学活动。由于各个年龄阶段幼儿的身心发展特征不同，各个幼儿园的实际情况存在差异，我们尽量选择取材方便、贴近生活的活动。由于此时正处于暑假期间，以下活动可以在幼儿入园后选择性地进行，旨在让幼儿完整感知二十四节气。

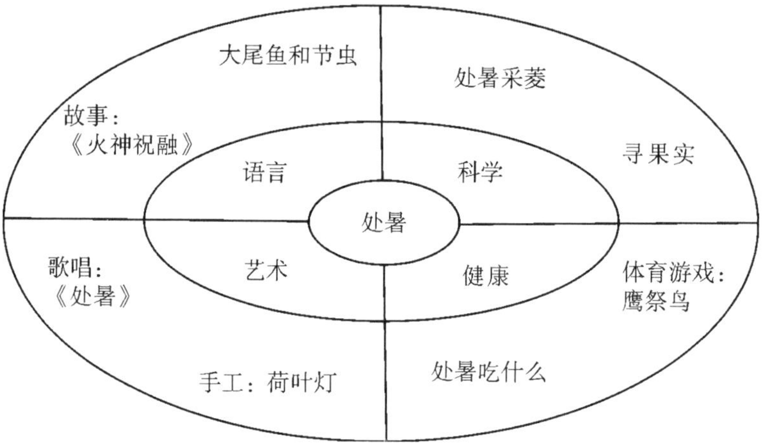

“处暑”主题活动网络

五、主题活动实施注意事项

1. 依据班级幼儿发展水平适当调整活动

以上主题活动网络中的子活动在活动案例中仅针对某一特定年龄阶段的幼儿进行设计，但幼儿具有个体差异，因此班级教师在活动案例的基础上，应针对本班幼儿的实际情况适当增加或减少难度，以适宜本班幼儿的身心发展特点。

2. 因地制宜

以上主题活动网络涉及的活动取材于国内各地区的处暑习俗，各地区幼儿园可选择更符合当地特色的活动。其中，活动案例的活动目标、活动准备等仅供参考，教师应根据具体情况进行调整或者准备。若为开阔眼界选择其他地区习俗进行教学设计，应让幼儿进行前期的知识经验准备。

3. 家园共育

处暑正处于暑假时期，教师若在开学之际选择“处暑”主题的活动，可与开学之初的家长活动融合进行，如“荷叶灯”“寻果实”等活动，可邀请家长到幼儿园一起制作荷叶灯，也可让幼儿与父母一起到户外寻果实、做记录，并与同伴分享经验。

六、活动案例

中班艺术活动——《处暑》（歌唱）

【活动目标】

认知目标：理解歌词，熟悉歌曲旋律。

能力目标：在熟悉乐曲的基础上，能看图谱进行歌唱并创编动作。

情感目标：感受处暑的节气氛围，喜欢参加音乐活动。

【活动准备】

物质准备：自制音乐图谱、歌曲音频、处暑介绍视频。

经验准备：幼儿有其他节气的经验铺垫，如春分、夏至等。

【活动过程】

1. 导入部分

谈话、视频导入。

师：小朋友们！我们学了很多节气，你们都能记住哪些呢？（幼儿回答）今天老师要给你们介绍一个新的节气，它的名字叫处暑。老师准备了一个关于处暑的视频，我们一起来看一看。

教师小结：处暑的时候，天气渐渐转凉，也到了丰收的季节，家家户户满地黄。今天老师就带来了一首《处暑》的歌曲，我们一起来听一听。

2. 基本部分

（1）教师示范演唱歌曲《处暑》，并帮助幼儿学习歌词。

教师弹唱歌曲内容请幼儿倾听，并提问幼儿：你们听到了什么？

幼儿回答，同时教师帮助幼儿用歌词内容梳理语言，并出示图谱。

（2）幼儿运用多种形式演唱歌曲，熟悉记忆歌词。

师：现在，请小朋友们和老师一起来听一听、唱一唱这首好听的歌曲！

教师播放《处暑》的音乐视频，教师同时演唱。

在第二次歌唱时，播放音频，请幼儿跟唱，教师指示图谱。

在第三次歌唱时，不用音频，请幼儿跟唱，教师指示图谱同时歌唱。

（3）师幼创编歌曲。

师：现在，老师想请小朋友们给这一首音乐加上动作，你想怎么做？

教师鼓励幼儿大胆创编，逐句引导。

教师带领幼儿梳理完整的动作。

3. 结束部分

师幼再次唱歌曲，同时加上动作。

师：现在老师要请小朋友们和我一起，边唱歌边跳自己编出来的动作。

【活动延伸】

教师组织幼儿进行歌唱比赛。

附：

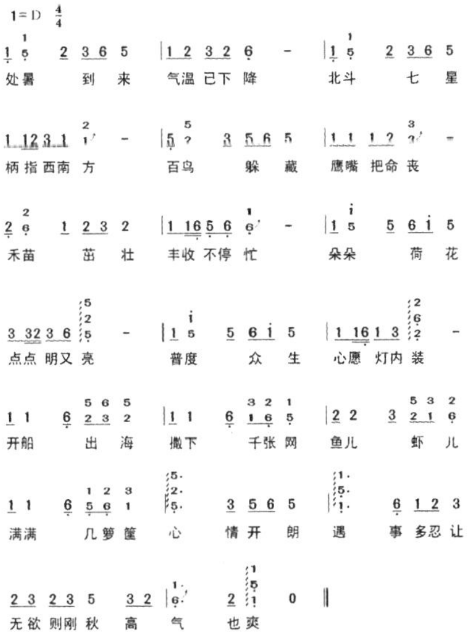

《处暑》音乐简谱

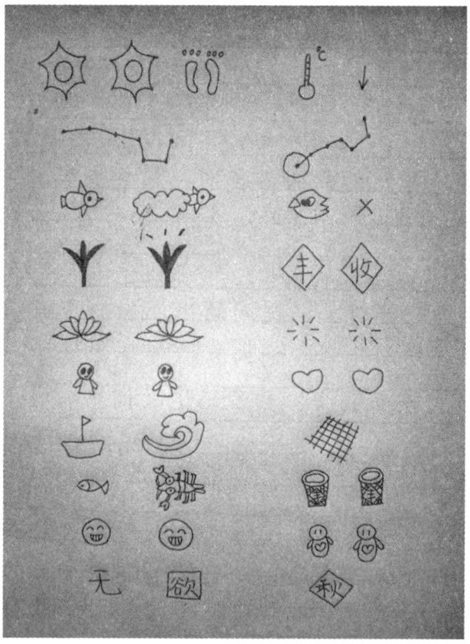

音乐节奏图谱

大班艺术活动——荷叶灯（手工）

【活动目标】

认知目标：了解处暑放荷花灯的习俗。

能力目标：能在教师引导下与伙伴一起完成荷花灯的制作，熟练掌握粘贴、剪、画的技能。

情感目标：体验动手操作的乐趣，享受传统文化的习俗氛围，萌发热爱传统文化的情感。

【活动准备】

物质准备：剪刀、毛线、双面胶、A4 彩色卡纸、勾线笔、一次性筷子、纸板、热熔胶、荷花灯课件（包括荷花灯图片、荷花灯制作顺序图）、舒缓的背景音乐（如传统音乐《渔舟唱晚》）。

经验准备：幼儿会正确使用剪刀，具备一定的动手操作能力；了解荷花的形态与基本组成部分；知道处暑这个节气。

【活动过程】

1. 导入部分

谈话与实物导入。

师：小朋友们，你们知道最近是什么节气吗？（处暑）那你们知道这个节气里都有什么习俗吗？（祭祖、吃鸭子、迎秋、开渔节、放荷花灯等）

教师出示荷花灯实物：孩子们，你们看，老师手里的是什么？（荷花灯）那孩子们想做荷花灯吗？今天老师要带你们一起做荷花灯！

2. 基本部分

（1）教师组织幼儿观看课件，观察荷花灯是由哪几个部分组成的。

师：小朋友们，你们看，老师准备了几张荷花灯的图片。我们一起来观察一下荷花灯是由哪几个部分组成的。

教师引导幼儿以由内到外的顺序观察花蕊、花瓣、荷叶，同时观察形状、颜色、大小并总结。

（2）教师介绍手工材料并根据课件分步骤讲解荷花灯制作顺序。

师：现在请小朋友们分组坐好，你们看一看桌上都有哪些材料，我请一位小朋友来说一说。

师：现在，老师要开始做荷花灯了，要仔细看哦！

教师分步骤讲解并请幼儿一起做。

第一步，制作荷花的花瓣部分。拿出 A4 彩色卡纸，对折两次，用勾线笔画出花瓣，用剪刀剪下来；并将花瓣的下半部分剪出一条口，用双面胶粘到一起，弯曲成花瓣的形状。同理，用 1/2 的 A4 彩色卡纸重复上述步骤，做出小一点的花瓣。然后将每一片花瓣粘在一起，再将外面的大花瓣和里面的小花瓣粘在一起。

第二步，制作花蕊。用一张小长方形的纸剪出条状，裹在一起，粘在荷花中间，整理成花蕊。

第三步，制作荷叶。用勾线笔在纸板上画出荷叶，再剪下来，将荷花与荷叶用热熔胶粘在一起。最后在荷叶上钻孔，穿上毛线，绑在一次性筷子上，荷花灯就做好啦！（教师使用热熔胶时请助教帮忙，提前在纸板上钻孔。）

在制作荷花灯时，教师巡回指导。

3. 结束部分

师：孩子们的荷花灯都做好了，那现在我们一起去放荷花灯吧！

师幼将荷花灯放到提前创设的美术区。

【活动延伸】

所有荷花灯做好，进行荷花灯灯会。

大班语言活动——《火神祝融》（故事）

【活动目标】

认知目标：了解故事内容，认识人物特征。

能力目标：能用自己的话清楚连贯地讲述故事。

情感目标：喜欢听故事，积极参与故事活动，懂得要乐于助人。

【活动准备】

物质准备：火神祝融的故事视频、火神和水神的图片。

经验准备：幼儿的语言能力发展较好。

【活动过程】

1. 导入部分

师：小朋友们大家好，今天老师带来了一位新朋友。

教师拿出祝融的图片。

师（模仿角色）：大家好，我是火神祝融！今天我给大家带来了一个好听的故事。

2. 基本部分

（1）教师完整讲述故事内容。

师：小朋友们，它是谁？（幼儿回答）那今天祝融要给我们带来什么好听的故事呢？请小朋友们仔细听，听一听故事里都有谁、发生了什么事情。故事的名字叫作《火神祝融》。

教师完整讲述故事，之后再次重复问题请幼儿回答。

（2）教师分段讲述故事。

①教师讲述火神祝融为人间带去火种的部分，提问：人间发生了什么事？祝融为大家做了什么？他是一个怎样的人？

②教师讲述祝融与共工打架的部分，提问：祝融和共工之间发生了什么？结果是什么？共工是个怎样的人？

③教师讲述故事结尾部分，提问：最后是谁补了天？

请一个幼儿来讲一讲这个故事的大致内容，教师引导。

3. 结束部分

①教师播放故事视频，加深幼儿对故事内容的理解。

②幼儿联系生活实际谈一谈心得体会。

师：祝融是一个怎么样的人？（幼儿回答）我们在生活中也要像他一样心地善良，帮助他人。

【活动延伸】

幼儿进行角色扮演活动，或与本地的皮影戏团队联合开展皮影戏主题活动。

中班科学活动——处暑采菱

【活动目标】

认知目标：了解处暑时节采菱的习俗，认识菱角。

能力目标：能从形状、颜色、作用、生长环境等方面了解、认识菱角。

情感目标：善于观察自然事物，踊跃参与科学活动。

【活动准备】

物质准备：菱角图片或实物、采菱视频、音频。

经验准备：幼儿知道处暑时节。

【活动过程】

1. 导入部分

图片或者实物导入。

师：小朋友们，大家好！老师今天带来了一张图片，想请小朋友们说说它是什么？（出示图片）你们见过它吗？它的名字叫作菱角。

2. 基本部分

（1）教师讲述菱角的外形及价值。

师：老师请小朋友们看一看，菱角长什么样子的？它是什么形状的呢？它是什么颜色的呢？它里面是什么颜色？（若有实物，教师可现场切开）小朋友们觉得菱角长得好看吗？

师：菱角虽然长得不好看，但是它的营养特别丰富，它可以用来炖汤、煮水，也可以入药，有清热解毒的功效。

（2）教师讲述菱角的生长环境。

师：那小朋友们知道菱角是长在哪里的吗？老师这里有一张图片，你们看图思考一下。（幼儿回答）

师：菱角是长在水里的，小朋友们观察得真仔细！那你们还知道哪些植物是长在水里的吗？

（3）教师介绍处暑采菱。

师：小朋友们，你们知道什么时候菱角成熟吗？怎么采呢？

先请幼儿发挥想象作答，后播放采菱视频，教师在一旁讲解。

师：关于处暑采菱，还有一首好听的歌曲，我们一起来听一听吧！

3. 结束部分

教师带领幼儿总结：今天我们认识了一种新的植物，它叫什么？它长什么样子？它长在哪里的？怎么采呢？

【活动延伸】

幼儿学唱采菱的儿歌，例如《采菱》。

中班健康活动——鹰祭鸟（体育游戏）

【活动目标】

认知目标：认识鹰这种动物，了解它捕食的状态。

能力目标：能用拍、扔等方式传递气球，锻炼身体灵活性与反应力。

情感目标：积极参加游戏活动，体验互相协作带来的乐趣。

【活动准备】

物质准备：PPT（包括处暑三候、老鹰图片）、活动音乐、3个气球（画上小鸟图案）、老鹰头饰，以及较大的活动场地。

经验准备：幼儿知道处暑节气。

【活动过程】

1. 导入部分（热身运动）

师：孩子们，今天的天气真不错，我们一起到户外去活动一下吧！跟老师一起来做热身操。

师：小朋友们大家好！老师要用谜语来考考小朋友们，请小朋友们猜一猜谜底是什么？“铁嘴弯弯眼雪亮，海阔天空任飞翔，用爪捕食它最会。”

教师引导幼儿猜出谜底——老鹰。

2. 基本部分

（1）教师介绍处暑节气特征。

教师出示老鹰图片，引导幼儿观察。

师：小朋友们看，老鹰和平时看到的小鸟有什么不同呢？那小朋友们知道老鹰什么时候会大量捕食吗？

教师讲解处暑节气特征：一是处暑的时候老鹰要大量捕食鸟类；二是天气要开始渐渐转凉了；三是丰收的季节要到了。处暑时节就代表老鹰要大量捕食鸟类了。

（2）教师创设游戏情境与介绍游戏规则。

师：今天老鹰要去捕食了，它要请小朋友们帮它捕食，哪个小朋友愿意来帮助老鹰呢？（教师选择1个幼儿当老鹰）现在老师准备的气球是小鸡，其他幼儿要保护好小鸡，不能让小鸡被老鹰抓走了。（教师请幼儿站成圈，站在中间的是老鹰）游戏开始之前，要做热身运动，这样等会儿老鹰才会飞得更快，小朋友们也能更好地保护小鸡。（教师带领幼儿热身）

教师讲解规则：老鹰在音乐响起的时候就要捕食了，音乐停的时候就要归巢休息，抓到气球就是捕猎成功。小朋友们要保护好小鸡，用拍、扔、抛等方式传递气球，但是不能离开自己的位置。音乐停的时候，最后一个抓到球的小朋友变成新的老鹰。做游戏的时候要注意安全，不能推挤其他小朋友，现在游戏开始！

（3）游戏环节：教师需帮助幼儿注意游戏的安全。

3. 结束部分

师幼在放松环节跳《泰迪熊》。

师：现在老鹰要归巢休息了，它谢谢小朋友们今天帮它捕食，小鸡也谢谢小朋友们帮助它。你们听，谁来了？

教师播放泰迪熊音乐，师幼跟随音乐跳放松舞蹈。

教师总结：老鹰捕食的活动中，小朋友们团结协作，让老鹰有了食物，小鸡也保护好了自己的朋友，希望小朋友们理解团结的力量。

【活动延伸】

幼儿回家给父母讲一讲老鹰是什么时候开始大量捕食的；了解处暑的其他节气特征。

大班健康活动——处暑吃什么

【活动目标】

认知目标：了解处暑的饮食习俗。

能力目标：知道处暑吃什么及其原因。

情感目标：萌发热爱传统饮食的情感。

【活动准备】

物质准备：图片、区角材料。

经验准备：幼儿知道处暑节气。

【活动过程】

1. 导入部分

教师通过提问，吸引幼儿兴趣。

师：小朋友们，你们知道处暑这个节气吗？处暑这个节气代表着什么呢？

幼儿回答，教师补充。

教师总结：处暑代表夏天的终止，秋天的开始，天气渐渐变凉了。

2. 基本部分

（1）教师讲解处暑饮食。

师：小朋友们，你们知道处暑的时候会吃些什么吗？

幼儿回答。

师：老师带来了很多图片，我们一起来看一看，处暑的时候有哪些好吃的吧！

教师出示图片，请幼儿观看。

教师出示图片1——鸭子。

师：你们看这是什么？（鸭子）为什么处暑的时候我们要吃鸭子呢？原来处暑吃鸭子意味着夏季的结束，凉爽秋季的开始。

教师出示图片2——糖醋莲藕。

师：你们看这是什么？（糖醋莲藕）为什么要吃藕呢？莲藕具有美容养颜的功效，处暑适宜吃清淡的食物。

教师出示图片3——酸梅汤。

师：这是一杯好喝的饮料，你们猜猜这是什么？（酸梅汤）喝酸梅汤有什么好处呢？原来，“处暑酸梅汤，火气全跑光”。

师：孩子们，你们知道处暑还会吃些什么吗？（糯米丸等）

（2）幼儿品尝酸梅汤。

师：老师准备了酸梅汤，请小朋友们和老师一起品尝好喝的酸梅汤吧！

幼儿与教师一起品尝。

3. 结束部分

师：孩子们，酸梅汤好喝吗？

教师总结：那现在，老师要请小朋友们来说一说我们今天一起分享的处暑美食有哪些？

教师引导幼儿总结。

【活动延伸】

游园活动：处暑美食街。

白　露

一、设计意图

白露，二十四节气中的第十五个节气，在每年的9月7—9日。《礼记》称："凉风至，白露降，寒蝉鸣。"露，是因温度降低，水汽在地面或近地物上凝成的水珠。白露预示着天气真正开始转凉。幼儿能直接感知白露时节的气象特征，如早晚温差大，清晨的小草上有露珠，却不知其缘由，亦不知白露时节的养身常识、各地习俗，更不知白露时节的气候对农业生产有何影响。这些传承千年的中华文化需被幼儿知晓。农村地区幼儿园的孩子了解此节气的农事更能发挥传统文化的实用价值。

二、活动领域

"白露"主题活动涉及语言、科学、艺术、健康、社会领域。

三、主题活动总目标

（1）让幼儿感知白露的气候特征、养身常识、农事活动、节气习俗；

（2）让幼儿能理解和讲述与白露时节相关的故事，能表现或创作白露主题的艺术作品；

（3）让幼儿对与白露相关的传统文化和大自然产生认同和敬畏。

四、主题活动网络

"白露"主题活动面向幼儿园全体幼儿，分年龄阶段设置小、中、大班的集体教学活动。由于各个年龄阶段幼儿的身心发展特征不同，各个幼儿园的实际情况存在差异，我们尽量选择取材方便、贴近生活的活动。白露时节处于开学之际，幼儿的生活中心仍在于适应，因此教师可依据本班幼儿的情况酌情开展活动。

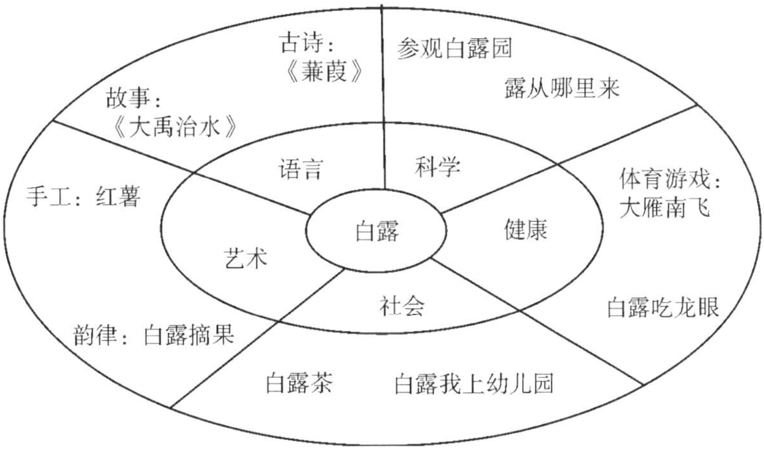

“白露”主题活动网络

五、主题活动实施注意事项

1. 依据班级幼儿发展水平适当调整活动

以上主题活动网络中的子活动在活动案例中仅针对某一特定年龄阶段的幼儿进行设计，但幼儿具有个体差异，因此班级教师在活动案例的基础上，应针对本班幼儿的实际情况适当增加或减少难度，以适宜本班幼儿的身心发展特点。

2. 因地制宜

以上主题活动网络涉及的活动取材于国内各地区的白露习俗，各地区幼儿园可选择更符合当地特色的活动。其中，活动案例的活动目标、活动准备等仅供参考，教师应根据具体情况进行调整或者准备。若为开阔眼界选择其他地区习俗进行教学设计，应让幼儿进行前期的知识经验准备。

3. 家园共育

二十四节气与农事密切相关，对于身处农村的幼儿而言，他们的家庭生活和生产与此密切联系，因此，可多让家长参与此主题活动。例如，让家长与幼儿一同收集活动材料，让幼儿向家长询问与节气相关的农谚、农事活动、生活经验以及当地风俗，也可邀请此方面知识经验丰富的家长到幼儿园支持和参与幼儿园各项活动。

六、活动案例

大班艺术活动——红薯（手工）

【活动目标】

认知目标：认识红薯叶。

能力目标：通过观察、交流，能够用红薯叶做各种配饰。

情感目标：体会用红薯叶创意制作的乐趣，大胆展示自己的作品，对自然充满好奇心。

【活动准备】

物质准备：红薯、红薯叶、带叶的红薯、挖红薯的视频、用红薯叶做成的配饰。

经验准备：幼儿已认识红薯。

【活动过程】

1. 导入部分

教师通过视频导入，激发幼儿兴趣。

教师播放挖红薯的视频，并提问幼儿。

师：小朋友们知道农民伯伯们在干什么吗？他们在挖什么呢？我们一起来看看。

2. 基本部分

（1）教师讲述红薯的收割时间和收割方式。

教师展示实物红薯，并向幼儿讲解红薯的收割时间。

师：老师手里拿的是什么？（红薯）对，这是红薯。在白露节气之后啊，红薯就慢慢地成熟了，所以在白露之后人们就开始挖红薯了。

（2）教师引导幼儿认识红薯叶，了解红薯叶饰品。

①认识红薯叶。

师：小朋友们猜一猜，红薯是埋在土里的，农民伯伯们是怎么找到它并把它挖出来的呢？哦，有的小朋友说刚刚在看视频的时候看到了有绿绿的叶子，农民伯伯们是看着红薯的叶子把它挖出来的。对，小朋友们真棒，农民伯伯就是看着红薯的叶子，把红薯挖出来的。

教师拿出红薯叶和带叶的红薯给幼儿观察。

师：现在老师手里拿的就是红薯叶。红薯刚挖出来的时候，是这个样子的，和红薯叶连在一起。农民伯伯们挖红薯，都是看着红薯叶才能挖出红薯来，如果没有红薯叶子，埋在土里的红薯就不容易找到了。

②了解红薯叶饰品和探索制作方式。

教师戴上事先准备好的红薯叶饰品。

师：老师告诉小朋友们一个小秘密，红薯叶除了可以帮助农民伯伯找到红薯的位置，还可以吃，而且呀，它还可以拿来玩，做成好看的饰品。小朋友们看一看老师的身上是不是有很多特别的饰品呀？这些呀，都是用红薯叶做成的。小朋友们猜一猜，这是怎么做出来的呀？你们可以互相交流、讨论，也可以拿红薯叶试一试。

教师将红薯叶分发给每个幼儿，让幼儿自主尝试。

（3）幼儿根据步骤图学习制作方法，制作饰品。

师：刚刚小朋友们都自己尝试了用红薯叶做饰品。我看到有的小朋友做出来了，有的小朋友还没有做出来。老师想请做出来的小朋友来说一说，你是怎么做的？

幼儿展示。

师：哦，是这么做的呀！刚刚做出来的小朋友说了，他是用撕和掰。其实啊，撕和掰就是用红薯叶做饰品的小诀窍，我们一起来看一看步骤图。

教师出示步骤图，并演示制作过程。

师：现在小朋友们是不是都会用红薯叶做饰品了呀？那大家就一起再来做一做。老师待会儿来看一看，谁能做出又美又有趣的饰品。

幼儿自由制作红薯叶饰品。

3. 结束部分

作品展示，教师评价，并组织幼儿T台秀。

幼儿展示自己的成果，教师进行评价。

师：每个小朋友都做出了又美又有趣的红薯叶饰品，都很棒！而且啊，老师看到了有很多小朋友还有自己的创意，做出了项链、手链等各种各样的饰品，那现在就请小朋友们戴着自己好看的饰品来走一场T台秀吧！

教师播放音乐，幼儿走秀展示。

【活动延伸】

家长在生活中带幼儿感受实地挖红薯、做红薯干等手工活动。

※视频链接可扫描前言处二维码获取。

中班艺术活动——白露摘果（韵律）

【活动目标】

认知目标：了解白露成熟的果子有哪些，知道如何摘树上的果子。

能力目标：通过观察和模仿，能随乐曲的节拍做出摘果的动作，能够用肢体动作和表情表达摘果的快乐。

情感目标：体会在歌曲中律动的乐趣，感受劳动的快乐和丰收的喜悦。

【活动准备】

物质准备：环境创设、《摘果子》音频、白露成熟的水果的图片和农民摘果的视频。

经验准备：幼儿已认识常见水果。

【活动过程】

1. 导入部分

教师通过情境导入，激发幼儿兴趣。

教师展示图片，结合提前准备好的环境创设和语言营造一个农忙摘果的情境。

师：小朋友们，白露节气到了，很多的水果都成熟了，有哪些水果啊？（幼儿回答）对，有梨、枣、龙眼、苹果、葡萄，还有好多好多其他的水果。你们看，农民伯伯正忙着在摘果子呢！（播放摘果子的视频）果园里的果子可真多，丰收了，农民伯伯笑得多开心呀。但是啊，太多的果子了，农民伯伯一个人摘不完，小朋友们要不要一起去帮助他呀？好，那我们现在一起去帮助他吧！

2. 基本部分

（1）幼儿学习摘果的动作。

①幼儿观看视频，掌握摘果动作。

教师再次播放视频，幼儿观看并模仿视频中摘果的动作，教师鼓励幼儿伸出手臂，转动手腕，学习摘果的动作。

师：要帮助农民伯伯，我们要先学会摘果。刚刚在视频里面小朋友们看到了摘果子是怎样摘的呀？你们可以给老师演示一下。

师：拧一下果子很容易就摘下来了，我们一起来试试吧。（教师哼唱）摘下来的果子，我们要放在哪儿呢？哦，我们要放在篮子里。

教师一手挎着篮子，一手做摘果的动作。

②教师引导幼儿摘不同位置的果子，认识方位。

师：我们除了可以摘上面的果子，还可以摘哪里的果子啊？

教师根据不同方位，边哼唱边摘果。那我们现在一起来摘上面的果子、前面的果子、旁边的果子……

师：挎着篮子真累呀，我们先把篮子放下，用两个手摘更多的果子。

教师哼唱，幼儿做动作。

（2）教师引导幼儿练习合作摘果的动作。

师：刚刚我们摘果摘累了，把篮子放下吧！自己一个人摘果子，累了就把篮子放下，那我们能不能和其他小朋友一起摘呢？怎样摘呢？

教师请两个幼儿示范。一人抱篮子，一人摘果子。

师：两个人是怎样摘果子的？小朋友可以选择一个小伙伴跟你一起，我们再来试一下。

教师哼唱。

（3）教师播放乐曲，幼儿随着节奏做动作，根据音乐创编动作。

师：小朋友们都学会了摘果子，那我们一起跟着音乐来摘果子吧！

幼儿做摘果子动作。教师语言提示。

师：刚刚我们跟着音乐一起摘了一遍，但是老师发现咱没有歌词的时候，小朋友们不知道做什么。我们摘果子的时候，摘累了会怎么样啊？那我们就在没有歌词的地方擦擦汗，是怎样擦汗的呢？

幼儿创编动作。

师：好，那现在我们把擦汗的动作加上，再随着音乐来摘果子吧！

3. 结束部分

教师总结，完整展示。

师：摘了这么久的果子，你看，我们都出汗了，看来劳动真的不容易啊！每个小朋友都摘了好多的果子，农民伯伯非常高兴，非常感谢小朋友们的帮助，现在我们一起来为农民伯伯表演，祝愿他在白露的时候丰收吧！

【活动延伸】

教师引导幼儿创编其他环节动作，并去其他班表演；建议家长在放假期间带幼儿去果园体验摘果子。

※音频、视频链接可扫描前言处二维码获取。

大班语言活动——《蒹葭》（古诗）

【活动目标】

认知目标：了解《蒹葭》前四句的大致意思，知道诗句描写的是白露时节。

能力目标：能够清楚且有节奏地朗读诗句。

情感目标：感受古诗的魅力，欣赏诗句描写的美好情景。

【活动准备】

物质准备：诗句对应画面的相关图片、《二十四节气歌之白露》节选音频。

经验准备：幼儿听过《二十四节气歌之白露》，知道《诗经》。

【活动过程】

1. 导入部分

教师通过音乐导入，激发幼儿兴趣。

教师播放《二十四节气歌之白露》并提问幼儿。

师：这首《二十四节气歌之白露》小朋友们是不是都听过很多遍了呀？那小朋友们知不知道前面的四句诗是什么意思呢？我们今天就来学习一下这前面四句诗！

2. 基本部分

（1）教师配图讲解，幼儿了解诗句含义。

①教师说明诗句出处和描写时节。

师：这四句诗是《诗经》中《诗经·国风·蒹葭》的前四句，描写的是白露节气发生的故事。

②教师利用图片，逐句讲解诗句含义，将诗句与画面相结合。

教师出示图片，重点讲解前两句。

师："蒹葭苍苍，白露为霜。"这句诗描写的就是这幅图的样子，"蒹葭"说的就是这些芦苇。小朋友们，看这些芦苇多不多呀？对，很多，"苍苍"呢就是很多很多的意思。蒹葭苍苍，就是指有很多很多的芦苇。小朋友们看，这些叶子上是不是有很多白白的东西？这些就是露珠变成了霜。白露为霜，就是说露珠变成了霜。这句诗的意思就是白露节气的时候河边有很多芦苇，小草上的露珠都变成了霜。

你们看图上还有什么呀？哦，还有两个人。他们中间隔了什么呢？他们中间隔了一条河。这边是一个小哥哥，那边是一个小姐姐。这个小哥哥想去找那个小姐姐玩，但是她在河的那一边。这就是"所谓伊人，在水一方"。

"溯回从之，道阻且长。溯游从之，宛在水中央。"这两句诗的意思就是，这个小哥哥，想去找小姐姐玩。所以他就想逆着水流往上走去找她，但是水流太急了，河又很长，还有很多危险。他又想着，那就顺着河流往下找，但好像那个小姐姐又在水的中间。

（2）教师完整讲述含义并引导幼儿分析情感。

①教师完整讲述诗句含义。

师：这四句诗讲的就是在白露节气的时候，一个小哥哥来到了河边，河边有很多很多的芦苇，小草上的露珠都变成了霜。突然小哥哥发现隔着河的对面有一个小姐姐，他想去找那个小姐姐玩，他就想着逆着河流往上走去找她，但是水流太急了，有很多的危险，河又很长。所以呢，他又想着，那我就顺着河流往下找吧，结果又发现那个小姐姐，她好像又在水的中间，怎么都找不到。

②教师引导幼儿体会主人公心情。

师：现在小朋友们知道了这句诗讲的故事，那请小朋友们思考一下，你们觉得这个小哥哥是什么样的心情呢？如果你们想去找你们的朋友玩，但是怎么也找不到，你们是什么样的心情呢？

幼儿交流思考并回答。

师：有的小朋友说他会着急，有的小朋友说他会难过。当时这个小哥哥呀，也是这样的心情。所以我们在读这几句诗的时候，要有像这个小哥哥那样的感情去读。

（3）教师示范，幼儿有感情有节奏地朗诵。

教师有感情地朗诵诗句，并指导幼儿掌握诗句中字词的读音。

幼儿朗诵。

3. 结束部分

幼儿学习诗句的简单手指律动操，并集体表演。教师进行总结表扬。

【活动延伸】

幼儿美术区作画。

※音频链接可扫描前言处二维码获取。

大班语言活动——《大禹治水》（故事）

【活动目标】

认知目标：知道白露祭禹王的习俗以及由来，了解大禹治水故事的主要内容。

能力目标：能够较完整地概括故事情节，清楚连贯地表达自己的感受和看法。

情感目标：喜欢听故事和表达，感受民俗的意义。

【活动准备】

物质准备：大禹治水故事的连环画或绘本，祭禹王的图片、视频。

经验准备：幼儿大概了解白露节气，知道相关习俗。

【活动过程】

1. 导入部分

教师通过谈话导入，激发幼儿兴趣。

教师展示祭禹王的图片，并提问幼儿。

师：上一次，小朋友们都认识了白露这一节气，那小朋友们还记不记得白露这一节气有什么习俗呀？（幼儿回答）哇，小朋友们都还记得这些习俗，那小朋友们猜一猜这个图片上的习俗是哪一个呢？（展示祭禹王的图片）

师：小朋友们真棒，都猜到了这就是白露祭禹王的习俗。你们是怎么猜到的呢？（幼儿回答）哦，有的小朋友说这些人在祭拜一个雕像。这个雕像呢，就是禹王。小朋友们知不知道为什么要祭拜他呢？这个习俗又是怎么来的呢？那现在就跟着老师去听一听他的故事。

2. 基本部分

（1）教师结合图片讲述，幼儿初步感知故事情节。

①教师配以图片，完整生动地讲述故事内容。

②教师提问幼儿，帮助幼儿理解故事内容。

师：大禹是怎样治水的？他成功了吗？

（2）幼儿复述重要情节，进一步理解故事内容。

①教师展示大禹三过家门而不入、用疏导方法治水等情节的图片，让幼儿用自己的话清楚复述此情节内容，加深对故事的理解，促进幼儿的语言表达能力的提升和创造性的发展。

②教师帮助幼儿复述整个故事内容。

（3）幼儿交流思考，了解故事寓意以及祭禹王习俗的意义。

师：现在请小朋友们思考一下，从这个故事中我们看到了大禹是一个怎么样的人呢？人们为什么会在白露的时候祭拜他呢？他值不值得我们祭拜呢？小朋友们也可以跟旁边的小朋友一起讨论讨论，一会儿老师会请小朋友起来回答。

3. 结束部分

教师总结。幼儿观看白露祭禹王的视频，加深了解。

师：哦，小朋友们都觉得大禹是一个勇敢机智的人。他非常厉害，帮助人们抵御洪水，保护了人们的家园，做了很多好事。他的勇敢和机智也非常值得我们去学习。为了感谢他帮助人们抵御了洪水，人们就选择在白露这个很容易泛洪水的节气来祭拜他，于是就有了白露祭禹王的习俗。接下来我们就一起来看一看人们是怎样祭拜禹王的吧！

教师播放祭禹王的视频。

【活动延伸】

幼儿在表演区表演大禹治水的故事，学习祭禹王的礼仪。

※视频链接可扫描前言处二维码获取。

中班科学活动——参观白露园

【活动目标】

认知目标：了解白露节气的由来、物候特点以及白露的习俗和农事。

能力目标：通过参观和学习，能够简单介绍白露节气。

情感目标：感受节气的魅力，对传统文化和大自然充满好奇心。

【活动准备】

物质准备："白露园"环境的创设、小黄帽、话筒、《白露》动画视频。

经验准备：幼儿知道二十四节气。

【活动过程】

1. 导入部分

教师创设情境，激发幼儿兴趣。

教室提前创设一个白露展览馆的环境，在室内的各个地方分别设置白露由来、白露物候、白露习俗、白露农事展览区，每个区有对应图片或实物。教师给幼儿分发小黄帽后，幼儿戴上小黄帽排队来到教室门口。

师：小朋友们，今天我们要去参观白露园。你们知道白露是什么吗？

师：对，是二十四节气中的一个节气，那现在我们就去了解一下它吧！

教师引导幼儿进入室内。

2. 基本部分

（1）幼儿参观。

教师戴着小蜜蜂扮演讲解员。

①了解白露节气的由来。

教师将幼儿带到相应位置，并结合图片介绍白露的由来。

②了解白露物候。

教师将幼儿带到物候区，教师结合图片向幼儿讲述白露节气的物候。

③了解白露习俗。

教师将幼儿带到习俗区，并结合图片和实物简单介绍白露节气的主要习俗（禹王祭、吃龙眼、喝白露茶）。

④了解白露农事。

教师将幼儿带到农事区，讲述并让幼儿体验一些农事活动动作。

（2）教师帮助幼儿回顾。

①教师根据刚刚的参观进行提问，幼儿回忆。

②教师播放《白露》动画，让幼儿对白露有更加全面的了解。视频结束后，教师根据视频提问。

3. 结束部分

幼儿体验讲解员，介绍白露节气。

师：现在小朋友们都认识了白露节气，你们想不想当一当白露园里的小小讲解员，向其他小朋友和老师介绍白露节气啊？

幼儿自主体验。

【活动延伸】

幼儿画出自己最喜欢的白露节气的内容。

※视频链接可扫描前言处二维码获取。

中班健康活动——大雁南飞（体育游戏）

【活动目标】

认知目标：知道白露节气大雁南飞，了解大雁飞的特点。

能力目标：通过游戏，能够掌握动作，增强上肢肌肉力量和协调性。

情感目标：喜欢体育游戏，建立初步规则意识和集体意识。

【活动准备】

物质准备：几个障碍物、大雁南飞的视频、《雁儿飞》音频。

经验准备：幼儿认识“大”“人”“一”等简单的字。

【活动过程】

1. 导入部分

幼儿进行热身活动后，教师播放白露时大雁南飞的视频，引发幼儿兴趣。

师：白露节气到了，天气开始变冷了，北方越来越冷，大雁们都飞向了南方。今天小朋友们就要变成一只只大雁往南飞。

2. 基本部分

（1）一只大雁向南飞。

①根据视频，幼儿学习大雁飞的动作。

教师引导幼儿根据视频，伸展、挥舞双臂模仿大雁飞的动作。

师：现在小朋友们都变成了一只只的大雁，那大雁是怎样飞的呢？有没有小朋友可以展示一下大雁是怎样飞的？

教师请一个幼儿展示动作。

幼儿自主练习大雁飞的动作。

②教师交代规则，幼儿独自游戏。

教师将事先准备好的障碍物适当摆在活动场地中。

师：现在大雁要开始飞了，但是路上有很多的高楼，大雁要绕过这些高楼，飞到对面的目的地去。在绕过高楼的时候，大雁不能收起翅膀，不然的话就会掉下去。

教师示范一遍。

幼儿自由绕障碍物飞。（播放音乐）

（2）一群大雁向南飞。

①分组排列队形。

师：每一只大雁都飞得又快又稳，但是我们刚刚在视频里看到了大雁都是一群一群地飞向南方。现在老师将全班的大雁分成两队，你们要自己排列队形，等会儿在飞的时候老师会让你们变换队形。你们还记得大雁飞的时候都有什么队形吗？

幼儿练习队形排列。

②按队形绕障碍物飞。

师：两队大雁都排列好了自己的队形，现在就来看看大雁们能不能绕过高楼飞向目的地。哪一队大雁想先来？

两队依次绕障碍物飞行。在飞行途中，教师语言提示其变换队形。（配乐）

（3）雁队比赛。

教师准备两条赛道，让两组幼儿同时游戏。

师：两队大雁都飞得很棒呢！现在我们就来比一比，看哪一队大雁能够飞得又快又好，最先飞到目的地吧！注意哦，一只大雁都不能掉队，大家要一起飞到目的地。

3. 结束部分

教师对获胜队伍进行奖励，表扬全体幼儿。

师幼进行放松活动：创设大雁飞到南方的情境，让幼儿躺下、坐下休息。

【活动延伸】

提升游戏难度，增加翻转、俯冲等动作。

※视频链接可扫描前言处二维码获取。

大班社会活动——白露茶

【活动目标】

认知目标：知道茶的起源和泡茶的基本流程，了解茶文化，认识茶具。

能力目标：通过模仿学习，能够正确掌握泡茶的礼仪和技巧。

情感目标：体验泡茶、品茶的乐趣，为中华文化感到自豪。

【活动准备】

物质准备：茶具、茶叶、茶袋、关于茶文化的视频。

经验准备：幼儿知道茶叶。

【活动过程】

1. 导入部分

教师通过谚语导入，引起幼儿兴趣。

师："春茶苦，夏茶涩，要喝茶，秋白露。"小朋友们知道这句话是什么意思吗？这句话的意思就是说，春天的茶苦，夏天的茶涩，最好喝的茶是秋天白露节气的茶。现在正是白露节气，你们想不想尝尝白露节气的茶到底有多好喝？那我们一起走进茶的世界。

2. 基本部分

（1）教师讲述白露节气茶好喝的原因。

师：首先，老师要跟你们讲一讲什么是白露茶。白露茶，就是白露节气前后采摘的茶。因为到了白露节气，白天和晚上的温度相差更大了，茶叶上出现了很多的露珠，白露节气的茶就变得更加的香甜、浓厚了，所以人们都说白露的茶好喝，要喝就要喝白露时节的茶。

(2) 幼儿了解茶的起源与茶的功效。

①了解茶的起源。

师：人们总结出了白露的茶最好喝，也是因为中国人很喜欢喝茶，也有很久的饮茶的历史。那小朋友们知不知道是哪一个国家最先开始喝茶的呢？我们一起去寻找答案。

教师播放视频。

师：你们找到答案了吗？是哪一个国家最先开始饮茶的？

师：对，是我们国家，中国是世界上第一个开始饮茶的国家。其他国家的饮茶习惯、茶叶种植技术等都是向我们国家学习得来的。小朋友们，我们作为中国人是什么样的感受呢？

师：老师听到了，很多小朋友都说很高兴，很骄傲，很自豪。

②认识茶的功效。

师：刚刚小朋友们看到茶最开始是拿来干嘛的呢？

师：对，是一种药，可以解毒。人们喜欢喝茶，除了它是一项文雅的活动，还有一个很重要的原因，就是喝茶有很多很多的好处。茶可以清热解暑，降火静心，提高我们的免疫力，可以减肥、醒酒，还能让我们的牙齿更加坚固，预防蛀牙。除了这些，茶还有很多的药用功能，我们的中医学里面还将茶与中医结合，发展出了很多用茶治疗疾病的办法。

(3) 幼儿泡茶、品茶，了解饮茶礼仪。

①教师示范。

师：你们知道了，茶有那么多的好处，想不想尝一尝呢？

师：那今天老师就来给你们泡制白露茶。

教师示范茶艺表演，请幼儿观赏（过程中对茶具、流程进行介绍，加以讲解，并注重礼仪的体现），泡好后教幼儿品茶。

②幼儿自主操作。

幼儿自主操作泡茶，教师在过程中进行指导和提示。

3. 结束部分

教师引导幼儿将泡好的茶献给朋友，进行总结。

师：小朋友们今天都学会了泡茶，也都泡好了茶。我们中国是礼仪之邦，泡好的茶要分享给朋友、客人喝，现在你们可以将自己泡好的茶分享给自己的朋友。

【活动延伸】

家长带幼儿参观茶园，体验采茶；幼儿与家长一同泡茶。

※视频链接可扫描前言处二维码获取。

秋　分

一、设计意图

秋分，二十四节气中的第十六个节气，于每年的 9 月 22—24 日交节。汉代董仲舒的著作《春秋繁露》中有记载："秋分者，阴阳相半也，故昼夜均而寒暑平。"秋分将整个秋季平分为二，居于北半球的人们能感受到昼短夜长，幼儿亦能感知到天气逐渐转凉、天黑得越来越早等气候现象，也可在成人的引导下关注到降雨减少、河水干涸，农村的幼儿还能感受到家人忙于秋收、秋耕和秋种。各地在此时节会有"吃秋菜""送秋牛""吃月饼"等习俗。这些都是需要让幼儿从小了解的中华传统文化，亦能提高幼儿的身体保健意识、表达能力，增强幼儿的艺术感受等。因此，此节气的主题活动颇有价值。

二、活动领域

"秋分"主题活动涉及语言、科学、艺术、健康、社会领域。

三、主题活动总目标

（1）让幼儿感知秋分的气候特征、农事活动、节气习俗等；
（2）让幼儿能理解和讲述秋分的节气故事，能表现或创作秋分主题的艺术作品；
（3）让幼儿对与秋分相关的传统文化和大自然产生认同和敬畏。

四、主题活动网络

"秋分"主题活动面向幼儿园全体幼儿，分年龄阶段设置小、中、大班的集体教学活动。由于各个年龄阶段幼儿的身心发展特征不同，各个幼儿园的实际情况存在差异，我们尽量选择取材方便、贴近生活的活动。

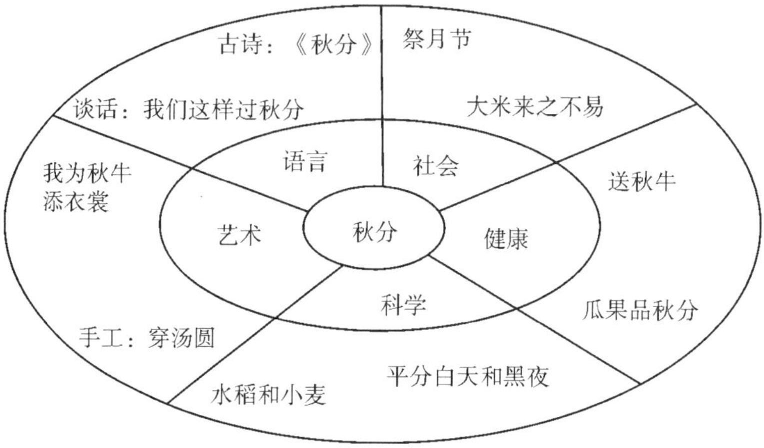

"秋分"主题活动网络

五、主题活动实施注意事项

1. 依据班级幼儿发展水平适当调整活动

以上主题活动网络中的子活动在活动案例中仅针对某一特定年龄阶段的幼儿进行设计，但幼儿具有个体差异，因此班级教师在活动案例的基础上，应针对本班幼儿的实际情况适当增加或减少难度，以适宜本班幼儿的身心发展特点。

2. 因地制宜

以上主题活动网络涉及的活动取材于国内各地区的秋分习俗，各地区幼儿园可选择更符合当地特色的活动。其中，活动案例的活动目标、活动准备等仅供参考，教师应根据具体情况进行调整或者准备。若为开阔眼界选择其他地区习俗进行教学设计，应让幼儿进行前期的知识经验准备。

3. 家园共育

秋分节气相对于其他秋季节气而言，无论是气候现象还是节气风俗都较为明显和隆重，尤其中秋节是中国较为重视的传统节日，因此幼儿园可在秋分时节与家长合作，举办较为大型的全园半日活动。这样一则可提高幼儿对于此节气和节日的重视程度，二则提升家长的传统文化教育意识和参与幼儿园活动的积极性。

六、活动案例

小班艺术活动——穿汤圆（手工）

【活动目标】

认知目标：了解秋分习俗"粘雀子嘴"中汤圆的用途。

能力目标：掌握用面粉搓圆和搓长的技巧。

情感目标：体验做汤圆的快乐。

【活动准备】

物质准备：面粉、水、碗、竹签、粘雀子嘴照片、鸟叫音频。

经验准备：幼儿曾使用过超轻黏土练习搓的技能。

【活动过程】

1. 导入部分

教师播放鸟叫声，吸引幼儿注意。

师：你们听这是什么声音?（播放鸟叫声音频）我们去看看发生了什么事情。

教师出示粘雀子嘴的照片。

师：小朋友们能看到什么?

教师小结：原来是小鸟的嘴被什么粘住了。

2. 基本部分

（1）幼儿了解秋分习俗“粘雀子嘴”。

师：小鸟的嘴为什么会被粘住呢?是被什么粘住的呢?下面老师给大家讲一个有趣的小故事。

故事：每年到了秋分节气，庄稼也成熟了。可盼着庄稼成熟的除了农民伯伯还有小鸟，为了不让小鸟偷吃庄稼，人们就想了个办法。他们把做好的没有馅儿的汤圆，用竹签串上，插在田地上，给小鸟吃，希望用汤圆粘住小鸟的嘴，这样就可以收获更多更好的粮食。这就是秋分的习俗之一“粘雀子嘴”，不要看汤圆小小的，可都寄予着人们对丰收的美好愿望。

参考提问：

①有小朋友知道小鸟的嘴是被什么粘住的吗?

②小鸟做了什么，人们才想要粘住它的嘴?

教师小结：这个故事也告诉了我们一个道理：汤圆的黏性大，不容易消化。所以小朋友们一次不能吃太多，可以多吃蔬菜水果帮助消化。

（2）幼儿学习做汤圆，掌握搓长、搓圆的技能。

师：我们种植区的庄稼也要成熟了，我们赶快来学一学做汤圆吧!

①教师出示制作好的汤圆串。

②教师示范制作汤圆：先取适量面粉与水在碗中搅拌，揉搓成面团，放在桌子上，用手掌轻轻地搓成长条；然后把搓好的长条，分成一段一段的；再将每一小段，放在手心轻轻地反复揉搓，一个小小的圆圆的汤圆就做好了。

师：我们再把汤圆串在竹签上，注意不要被竹签扎到手了，串 3 个就做好了汤圆串。现在你们空手模仿老师做这个揉搓的动作。

教师讲解注意事项，提醒竹签使用安全。

幼儿自己动手制作，教师巡回指导。

幼儿展示作品，教师评价。

3. 结束部分

师幼到种植区插汤圆串结束活动。

师：现在拿好自己的汤圆串去粘雀子嘴吧!不要让小鸟偷吃我们辛辛苦苦种的粮食。小火车牵好了吗，要出发了!

教师唱歌谣：麻雀叽叽喳，米糕香又黏，封住雀儿嘴，庄稼收成好。

【活动延伸】

家园共育：幼儿和爸爸妈妈一起聊一聊在秋分还有哪些有趣的习俗。

大班科学活动——平分白天和黑夜

【活动目标】

认知目标：初步认识太阳直射位置和我国昼夜时间长短之间的关系，知道秋分这天昼夜平分。

能力目标：能大胆猜想太阳直射赤道上（下）时我国昼夜时间关系，并记录实验结果。

情感目标：对自然现象产生好奇，喜欢探索自然现象。

【活动准备】

物质准备：地球仪（红色五角星标注中国）、手电筒、记录表、笔、昼夜长短变化视频节选。

经验准备：幼儿对地球有大致了解，知道“>”“<”符号表示的意义。

【活动过程】

1. 导入部分

教师通过谈话，激发幼儿兴趣。

师：小朋友们，我们每天的白天和黑夜是一样长的吗？如果不一样，哪个更长呢？会不会有一样长的一天？是哪天呢？

教师鼓励幼儿结合实际生活经验积极猜想。

师：我听到了好多小朋友的答案，电视机叔叔说它知道正确答案，我们一起看看它怎么说。（播放视频）

2. 基本部分

（1）幼儿初步了解地球自转与昼夜的关系，了解秋分这天昼夜平分。

师：电视机叔叔告诉我们一年四季白天和黑夜的时间都是在变化的，夏至这天白天最长，冬至这天白天最短，秋分和春分这两天白天和黑夜一样长。白天和黑夜好神奇，它们是怎么出现的呢？

①教师使用地球仪带领幼儿回忆地球大致结构。

②教师结合故事模拟地球自转，带领幼儿了解昼夜交替。

故事：在宇宙里有一对好朋友，它们就是地球爷爷和太阳公公（出示地球仪和手电筒）。但是太阳公公年纪太大了不能走动，地球爷爷就每天陪着太阳公公玩（模拟地球自转），把太阳公公逗得可高兴了！于是太阳公公就散发阳光照射地球爷爷（打开手电筒）。这样地球爷爷被阳光照射的地方就是白天，没有被照着的地方就是黑夜。因为地球爷爷一直在转动，所有被阳光照射的地方也一直在变，这样地球上每个地方就会是白天与黑夜交替出现。

参考提问：

地球仪上红色五角星是哪个国家？

是谁把地球平分了？在地球仪上指出它在哪。

在地球仪上指一指南北半球在哪。

白天和黑夜是怎么产生的呢？

为什么一个地方会有白天和黑夜交替出现？

（2）幼儿探索太阳直射位置与昼夜时间关系。

师：我们一起发现了白天和黑夜的秘密，现在我们再去探索一下电视机叔叔告诉我们的秋分这天白天和黑夜一样长的秘密吧！太阳要怎样照射才能使白天和黑夜一样长呢？

①教师模拟太阳直射赤道的情景，带领幼儿观察感知秋分的昼夜平分。

②幼儿猜想太阳直射赤道上（下）时，我国昼夜时间分布情况。

③幼儿分组验证猜想，并记录实验结果（使用“>”“<”符号）。

④幼儿汇报实验结果。

参考提问：

小朋友们请看现在太阳直射地球哪？

被阳光照射的地方是白天还是黑夜？

我国处于北半球，北半球被阳光照射的部分越多表示我国白天更长，那此时（直射赤道）我国白天和黑夜谁更长还是一样长？

如果太阳直射赤道上（下）面，我国白天和黑夜谁更长？此时我国可能是什么季节？

3. 结束部分

师：我们通过实验不仅发现了秋分的秘密，还发现了太阳直射赤道下面时，我国白天比黑夜短，我国可能处于冬季；太阳直射赤道上面时，我国白天比黑夜长，我国可能处于夏季；太阳直射赤道，我国昼夜平分。在大自然里还有许多秘密等着小朋友们去发现，我们以后再去发现更多的秘密吧！

【活动延伸】

科学区角：幼儿探索一下处于南半球的国家，太阳直射位置与昼夜长短的关系，看看和我国有没有相同和不同之处。

※视频链接可扫描前言处二维码获取。

大班语言活动——《秋分》（古诗）

【活动目标】

认知目标：理解古诗大意，感受古诗《秋分》的意境美。

能力目标：能用清晰完整的语言大胆表达对秋分景色的感受。

情感目标：萌发对古诗词所展现的秋分景色的喜爱。

【活动准备】

物质准备：古诗《秋分》PPT、与诗句相结合的秋分风景图、轻柔的纯音乐《秋分》。

经验准备：幼儿观察过秋分节气的景色。

【活动过程】

1. 导入部分

教师通过图片导入，激发幼儿兴趣。

师：秋分节气你们见到过哪些美丽的景色？秋分后你有感受到什么变化吗？请小朋友们把你们看到的和感受到的秋分用优美的词说一说。

教师出示秋分风景图，引导幼儿欣赏图片，并结合自己的经验自由地表达。

教师小结：秋天是个美丽的季节，秋分又处于秋季的最中间的时候。从秋分起天气将开始变凉了，雪白的棉花和金灿灿的水稻也成熟了，秋分送来阵阵桂花和菊花的香气。

2. 基本部分

(1) 幼儿欣赏古诗，感受诗的意境美。

师：面对这么美的秋分景色，诗人左河水也写下了一首诗《秋分》，记录了他在秋分这天看到的和感受到的美丽景色。我们一起来看看他眼中的秋分吧！

①教师全文示范朗诵，幼儿初步了解欣赏古诗《秋分》。

师：这首诗里讲了什么，有小朋友听懂了吗？有哪里不明白的？

②教师分句朗诵讲解，通过提问加深幼儿理解。

a. 暑退秋澄气转凉

师：有小朋友知道"暑退""秋澄"的意思吗？（"暑退"指夏天退去，"秋澄"指秋天的天空清澈明亮）这句诗讲了什么呢？（酷暑炎热的日子已经离去，天气从今日起开始变得凉爽）

b. 日光夜色两均长

师：日光夜色是指白天和夜晚，这句诗人又描写了秋分的什么现象呢？有小朋友知道吗？

师：这句的意思是：秋分这天白天和黑夜一样长。

c. 银棉金稻千重秀

师：这一句是诗人描写的看到的秋景，他看到了什么景色？你们能想象一下这是一幅怎样的画面吗？说一说。

师：这一句描绘了一幅银白色的棉花与金黄色的水稻在田野交叉分布，人们一眼望去看不到尽头的秋景。

d. 丹桂黄菊万径香

师：诗人在秋分又看到了什么，还闻到了什么香味？

师：这一句写的就是桂花与菊花在大地四处开放，空气里飘散着浓浓的花香。

教师小结：这首诗不仅表达了诗人在秋分看到的自然美景，还讲述了秋分时节天气的变化和自然现象。

(2) 幼儿学习朗诵古诗《秋分》，感受诗的语言美。

师：这么优美的古诗，我们要用抑扬顿挫的语调朗诵，感受诗人当时看到秋分风景的喜悦。

教师一句一句带领幼儿跟读。

幼儿独自朗诵，教师评价。

教师小结：你们朗诵得很整齐，要是再带一些喜悦的感情朗诵，一定会更好。

3. 结束部分

幼儿随乐朗诵古诗，教师总结。

教师总结：老师太喜欢你们的朗诵了，听你们的朗诵我仿佛闻到了阵阵桂花的香味，看见一大片的水稻在随风摇摆。

【活动延伸】

幼儿回家给爸爸妈妈朗诵古诗《秋分》。

※音频链接可扫描前言处二维码获取。

大班语言活动——《秋分》（古诗）

中班语言活动——我们这样过秋分（谈话）

【活动目标】

认知目标：知道秋分也是中国农民丰收节，了解秋分节气的习俗。

能力目标：在交流的过程中能用轮流的方式与人讲述并有礼貌地倾听他人讲话。

情感目标：感受过秋分的喜悦，萌发对二十四节气的兴趣。

【活动准备】

物质准备：庆丰收的照片。

经验准备：幼儿在家中感受过秋分节气或积累过秋分的知识经验。

【活动过程】

1. 导入部分

教师用照片引出谈话主题。

师：小朋友们，请看老师这里的照片，你们看到了什么？人们在干什么？

幼儿回答。

师：那说到丰收，小朋友会想到哪个节气？

教师小结：刚才有很多小朋友说到，照片里的人们在庆丰收。每年的秋分节气正是农民丰收节，在这个节气农民伯伯们都忙于秋收。

2. 基本部分

（1）幼儿围绕秋分话题自由交谈。

师：每到秋分，除了农民伯伯会忙于秋收和秋种以外，其实还有许多习俗。你们都知道哪些习俗？和旁边的小朋友说一说你知道的秋分习俗。

①教师讲解交流要求：在和小朋友交流时要轮流讲，不能随意打断其他小朋友讲话，也不要抢着讲，当其他小朋友在讲秋分习俗时要安静地倾听。

②幼儿分组自由交流，教师提醒幼儿围绕秋分习俗谈话。教师巡回倾听幼儿的谈

话，留意对秋分习俗比较了解又讲得好的幼儿，同时注意观察内向不敢或不愿交流谈话或有其他语言问题的幼儿，对他们进行鼓励和指导。

③教师请讲得好的幼儿上前讲一讲他知道的秋分习俗，教师补充汇总秋分习俗。

教师小结：在秋分有吃秋菜、送秋牛、竖蛋、粘雀子嘴、放风筝等习俗。

（2）教师通过提问拓宽谈话范围。

师：原来秋分有这么多的习俗，你们最喜欢的习俗是哪个？为什么？

①教师以平行谈话的方式加入幼儿谈话，引入新的谈话经验。

师：小朋友们都分享了自己喜欢的秋分习俗，老师也想分享我最喜欢的秋分习俗。我最喜欢的秋分习俗是粘雀子嘴，因为我们会做汤圆放在庄稼旁边吸引鸟儿来吃，粘住它们的嘴，这样农民伯伯辛苦种的庄稼就不会被破坏，他们可以收获更多更好的庄稼。

②教师组织幼儿运用新的经验谈话。

3. 结束部分

教师总结：今天小朋友们都积极地分享了有趣的秋分习俗，老师要表扬那些认真倾听、不随意打断别人讲话、大胆表达的小朋友们，你们都太棒了！二十四个节气里，除了秋分还有许多节气，以后我们再一起分享其他节气好玩的习俗。

【活动延伸】

领域渗透：艺术领域手工活动“美丽的风筝”。

中班语言活动——我们这样过秋分（谈话）

大班社会活动——祭月节

【活动目标】

认知目标：了解祭月节的演变过程，知道有赏月、吃月饼等习俗。

能力目标：学习制作月饼，能与同伴合作制作月饼。

情感目标：体验与同伴合作的快乐，萌发对中华传统文化的兴趣。

【活动准备】

物质准备：祭月活动的视频、赏月照片、面团、各种花纹模具、月饼馅。

经验准备：幼儿有过中秋赏月的经验，已经掌握揉搓技能。

【活动过程】

1. 导入部分

教师通过图片导入，激发幼儿兴趣。

师：老师前几天看见一个有趣的画面（出示人们赏月的照片，展示人们抬头看天的景象），你们猜一猜他们在看什么？

师：是的，他们在赏月。我们一般会在什么节日赏月呢？为什么会在这天赏月呢？

教师小结：中秋这天的月亮又圆又大，在这天人们有赏月活动，有的地方还会举办从古时候延续下来的祭月活动，因此中秋节也叫祭月节。

2. 基本部分

（1）幼儿了解祭月节的演变过程，知道赏月节的习俗。

师：古时候有春天祭祀太阳，秋天祭祀月亮的说法。最初祭月节是秋分这天，为什么现在祭月节又在中秋这天呢？

①教师讲述祭月节的演变过程。

祭月活动在古时候是人们对“月神”的一种崇拜活动。现在的祭月赏月活动是人们寄托家人团聚和生活美好的愿望的活动，在祭月这天人们肯定希望能有圆月。但是秋分这一天在每月农历八月的日子不能确定，那天不一定会有圆月，后来人们就把祭月节从秋分这天调到中秋节这天。

②幼儿观看祭月活动视频，了解祭月习俗。

参考提问：

祭月活动大概是在中秋节的什么时间开展？一般在什么地方祭月？

人们为祭月活动做了哪些准备？

祭月的供品都有些什么？

祭月仪式之后人们又做了什么？

教师小结：祭月活动都在中秋节的晚上，等月亮出现后人们在庭院中，向月亮的方向安放桌椅。在桌子上摆放好月饼、酒、石榴、苹果、香炉等供品，然后女子进行上香、祭酒、拜月等仪程。祭月仪式结束后，大家欣赏艺术表演，一起赏月，吃月饼。

（2）幼儿合作制作月饼，体验节日气氛。

师：虽然现在这个时间我们不能赏月，但是我们可以一起做月饼，你们见过哪些形状的月饼？我们可以怎样做月饼？

①教师一边示范月饼做法，一边讲解做法。

先取适量的面团揉搓成圆球，然后用手掌在铺好桌布的桌子上将圆球按压成圆饼。取少量月饼馅，放在面皮中间，然后提起面皮边，轻轻提拉面皮使其包裹好月饼馅。再将面团放入模具轻轻按压随后取出，一个好看的月饼就做好了。

②教师讲解注意事项，幼儿分组合作制作月饼，教师巡回指导。

③幼儿展示月饼，教师带领幼儿到学校食堂将月饼放进烤箱。

3. 结束部分

师：今天我们一起了解了我国的传统节日习俗的祭月活动，还一起做了月饼。做好的月饼你们想和谁一起分享呢？为什么呢？

教师总结：祭月节是我们的传统节日，除了赏月、吃月饼外还有好多有趣的习俗等着小朋友们去发现，下一次见面我们就一起来聊一聊那些有趣的习俗吧！

【活动延伸】

家长可以带幼儿去赏月，帮助幼儿感受浓浓的节日气氛，积累生活经验。

※视频链接可扫描前言处二维码获取。

寒　露

一、设计意图

寒露，二十四节气中的第十七个节气，时间点在每年的 10 月 8 日前后。《月令七十二候集解》说："九月节，露气寒冷，将凝结也。"由此可看出，寒露较之白露，气温更低，是天气从凉爽到寒冷的过渡。寒露时节几乎贯穿整个 10 月，幼儿已穿上较厚的衣衫，相较于北方，南方雨水较多，正所谓"一场秋雨一场凉"。寒露前后的重阳节是我国重要的节日，除了让幼儿感受登高望远、祭祖等习俗外，还可以带领他们领略深秋的自然风光，做芝麻甜品、品尝菊花茶等，让幼儿多方位地感受寒露节气。

二、活动领域

"寒露"主题活动涉及语言、科学、艺术、健康领域。

三、主题活动总目标

（1）让幼儿感知寒露的气候特征、农事活动、节气习俗等；

（2）让幼儿能理解和讲述寒露的节气故事，能表现或创作寒露主题的艺术作品；

（3）让幼儿对与寒露相关的传统文化和大自然产生认同和敬畏。

四、主题活动网络

"寒露"主题活动面向幼儿园全体幼儿，分年龄阶段设置小、中、大班的集体教学活动。由于各个年龄阶段幼儿的身心发展特征不同，各个幼儿园的实际情况存在差异，我们尽量选择取材方便、贴近生活的活动。

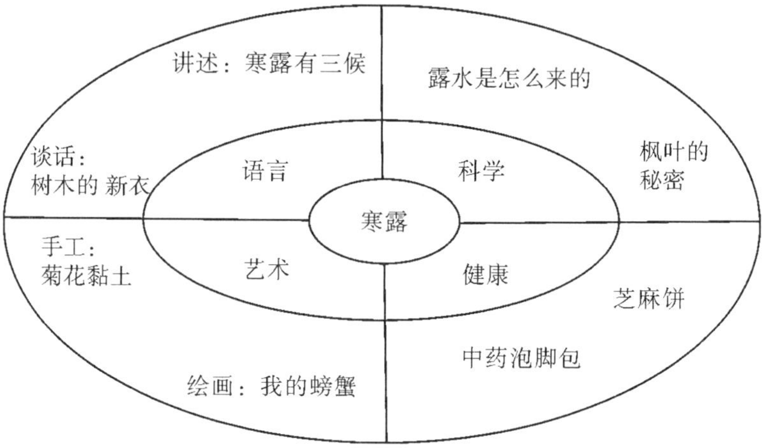

“寒露”主题活动网络

五、主题活动实施注意事项

1. 依据班级幼儿发展水平适当调整活动

以上主题活动网络中的子活动在活动案例中仅针对某一特定年龄阶段的幼儿进行设计，但幼儿具有个体差异，因此班级教师在活动案例的基础上，应针对本班幼儿的实际情况适当增加或减少难度，以适宜本班幼儿的身心发展特点。

2. 因地制宜

以上主题活动网络涉及的活动取材于国内各地区的寒露习俗，各地区幼儿园可选择更符合当地特色的活动。其中，活动案例的活动目标、活动准备等仅供参考，教师应根据具体情况进行调整或者准备。若为开阔眼界选择其他地区习俗进行教学设计，应让幼儿进行前期的知识经验准备。

3. 家园共育

寒露节气一般在国庆节后，为了帮助幼儿积累前期的活动经验，教师可让家长在国庆假期中与幼儿一同查阅寒露节的由来、农事活动、风俗节气等知识，有条件的家长可带幼儿领略各地风光，并鼓励幼儿在园与教师和同伴分享经验。

六、活动案例

中班艺术活动——我的螃蟹（绘画）

【活动目标】

认知目标：了解寒露有吃螃蟹的习俗，知道螃蟹的外观特征。

能力目标：在绘画中能运用图形组合的方法，表现螃蟹的特征。

情感目标：养成细心观察的习惯，能大胆按照自己的想法画螃蟹。

【活动准备】

物质准备：一只活螃蟹、螃蟹的绘画作品、画笔、白纸、PPT。

经验准备：幼儿有看过或吃过螃蟹的经历。

【活动过程】

1. 导入部分

教师给幼儿介绍，寒露时节，螃蟹长得胖胖的，是最好的品尝时节。

①询问幼儿是否吃过螃蟹，可邀请幼儿表演螃蟹走路。

②请幼儿说一说螃蟹长什么样子，有哪些特点。

③让幼儿说一说在什么时候吃螃蟹。

2. 基本部分

（1）幼儿认识螃蟹。

①教师带领幼儿观察玻璃箱里的螃蟹。教师引导幼儿观察螃蟹外形特征，通过提问的方式，询问螃蟹的颜色、眼睛、蟹腿，以及螃蟹钳子的大小差别。

②教师给幼儿观看螃蟹的绘画作品，与幼儿一同欣赏他人绘画的螃蟹，引导幼儿注意观察绘画作品中，螃蟹的外形是运用哪些图形组合而成的。

（2）教师示范作画，引导幼儿创新。（若幼儿绘画基础较好，教师可不范画。）

幼儿主导，绘画过程不可范画。

师：老师想要画出螃蟹，我可以从哪里先开始？可以用什么形状呢？

①教师示范作画，用圆、三角形和简单线条来绘画小螃蟹。圆画作螃蟹的身体和眼睛，三角形画作螃蟹的钳子和蟹腿。

②教师询问幼儿还有什么形状可以用来绘画小螃蟹。幼儿思考回答，教师要对幼儿的回答给予正面积极且具体的评价。

（3）幼儿绘画。

幼儿可观察具体的实物螃蟹，也可观察绘画螃蟹的作品来完成自己的绘画。教师巡回指导幼儿的绘画。

3. 结束部分

幼儿作品展示，说明自己用了哪些形状来绘画螃蟹。幼儿与教师一起评价幼儿的作品。

【活动延伸】

师：寒露除了吃螃蟹，还会吃其他什么东西呢？请小朋友们选择一种自己喜欢的寒露特色食物进行绘画。

※视频链接可扫描前言处二维码获取。

大班艺术活动——菊花黏土（手工）

【活动目标】

认知目标：知道菊花是寒露节气花，了解菊花的外形特征，进一步熟悉黏土的可塑性。

能力目标：能用黏土塑造菊花的主要特征。

情感目标：体验黏土手工的乐趣，对手工活动感兴趣。

【活动准备】

物质准备：超轻黏土、圆形硬卡纸、菊花图片。

经验准备：幼儿学过搓圆、搓长、压扁这三种黏土手工基本技能，了解菊花主要特征。

【活动过程】

1. 导入活动

教师通过谈话，引发幼儿兴趣。

（1）教师说出菊花的特征让幼儿猜测，由此引出菊花主题。

师：现在是寒露时节，这个时候什么花正在开放？

（2）教师出示菊花图片，引导幼儿观察。

教师引导幼儿说出观察的结果：菊花的颜色、菊花的花瓣、菊花的花蕊。

2. 基本部分

（1）教师示范，幼儿操作学习。

①教师提出任务，让幼儿用黏土这个工具，在卡纸上创作菊花。

②教师提问幼儿还有什么方法用黏土来制作菊花花瓣。

教师让幼儿思考回答，并且分发少量黏土让幼儿用自己的想法制作菊花花瓣。幼儿展示自我创意，解说自己的创作。

③教师做出示范。

用橘色的黏土搓出8个小圆，用黄色的黏土搓出1个大圆；将黄色的大圆按扁到卡纸上变成花蕊，然后依次将橘色黏土间隔放在花蕊周边，围成1个圆圈（不要贴近花蕊，要间隔一定的距离）；用食指轻轻按住橘色小圆，向花蕊拖动，形成花瓣。

④教师总结。

教师夸奖幼儿的创意，让幼儿学习不同的菊花花瓣制作，鼓励幼儿创作出自己喜欢的菊花。

（2）幼儿根据观察学习创作菊花黏土。

教师分发黏土和卡纸材料，让幼儿自由制作，教师来回指导。（黏土易干，先发花瓣和花蕊的材料，之后分发叶子材料。）

3. 结束部分

幼儿展示环节。教师总结、大力表扬幼儿的创新。

【活动延伸】

师：还有什么材料可以制作菊花？小朋友可以与父母一同制作菊花，放在家里进行装饰。

中班语言活动——寒露有三候（讲述）

【活动目标】

认知目标：理解寒露三候的故事内容。

能力目标：能根据图片提供的信息，大致说出图片所表达的意思，能够耐心倾听他人说话。

情感目标：喜欢听故事，乐于表达自己的对图片的理解。

【活动准备】

物质准备：寒露三候的三幅画、PPT。

经验准备：幼儿接触过寒露或其他二十四节气。

【活动过程】

1. 导入部分

教师用故事与图片导入，创设情景。

人们常常说寒露有三候，三候是这个节气有三个动植物生长的小秘密。现在正是寒露时节，小熊就想知道寒露的三候到底是哪三候，于是就去问了妈妈，熊妈妈因为有事要忙，就给了小熊三幅画，并且告诉小熊，寒露三候的秘密其实就在这三幅画里，每幅画都有一个故事。但是小熊却不知道画里面讲了什么，所以小熊想请小朋友们帮忙，给他讲解一下这三幅画讲了什么。

2. 基本部分

（1）教师看图讲述课件。

①展示第一张图片，大雁成排向南飞行。

教师提醒幼儿观察图片中有什么、大雁在干嘛、大雁是怎么飞行的，并且让幼儿模仿大雁飞行的动作，思考为什么大雁要向南方飞行。

教师总结：寒露时节，凉爽的秋天逐渐向寒冷过渡，北方的大雁要飞向南方过冬，而第一批大雁在白露时节就开始向南方飞行，寒露时节飞来的大雁已经是最后一批了。古人以先来的大雁为主，后来的大雁为宾。所以称寒露时节飞来的大雁为“鸿雁为宾”，这就是三候中的第一候。

②展示第二张图片，有雀鸟在枝头，地上有许多蛤蜊。

教师提醒幼儿观察图中有什么，引导幼儿观察雀鸟和蛤蜊有相似的颜色，提问幼儿在图片中的发现，让幼儿讲述自己的发现。

教师总结：古人观察动物，不像现代人这样科学，往往会产生观测的误差。每逢深秋天寒，雀鸟都不见了，这时候古人看到海边出现了许多蛤蜊，而且蛤蜊贝壳的条纹及颜色与雀鸟很相似，大家就以为这是天上的雀鸟飞入水中变成了蛤蜊。这就是寒露三候中的第二候“雀入水为蛤”。

教师让幼儿实物观察蛤蜊的条纹。

③展示第三张图片，满山开满菊花。

教师提醒幼儿观察图中是什么花，提问为什么寒露时节只有菊花，邀请幼儿大胆说出自己的想法。

教师总结：寒露已经是深秋时节，天气寒冷，这个时候其他花朵已经凋零，只剩下花枝在寒风中飘摇。只有菊花，在秋风中开得潇洒，散发出阵阵花香。这就是寒露三候的第三候“菊有黄华”。

（2）教师邀请幼儿自己讲述。

教师提问幼儿最喜欢寒露三候中的哪一候，并且说出自己喜欢的原因。

3. 结束部分

教师总结：这三候是古人对寒露的认识，希望大家可以自己发现在寒露来临时身边动植物的变化。

大班语言活动——树木的新衣（谈话）

【活动目标】

认知目标：知道寒露来临天气降温，树木和自己都需要做好保暖。

能力目标：能够与小朋友礼貌交流沟通，表达自己对树木保暖的看法。

情感目标：体验与同伴、老师交流的乐趣，乐于观察寒露给周围树木带来的变化。

【活动准备】

物质准备：树木图片、PPT。

经验准备：幼儿有过交流讨论的经验，知道倾听与表达的技巧。

【活动过程】

1. 导入部分

教师通过图片导入，吸引幼儿的兴趣。

导语：小熊今天去公园，发现很多树木都换上了新衣，小熊觉得很奇怪：为什么大树们都要换上新衣服？我们一起看看大树们都穿上了什么新衣。

教师出示换上新衣的树木图片，引导幼儿观察，提问幼儿大树都穿了什么。

教师请个别幼儿说一说，鼓励幼儿大胆发言。

教师总结：大树都穿上了白色的衣服，而且只穿了一半。

2. 基本部分

（1）幼儿围绕话题自由交谈。

师：大树为什么现在要换上白色的衣服？现在是什么季节？

教师通过提问进一步引导幼儿说出天冷要穿上衣服。

教师小结：现在是二十四节气之一的寒露。

师：为什么寒露时节需要给大树根部涂上白色，让大树穿上新衣？白色的涂料里面有什么？

幼儿根据教师提问大胆猜测。

教师总结：寒露节后，天气变凉转冷，人们都开始穿上厚衣服抵御寒冷，大树也会感到寒冷，需要衣服来抵御寒冷。白色涂料里有杀菌、打虫的药物，大树穿上新衣后还可以防止小虫伤害自己。

（2）教师迁移谈话经验，激发幼儿思考。

师：小熊现在知道了为什么大树要穿新衣了。那小朋友们还知道大树有哪些新衣可以抵御寒冷呢？

教师小结：给树木根部缠上绳子、用草给树木包扎。（出示图片）

师：大树到了寒露要穿上衣服抵御寒冷，那小朋友们到了寒露也要注意保暖。小朋友们有什么办法来抵御寒冷呢？

3. 结束部分

幼儿小组讨论，教师来回观察记录，并对小朋友的办法进行总结。

【活动延伸】

师：小朋友们开动脑筋想一想，为什么只有大树根部穿了白色新衣？

中班科学活动——枫叶的秘密

【活动目标】

认知目标：了解枫叶的结构特征，知道枫叶在寒露时节的颜色变化。

能力目标：能用绘画的方式表达与记录自己的发现，大胆猜测并表述为什么枫叶会变红。

情感目标：对寒露时节周围植物的变化产生兴趣，乐于亲近大自然。

【活动准备】

物质准备：红色枫叶和绿色枫叶的图片及实物（或者仿真枫叶）、放大镜。

经验准备：幼儿已经使用放大镜观察过物体，知道使用技巧。

【活动过程】

1. 导入部分

师：今天是二十四节气中的寒露，老师发现路边一些树的树叶都变了颜色，不知道小朋友们有没有发现这些树叶的秘密？老师拍了这些树叶的照片，想和小朋友们一起欣赏。我们一起来看看这是什么树叶吧！

2. 基本部分

（1）教师引导幼儿区分红色枫叶和绿色枫叶。

教师出示红色的枫叶树图片让幼儿欣赏，并且提问幼儿这是什么树叶。

教师继续出示绿色的枫叶树图片。

师：这是什么树叶？和刚才的树叶有什么不同？

延伸：幼儿绘画记录。

教师让幼儿用绘画的方式记录自己发现的枫叶秘密。

教师总结：树叶颜色不同，但都是枫叶。

（2）教师引导幼儿仔细观察枫叶。

师：刚刚大家都只看到了枫叶的图片，那我们接下来再一起仔细观察，枫叶具体长什么样子。

教师分发枫叶，并且引导幼儿观察树叶内部的线条，引导幼儿对叶脉进行观察。

师：树叶中间的线条是什么？叶脉都是一样粗细的吗？

教师分发放大镜，让幼儿用放大镜自由观察。

师：主叶脉和侧脉有什么联系？侧脉上面还有没有其他叶脉？

教师来回指导幼儿观察。

（3）幼儿大胆猜测为什么到了寒露时节枫叶会变红。

3. 结束部分

幼儿展示自己的绘画，教师予以反馈。

【活动延伸】

幼儿为树木设计新衣，用绘画的方式展现。

中班健康活动——芝麻饼

【活动目标】

认知目标：知道芝麻对人体的好处，了解芝麻饼的大致操作步骤。

能力目标：能在教师的指导下制作芝麻饼。

情感目标：学会与他人合作，体验分享食物的乐趣。

【活动准备】

物质准备：白芝麻、黑芝麻、炒熟的核桃、干的红枣、蛋白、蜂蜜，纸杯制成的模具、烤盘、烤箱以及制作完成的芝麻饼。

经验准备：幼儿有一定动手能力，能够帮助教师一起制作美食。

【活动过程】

1. 导入部分

教师介绍寒露吃芝麻的习俗，引出活动。

师：小朋友们知道老师手里拿的是什么吗？（教师请幼儿看、摸、闻。）你在哪里看过芝麻？芝麻对身体有什么好处？

教师小结，介绍芝麻的好处，并说明寒露时节吃芝麻的习俗。

教师总结：寒露到，天气由凉爽转向寒冷，中医有很多养护身体的方法，而秋冬正是养护胃的时候。芝麻对我们的胃和肠有很多好处，可以帮助我们排便，所以寒露时节吃芝麻可以起到很好的养护身体的作用。

2. 基本部分

（1）教师示范做芝麻饼，激发幼儿动手兴趣。

教师将提前做好的芝麻饼分享给幼儿，让幼儿一起品尝，并邀请幼儿一同制作好吃的芝麻饼。

幼儿观看视频，根据视频提示的步骤制作芝麻饼。

教师逐步分解示范，重点讲解搅拌以及将材料放进模具的注意事项。

（2）幼儿准备与制作。

师：请你们想一想，在制作芝麻饼之前，我们应该做哪些准备工作？（洗手、系围裙、戴口罩）

幼儿分组制作。教师带领幼儿共同制作。

第一步：准备食材。幼儿需要把熟芝麻捣碎，清洗红枣，并用剪刀把红枣剪成小碎片（提醒幼儿在使用剪刀时注意安全）。

第二步：搅拌食材。在容器内放入蛋白和蜂蜜，随后加入白芝麻和黑芝麻搅拌，最后倒入准备好的核桃碎和红枣碎。

第三步：放入模具。幼儿将容器内的食物放入模具，随后在教师的带领下，将烤盘放入烤箱。

（3）幼儿一起收拾小厨房，养成物归原位的良好习惯。

3. 结束部分

幼儿相互品尝芝麻饼：小组与小组之间分享自己制作的芝麻饼。

【活动延伸】

幼儿回家后和父母一起制作芝麻饼，和父母一同分享自己的学习成果。

霜 降

一、设计意图

霜降，二十四节气中的第十八个节气，也是秋季的最后一个节气，时间点在每年的10月23日或24日。《月令七十二候集解》中写道："九月中，气肃而凝，露结为霜矣。"《二十四节气解》中则说："气肃而霜降，阴始凝也。"在这个时候，空气中的水汽在夜晚温度较低时，会附着于物体表面凝华成霜。霜降时节，幼儿已经能感受到寒冷，也能看到草木枯黄、秋叶翩飞，各地习俗中以"吃柿子""摞桑叶""吃糍粑"最为常见。这些习俗都可以成为幼儿园活动的素材，帮助幼儿了解霜降的常识、感受节气的趣意，为中华优秀传统文化的传承打下坚实的基础。

二、活动领域

"霜降"主题活动涉及语言、科学、艺术、健康、社会领域。

三、主题活动总目标

（1）让幼儿感知霜降的气候特征、农事活动、节气习俗等；
（2）让幼儿能理解和讲述霜降的节气故事，能表现或创作霜降主题的艺术作品；
（3）让幼儿对与霜降相关的传统文化和大自然产生认同和敬畏。

四、主题活动网络

"霜降"主题活动面向幼儿园全体幼儿，分年龄阶段设置小、中、大班的集体教学活动。由于各个年龄阶段幼儿的身心发展特征不同，各个幼儿园的实际情况存在差异，我们尽量选择取材方便、贴近生活的活动。

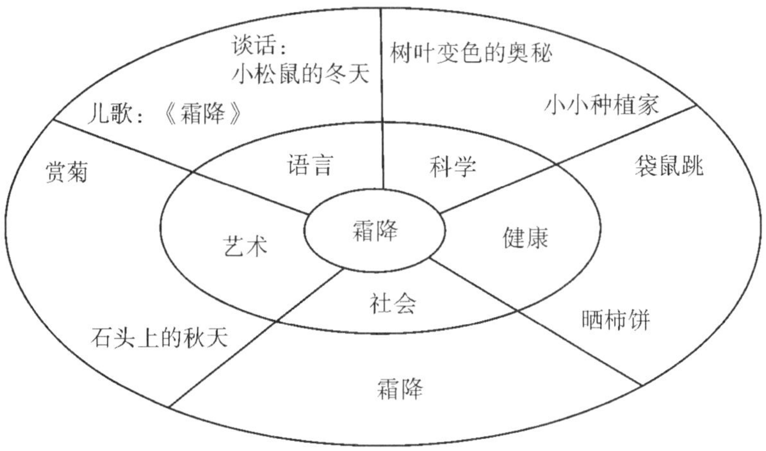

“霜降”主题活动网络

五、主题活动实施注意事项

1. 依据班级幼儿发展水平适当调整活动

以上主题活动网络中的子活动在活动案例中仅针对某一特定年龄阶段的幼儿进行设计，但幼儿具有个体差异，因此班级教师在活动案例的基础上，应针对本班幼儿的实际情况适当增加或减少难度，以适宜本班幼儿的身心发展特点。

2. 因地制宜

以上主题活动网络涉及的活动取材于国内各地区的霜降习俗，各地区幼儿园可选择更符合当地特色的活动。其中，活动案例的活动目标、活动准备等仅供参考，教师应根据具体情况进行调整或者准备。若为开阔眼界选择其他地区习俗进行教学设计，应让幼儿进行前期的知识经验准备。

3. 家园共育

霜降时节，天气转寒，幼儿此时极易患各种疾病，因此家长可以将霜降的气候变化、故事、习俗和养生常识在生活中渗透给幼儿，帮助幼儿积累活动中所需经验。对于幼儿园中不宜组织的活动，如打糍粑、摞桑叶等，教师可让幼儿在家中参与和体验。

六、活动案例

大班科学活动——树叶变色的奥秘

【活动目标】

认知目标：了解霜降的基本知识，知道树叶为什么会变色。

能力目标：能用合理的方式记录实验结果。

情感目标：热爱自然，喜欢科学探究活动。

【活动准备】

物质准备：玻璃杯、过滤纸（白色）、酒精、多色树叶、剪刀、记录本。

经验准备：幼儿已学习二十四节气的名称。

【活动过程】

1. 导入部分

教师通过提问，激发幼儿兴趣。

教师针对树叶的颜色进行提问，引出“霜降在秋天”，激发幼儿对于“树叶变色”的兴趣。

师：教室外的树叶是什么颜色的？（红色、黄色等）

师：为什么现在的树叶是黄色而不是绿色呢？

师：每个季节的树叶颜色都不相同，之前我们学习了二十四节气，那么小朋友们知不知道现在是二十四节气中的哪个节气呢？

师：10 月 23 日或 24 日就是二十四节气中的霜降，也是秋季的最后一个节气，所以我们能看到有的树叶变黄了，天气也越来越冷了。

师：那老师现在想问一下大家。你知道为什么到了秋天树叶会变黄吗？

2. 基本部分

（1）捡树叶并进行操作。

教师引导幼儿将提前收集的不同颜色的树叶带回教室。

幼儿将树叶带回后，教师引导幼儿将树叶按照颜色分类，用剪刀将树叶剪成碎片，相同颜色的树叶碎片放入对应的玻璃杯中。

师：刚刚我们将树叶都放进杯子里面了，现在我们要往杯子里面倒一种神奇的液体——酒精，可能会发生神奇的事情哦！

教师引导幼儿将酒精倒入放了树叶的玻璃杯中，直到覆盖树叶，并将折成锥形的滤纸放入玻璃杯中（尖头朝下）。

教师将放好滤纸的玻璃杯静置，引导幼儿观察其有无变化。

师：请小朋友们认真观察，杯子里面会发生哪些变化呢？你们可以用自己的方式记录下来。

（2）观察结果并讲解原理。

师：我们看到一张滤纸上面有不同的颜色，那么这是为什么呢？

在幼儿产生疑问后，教师进行讲解。

师：夏天的时候天气很热，太阳也很大，在高温的照射下，树叶里面的叶绿素就跑出来了，所以那个时候的树叶是绿色的。到了秋天啊，天气渐渐变凉了，树叶被阳光照射的时间变少了，叶绿素也慢慢消失了，但是树叶的身体里还有其他各种色素，比如橙色的胡萝卜素、黄色的叶黄素等等，所以我们的滤纸上面就会有好几种颜色啦！

3. 结束及延伸部分

师：今天小朋友们知道了树叶变色的奥秘，也知道了今天是霜降。那么请小朋友们回家之后和爸爸妈妈一起想一想，霜降除了天气变冷了，树叶变黄了，还有什么其他的特征吗？

大班科学活动——小小种植家

【活动目标】

认知目标：认识菠菜，了解在霜降种植菠菜的原因。

能力目标：能学会种植菠菜的基本方法。

情感目标：乐意参加种植活动，体会劳动的乐趣。

【活动准备】

物质准备：菠菜、菠菜种子、铲子、洒水壶、视频。

经验准备：幼儿已学习二十四节气并能正确使用铲子铲土。

【活动过程】

1. 导入部分

教师通过动画导入，吸引幼儿兴趣。

教师播放《大力水手》片段，激发幼儿对菠菜的兴趣。

师：小朋友们刚刚看了大力水手的动画片，他是怎样变成大力士的呢？

幼儿回答后，教师向幼儿出示菠菜图片并引导幼儿观察，让幼儿说一说菠菜是什么样子的、有什么味道。

教师引导幼儿想与大力水手一样通过吃菠菜让力气变大，并引导幼儿说出自己种的想法。

师：种菠菜是要选择季节的，现在这个时候啊，就特别适合种菠菜。你们猜一猜是为什么呢？

教师让幼儿猜一猜应该在什么季节种、怎么种。

2. 基本部分

（1）教师向幼儿讲解种植菠菜与节气的关系。

师：正值霜降，而霜降是秋季的最后一个节气，也就意味着马上要到冬天了。菠菜恰好属于越冬蔬菜，在霜降时节播种是最好的了。

（2）幼儿学习种植方法并尝试自己种植菠菜。

教师播放视频，幼儿根据视频内容说出所需工具和种植的步骤。

师：小朋友们，你们会种菠菜吗？种菠菜需要用到什么东西？

幼儿回答。教师引导幼儿自由讨论如何利用这些工具种植菠菜。

师：如果让你们自己来种菠菜，你会怎么做？

教师示范种菠菜的方法，并邀请幼儿进行总结。

师：有没有小朋友能说一说，老师刚刚是怎么做的呢？

教师邀请个别幼儿进行示范操作。

师：老师现在请一个小朋友和我一起，再种一次菠菜。

幼儿实操，教师在一旁提醒具体步骤。

教师总结种植要求与注意事项，将幼儿分组，自由种植菠菜。

3. 结束部分

教师与幼儿一同讨论种植完成后还要进行哪些步骤。

师：菠菜的生长还需要一段时间，这段时间小朋友们一定要细心呵护它们，认真浇水哦，这样才能品尝到自己的劳动成果。

大班艺术活动——赏菊

【活动目标】

认知目标：知道霜降的含义，了解霜降这天有赏菊的习俗。

能力目标：能大胆运用毛笔等材料在宣纸上表现出菊花的多姿多彩。

情感目标：体验传统绘画活动的乐趣，热爱中华优秀传统文化。

【活动准备】

物质准备：毛笔、宣纸、画毡、墨汁、国画颜料、洗笔桶、菊花实物及范画。

经验准备：幼儿有简单的水墨画基础，了解基本画法。

【活动过程】

1. 导入部分

幼儿初步认识菊花，知道霜降赏菊的习俗。

师：霜降是二十四节气中的第十八个节气，也是秋季的最后一个节气。霜降时节正是秋菊盛开的时候，我国很多地方在这时要举行菊花会，赏菊饮酒，以示对菊花的崇敬和喜爱。

（1）幼儿观看菊花图片，说出是什么花、在什么节气开。

（2）幼儿在教师引导下说出菊花的特点。

2. 基本部分

（1）教师引导幼儿观察并深入认识菊花。

师：今天就是霜降啦，老师带来了一些菊花，请小朋友们看一看，菊花长什么样、是什么颜色的？

教师小结：菊花的颜色是黄色的，花瓣长长的，卷卷的……

（2）教师引导幼儿学习绘画技巧并出示范画。

师：赏菊是霜降这天的传统习俗，那我们今天也用传统水墨画的方式将我们看到的菊花画下来，好吗？

教师出示水墨画，请幼儿观察画中的菊花是什么样的。

教师带领幼儿回顾水墨画的基本画法，引导幼儿讨论怎样画出好看的菊花，随后出示范画。

师：在大家开始进行绘画之前，我们先一起来看一看画家是怎样表现菊花的美丽的吧！

教师引导幼儿有意识地观察画作里面菊花的形态、菊花大小和数量，分部位观察花瓣、花蕊、花枝等等，并请个别幼儿画一画。

（3）幼儿创作，教师指导。

师：那么现在就请小朋友们自己开始画画啦，画出属于自己的美丽菊花吧！

在幼儿创作时教师要注意观察，为幼儿提供适当的帮助。

3. 结束部分

活动结束后教师对幼儿的作品进行评价，引导幼儿互评。

【活动延伸】

在下次活动中以幼儿画的菊花为主题进行谈话活动，可围绕准备过程、绘画过程、绘画中的想法进行谈话。

菊花范画：

菊花范画

大班艺术活动——赏菊 1

大班艺术活动——赏菊 2

小班语言活动——《霜降》(儿歌)

【活动目标】

认知目标：基本了解二十四节气，认识霜降。

能力目标：能够理解儿歌中每一句的意思，并用流畅的语言念出儿歌。

情感目标：喜欢儿歌，热爱中华优秀传统文化。

【活动准备】

物质准备：图片、《霜降》儿歌音频。

经验准备：幼儿有朗诵儿歌的经验。

【活动过程】

1. 导入部分

教师通过图片导入，引导幼儿认识霜降。

师：小朋友们，你们在这幅画里看到了什么呢？你们知道画里面是什么季节吗？

师：这幅画呀，画的是秋天的最后的一个节气——霜降，是二十四节气之第十八个节气。霜降是反映气温变化的节气，是秋季到冬季的过渡，意味着即将进入冬天。

2. 基本部分

(1) 学习儿歌《霜降》。

师：今天老师给小朋友带来了一首关于霜降的儿歌，里面有关于霜降的小知识，一起来学学看吧！

教师朗诵儿歌并为幼儿讲解儿歌大意。

①菊花黄，稻谷香，农民伯伯收种忙。

师：你们知道“菊花黄，稻谷香”是什么意思吗?

师：那“农民伯伯收种忙”这句是什么意思呢?

教师小结并展示对应图片：霜降到来的时候，菊花成熟了，变成了黄色，稻谷也熟了，散发着迷人的香味，农民伯伯们要忙着收割成熟的稻谷。

②蟋蟀怕冷不弹琴，只有麻雀在抢粮。

师：你们听到刚刚的儿歌中发生什么事了吗?

教师小结并展示相应图片：因为霜降的到来，天气渐渐变冷了，蟋蟀因为怕冷不叫了，麻雀们看着稻谷熟了，就想着悄悄地去拿一些回来吃。

师：小朋友们听得真仔细。现在就让我们一起读一读这首《霜降》吧。

教师带领幼儿一起朗读《霜降》。

(2) 巩固儿歌，加深印象。

师：我们加上一些动作再读一遍好吗?

教师引导幼儿为菊花、稻谷、蟋蟀、麻雀创编相应的动作。

教师将幼儿分为四个组，一组一句儿歌，引导幼儿按照儿歌顺序加上动作表演并朗读出来。

3. 结束部分

师：今天我们认识了二十四节气中的霜降，不仅知道霜降到来后大自然的变化，还学会了《霜降》这首儿歌。回去后表演给爸爸妈妈看吧!

【活动延伸】

教师可在下次活动中组织有关菊花的手工活动，如用超轻黏土制作菊花。

中班语言活动——小松鼠的冬天（谈话）

【活动目标】

认知目标：初步了解霜降的概念，知道冬眠的意义。

能力目标：能用完整的句子回答问题，能用自己的语言讲述森林里的冬天的故事。

情感目标：乐意与人交谈，喜欢听故事。

【活动准备】

物质准备：PPT、小松鼠头套、画纸、彩笔。

经验准备：幼儿已学习过二十四节气的概念。

【活动过程】

1. 导入部分

谈话引出故事内容，吸引幼儿注意。

师：小朋友们知道今天是什么日子吗?

师：今天是霜降，二十四节气中的第十八个节气，也是秋季的最后一个节气。霜降到了，就意味着秋天快要结束了，天气渐渐变凉了，那什么季节就快来了啊?

教师引导幼儿回答冬天快来了。

师：冬天快来了，小松鼠邀请小朋友们一起去看看它的冬天是怎么样的。

2. 基本部分

幼儿分段欣赏故事，理解故事内容。

师：小松鼠多多在树上生活，大家叫它树松鼠；小松鼠乐乐在地面上生活，大家叫它地松鼠。他们是很好的朋友。

提问：有几只小松鼠？分别叫什么名字？

师：这天，乐乐蹲在橡树下的石头缝里挖地洞，乐乐说："霜降都过去好一阵了，冬天马上就要来了，我要建一个新家，准备冬眠。""冬眠？"不需要冬眠的树松鼠多多奇怪地问。

提问：谁需要冬眠？它做了什么样的准备？

师："到了冬天。我要在洞里睡上一大觉呢！这样来年春天我才会更有力气！"乐乐说。于是乐乐用找来的食物堆满了家里的仓库。多多呢，就把找来的东西藏到了大森林里。

提问：它们分别把食物放在哪儿了？

师：冷风吹起来了，乐乐准备去冬眠了，多多有些难过。"别担心，明年春天我们再见面吧。"乐乐安慰多多。天下起了大雪。幸好多多身上有很多毛，还有一条大大的尾巴，盖在身上好像一床厚被子。可是，冬天的森林真是冷清，小虫子们藏在树上睡着了，小蛇也挤在树上睡觉了，青蛙哥哥也在池塘边睡着了。大雪还在不停地下。多多储存的食物也剩得不多了。

提问：森林里面还有哪些小动物在睡觉？多多的食物快没了要怎么办？

师："我讨厌冬天！又冷又饿，还没有朋友。"多多心情糟糕极了，"我去找一些朋友，这样冬天就会有意思起来了。"很快，多多和一只雪白的兔子成了朋友，它们经常玩捉迷藏。

提问：多多的心情为什么糟糕极了？它和谁做了朋友？

师：这个冬天，多多学会了很多东西，它也看到了小伙伴们是怎样战胜寒冷和饥饿度过冬天的。有一天，多多发现，自己藏了橡子的地方长出了一棵橡树苗。原来，春天不知不觉地来临了。青蛙、蛇，还有小松鼠乐乐，都从冬眠中醒来了。

提问：多多是怎么发现春天来了的？

师："这个冬天过得好吗？冬天的大森林是什么样子的呢？"乐乐看到多多后开心极了，问了很多问题。多多也开心地给乐乐讲述着大森林里冬天的故事。

教师完整讲述故事，请幼儿欣赏。

师：如果你是多多，你要怎么给乐乐讲述森林里冬天的故事呢？

教师将幼儿分组，引导幼儿戴上小松鼠头套，在组内相互讲述冬天的故事。

3. 结束部分

教师小结，引导幼儿回顾内容。

师：今天我们和小松鼠一起，看到了森林里的冬天是什么样子的，也知道了在霜降过后，冬天就慢慢来临了。小松鼠告诉老师，它也想知道我们这里的冬天是什么样子的，小朋友们有什么办法让它知道呢？

【活动延伸】

教师让幼儿画一幅关于冬天的画。

师：小朋友们刚才想的那些办法呀，老师都告诉小松鼠了，它觉得都特别好。但是小松鼠说，它想看小朋友们把冬天画给它看，你们能试着画一画吗？

中班健康活动——晒柿饼

【活动目标】

认知目标：知道霜降是什么，了解霜降的基本知识及习俗。

能力目标：学会并掌握晒柿饼的方法。

情感目标：对中华优秀传统文化感兴趣，爱护身体。

【活动准备】

物质准备：脆柿子、水、盐、削皮机、网袋、PPT。

经验准备：幼儿已能独立使用削皮工具。

【活动过程】

1. 导入部分

教师用谜语导入，激发幼儿兴趣。

教师出示谜语，引导幼儿猜测谜底："红箱子，绿盖头，揭开来，咬一口。"小朋友们猜一猜，这是什么水果呀？

教师揭开谜底并展示柿子图片：没错，这个水果就是柿子！老师今天也给小朋友们准备了一些柿子，想请小朋友们看一看，那么在看之前，老师想问一下大家，你们知道今天老师为什么准备柿子吗？

幼儿观察，通过看、摸、闻认识柿子，注意区分柿子和番茄。

教师随即向幼儿解释"霜降"是什么：霜降是二十四节气中的第十八个节气，也是秋天的最后一个节气，在每年的10月23日或24日到来。在这一天，人们要赏菊、吃柿子、登高……霜降的来临也意味着天气慢慢变冷了，冬天快到啦！

教师小结：霜降是一个很重要的节气，小朋友们一定要记住它哦！

2. 基本部分

幼儿观察柿子、制作柿饼。

师：今天就是霜降啦，老师想邀请小朋友一起制作美味的柿饼！

教师将柿子分发给幼儿，让幼儿运用各种感官进行观察。（看、摸、闻、捏）

师：小朋友们都认识柿子了吧？但是柿子的保质期不长，这么多柿子吃不完就容易坏掉。

教师请幼儿想个办法让柿子保存时间更长，引导幼儿自己说出做柿饼。

师：如果把它们做成柿饼就不容易坏掉了，那现在请小朋友跟着老师一起，看看柿饼是怎么做的吧！

制作流程（视频）：

用清水清洗柿子，将其水分晾干；用削皮机将柿子皮削干净，削下来的皮晒干，在柿饼晒好后可用柿子皮捂出糖霜；随后在温水中加入食用盐，搅拌溶解后将柿子放入浸泡5分钟，使其不容易氧化；泡好的柿子用网袋装好后挂起来晾晒一周左右。

教师带领幼儿按照视频内容开始操作。

教师小结：吃柿子是霜降的习俗之一，将柿子制作成柿饼就可以感受到不同的风味啦！

3. 结束部分

幼儿品尝新鲜柿子。

师：想要吃到美味的柿饼是需要等待的，刚刚我们还剩下了一些柿子，现在来品尝一下它们吧！

【活动延伸】

幼儿观察柿子变柿饼的过程。

师：柿子要在教室外面挂一个星期才能变成柿饼，请小朋友们每天都去仔细观察一下，柿子有什么变化，看看它是怎样变成柿饼的，可以用自己的方式记录下来哦。

大班社会活动——霜降

【活动目标】

认知目标：了解二十四节气中的霜降，知道中国有丰厚的文化底蕴。

能力目标：能够说出霜降的习俗，能通过合作顺利完成游戏。

情感目标：热爱中华民族，感受中华优秀传统文化的魅力。

【活动准备】

物质准备：通关卡、手工柿子树及柿子、篮子、实物柿子。

经验准备：幼儿已初步认识二十四节气，对霜降有一定了解，提前向家长了解过霜降小故事。

【活动过程】

1. 导入部分

教师用故事导入，吸引幼儿兴趣。

师：小朋友们知道今天是什么日子吗？

师：今天是霜降，霜降来了，意味着冬天快到了。那你们知不知道霜降有什么习俗呀？

教师引导幼儿说出霜降的相关内容。

师：那老师今天带你们去明朝的世界，看一看霜降这天，人们要做什么吧。

师：明朝的开国皇帝朱元璋，小的时候家中十分贫困，经常吃了上顿没下顿，没有办法，只好拿起讨饭碗、拄起打狗棍四处讨饭。有一年霜降，已经两天没饭吃的朱元璋饿得两眼发黑，四肢无力。当他跌跌撞撞走到一个小村庄时，顿时眼前一亮，发现村边的一处烂瓦堆里长着一棵柿子树，上面结满了红彤彤的柿子。朱元璋一见，兴奋极了。于是，他使出浑身力气爬到树上，吃了一顿柿子大餐，这才得以从阎王爷那里捡回了一条小命，而且之后一整个冬天他都没有流过鼻涕。后来，朱元璋当了皇帝，有一年霜降，他领兵再次路过那个小村庄，发现那棵柿子树还在，上面依然挂满了红彤彤的柿子。面对此情此景，朱元璋思绪万千，正是这棵柿子树救了自己。他仰望着这棵平平常常的柿子树，缓缓脱下自己的红色战袍，又亲自爬了上去，郑重其事地把战袍披在柿子树上，并封它为“凌霜侯”，这才依依不舍地离去。这个故事在民间流传开来后，民间就逐渐形成了霜降吃柿子的习俗。

请幼儿分享自己知道的霜降的故事。

2. 基本部分

开展游戏“摘柿子”，巩固幼儿认知。

师：今天我们的院子里也有一棵“柿子树”，老师想邀请小朋友们一起做一个小游戏。

教师讲解游戏规则并示范：小组接力，一个幼儿先去柿子树下摘柿子，摘下后跑回起点，将柿子放在篮子里；下一个幼儿接力继续去柿子树下摘柿子，以此循环直至时间结束。（注：一次只能摘一个柿子。）

师：现在游戏开始啦！小朋友们快去摘柿子吧！看看谁摘的柿子最多！

3. 结束部分

教师总结，幼儿品尝柿子。

师：今天是霜降，小朋友们也知道了霜降时分需要吃柿子。刚刚大家摘了那么多的柿子，馋不馋啊？现在就让我们一起来品尝美味的柿子吧！

幼儿品尝完柿子后教师进行总结。

师：我们的国家已经有几千年的历史了，当然也有很多的传统文化和节日，我们应该要尊重每一个传统节日，热爱每一个传统，做一个热爱传统文化的小朋友，是不是呀？小朋友们今天回家之后记得和爸爸妈妈一起看看，霜降除了吃柿子，还能做什么呢？

【活动延伸】

围绕“传统节日”展开一场谈话活动。

立 冬

一、设计意图

“立冬”节气在每年的11月7日或8日，是二十四节气的第十九个节气。“冬，终也，万物收藏也。”意思是说秋季作物全部收晒完毕，收藏入库，动物也已经藏起来准备冬眠。看来，立冬不仅代表着冬天的来临，还意味着万物收藏。幼儿能直接感知立冬时节的气象特征，但是对立冬时节的传说故事、养身常识、各地习俗、农业生产等不是很了解，这些传承千年的中华文化需要被幼儿知晓。农村地区幼儿园的孩子了解此节气的农事更能发挥传统文化的实用价值。

二、活动领域

“立冬”主题活动涉及语言、科学、艺术、健康、社会领域。

三、主题活动总目标

（1）让幼儿感知立冬的气候特征、养身常识、农事活动、节气习俗；

（2）让幼儿能理解和讲述与立冬时节相关的故事；能表现或创作立冬主题的艺术作品；

（3）让幼儿对与立冬相关的传统文化和大自然产生认同和敬畏。

四、主题活动网络

“立冬”主题活动面向幼儿园全体幼儿，分年龄阶段设置小、中、大班的集体教学活动。由于各个年龄阶段幼儿的身心发展特征不同，各个幼儿园的实际情况存在差异，我们尽量选择取材方便、贴近生活的活动。

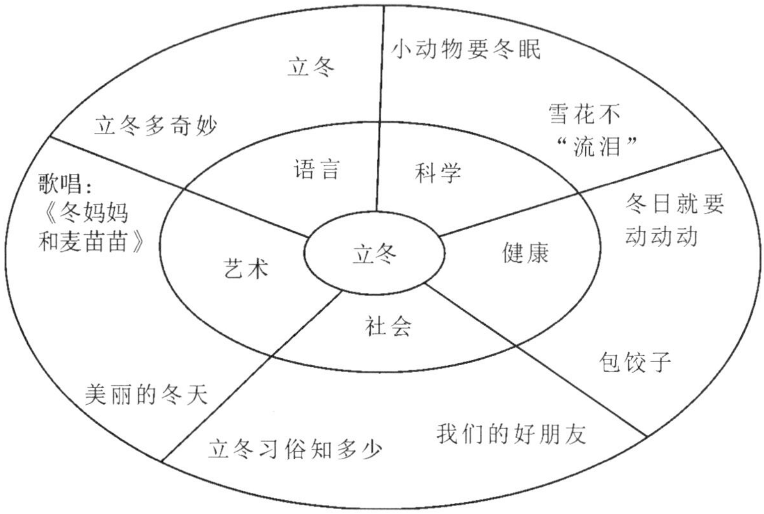

“立冬”主题活动网络

五、主题活动实施注意事项

1. 依据班级幼儿发展水平适当调整活动

以上主题活动网络中的子活动在活动案例中仅针对某一特定年龄阶段的幼儿进行设计，但幼儿具有个体差异，因此班级教师在活动案例的基础上，应针对本班幼儿的实际情况适当增加或减少难度，以适宜本班幼儿的身心发展特点。

2. 因地制宜

以上主题活动网络涉及的活动取材于国内各地区立冬的习俗，各地区幼儿园可选择更符合当地特色的活动。其中，活动案例的活动目标、活动准备等仅供参考，教师应根据具体情况进行调整或者准备。若为开阔眼界选择其他地区习俗进行教学设计，应在前期对相关知识进行介绍。

3. 家园共育

二十四节气与农事密切相关，对于身处农村的幼儿而言，他们的家庭生活和生产与此密切联系，因此，可多让家长参与此主题活动。例如，让家长与幼儿一同收集活动材料，让幼儿向家长询问与节气相关的农谚、农事活动、生活经验以及当地风俗等，也可邀请在这方面知识经验丰富的家长到幼儿园支持和参与各项活动。

六、活动案例

大班社会活动——立冬习俗知多少

【活动目标】

认知目标：知道立冬节气，简单了解立冬的习俗。

能力目标：能够积极主动探索生活的奥秘。

情感目标：喜欢立冬的习俗，乐于表达自己对立冬的喜爱。

【活动准备】

物质准备：二十四节气表、各地有关立冬风俗的图片、游戏的音乐。

经验准备：幼儿在幼儿园中学习过二十四节气的相关知识。

【活动过程】

1. 导入部分

教师用问题导入，激发幼儿兴趣。

师：小朋友们，你们还记得一年有多少个节气吗？那你们最喜欢的是哪一个节气呢？

幼儿进行讨论后，教师出示二十四节气表。幼儿回忆二十四节气，并知道第十九个节气——立冬。

2. 基本部分

（1）幼儿简单了解立冬的由来。

教师介绍立冬的由来和有关立冬的故事传说，让幼儿初步了解立冬。

（2）幼儿自由交流立冬的相关习俗。教师通过提问让幼儿复述习俗和各地风俗。

（3）师幼共同探讨立冬节气各地的风俗。

师：你们知道在立冬节气，大家都可以做些什么、吃些什么吗？

幼儿讨论并自由发言。

（4）教师总结并给幼儿展示有关立冬风俗的图片，让幼儿看图理解风俗。

①补冬。

立冬节气的到来，使草木凋零，蛰虫伏藏，万物活动趋向休止，许多动植物以冬眠状态养精蓄锐，为来春生机勃发做准备。人类虽没有冬眠之说，但民间却有立冬补冬的习俗。人们在这个进补的最佳时期进行食补，可以为抵御冬天的严寒补充元气。一般人可以适当食用一些热量较高的食品，特别是北方，可以吃些牛肉、羊肉，但同时也要多吃新鲜蔬菜，吃一些富含维生素和易于消化的食物。

②冬泳。

各地有游冬泳的习俗，有些地方还有冬泳协会，例如黑龙江冬泳协会的健儿就在立冬横渡松花江，以这种方式迎接冬天的到来。

③吃赤豆糯米饭。

在江南水乡，有立冬之夜全家欢聚一堂共吃赤豆糯米饭的习俗。相传，有一位叫共工氏的人，他的儿子不成才，作恶多端，死于立冬这一天，死后变成疫鬼，继续残害百姓。但是，这个疫鬼最怕赤豆，于是，人们就在立冬这一天煮吃赤豆饭，用以驱避疫鬼，防灾祛病。

④喝羊肉汤。

在山东滕州，立冬时节有喝羊肉汤的习俗。在寒冷的天气，喝一碗热气腾腾的羊肉汤，绝对是一种享受。而且，羊肉中还含有大量的脂肪和蛋白质以及丰富的热量，御寒效果极佳。

3. 结束部分

幼儿共同玩游戏——图片汉字连连看。

游戏规则：小朋友们分成几组，然后在游戏音乐结束之前将立冬习俗的图片和汉字连起来。

【活动延伸】

幼儿回家给爸爸妈妈讲述立冬的由来及风俗，不足的地方由家长补充；然后幼儿和家长一起把知道的立冬习俗画下来，在下次活动之前进行展示。

大班社会活动——立冬习俗知多少 1

大班社会活动——立冬习俗知多少 2

中班艺术活动——《冬妈妈和麦苗苗》(歌唱)

【活动目标】

认知目标：理解歌词，大致知道歌词的含义。

能力目标：能在教师的引导下正确地演唱歌曲，并尝试用简单的动作表现歌曲内容。

情感目标：感受冬天的美好，体验歌唱活动的乐趣，激发唱歌的兴趣。

【活动准备】

物质准备：儿歌音频、PPT、冬天景色的图片。

经验准备：幼儿已经对立冬有了一定的了解。

【活动过程】

1. 导入部分

教师通过谈话，引入主题。

师：现在天气渐渐冷起来了，你们知道是什么原因吗？（幼儿回答）大家知道到了冬天大自然发生了哪些美丽的变化吗？

幼儿自由讨论，最后教师总结。

教师出示有关冬天的图片。

师：冬天可真壮观呀，不仅我们知道冬天很美，别人也如此认为。老师带来了一首歌是专门表达对冬天的喜爱的，小朋友们一起来欣赏吧。

2. 基本部分

（1）幼儿整体感知儿歌。

教师完整播放儿歌音频，引导幼儿认真听，之后让幼儿讨论。

师：刚才我们大家都听过一遍了，大家听到了什么？

教师总结。

（2）幼儿分段学习儿歌。

教师分段播放儿歌，幼儿欣赏。

教师通过提问，帮助幼儿理解歌词。

教师通过范唱、幼儿跟唱的形式，让幼儿进一步练习儿歌。

教师第一句，幼儿第二句，创编动作。

（3）幼儿整体练习儿歌（分组表演）。

教师播放儿歌，幼儿跟唱。

幼儿自由练习儿歌。

3. 结束部分

教师引导幼儿大胆表现歌曲，运用身体随意做出相应的动作。

【活动延伸】

师：今天大家欣赏了一首关于冬天的优美的儿歌，在下次活动之前，小朋友们可以自己尝试续编这首歌曲，只要是你们大家喜欢的事物都可以作为歌曲的内容哦！不会的话还可以寻求帮助，比如朋友、父母都可以哦！

※音频链接可扫描前言处二维码获取。

中班科学活动——雪花不“流泪”

【活动目标】

认知目标：知道雪花为什么会化，了解一些不让雪花融化的方法。

能力目标：能够自己选择材料并使用这些材料让雪花不融化。

情感目标：愿意去探索让雪花不融化的方法，有求知欲。

【活动准备】

物质准备：雪花的图片、手套、杯子、毛巾、冰块等。

经验准备：幼儿知道雪花遇热会化。

【活动过程】

1. 导入部分（图片、谈话导入）

教师展示图片。

师：小朋友们，你们来看这是什么？它们变成什么了？它们为什么变成水了呀？（重点提问，幼儿自由回答）

教师做实验加热，让幼儿看到冰变水的过程，教师总结为什么冰会变水。（也可让幼儿总结）

师幼讨论如何让冰块不“流泪”。

2. 基本部分

（1）提出问题。

师：那我们怎么做才能让雪花不化呢？

幼儿积极讨论并发言。

（2）拿出材料。

师：小朋友们刚刚说了许多方法，那我们就来一起试一试这些方法有没有用。

小朋友自由选择材料，也可以在教室里面寻找其他的材料。

（3）自由操作环节。

师：小朋友都选好了自己的材料，那我们一起去试一试它们可不可以让雪花不“流泪”吧！但是小朋友们要注意了，在取雪花的时候，不可以把雪花放进其他小朋友的衣服里，也不可以打雪仗，还要注意不要把自己的衣服弄湿了。

教师再以提问的方法让幼儿重复注意事项，加深印象。

（4）表达环节。

师：小朋友都用自己的方法让雪花不“流泪”了，那我现在请小朋友们来说一说，你们的方法是什么？为什么这么做雪花就不“流泪”了？

3. 结束部分

教师总结方法，夸奖小朋友们。

【活动延伸】

师：小朋友们，我们现在去室外打雪仗吧！

中班健康活动——冬日就要动动动

【活动目标】

认知目标：知道冬季保健知识，明白身体健康的重要性。

能力目标：能够坚持按作息计划生活和学习，学会保健操。

情感目标：愿意积极参加冬季的体育活动，感受冬天生活的快乐。

【活动准备】

物质准备：视频、图片，有条件的可请卫生老师进行专题讲座。

经验准备：幼儿收集冬日保健知识。

【活动过程】

1. 导入部分（谈话导入）

师：最近天气越来越冷啦，立冬日也将到来，小朋友们好好想一想，我们身边的人和事都有什么不一样呢？（衣服越来越厚，食物也以保暖为主，好多人被冻感冒、咳嗽了）

师：看来小朋友发现了，我们冬天不好好保健、不好好注意保暖的话会生病的。那我们应该怎么做呢？我们一起来看看吧。

2. 基本部分

（1）师幼共同讨论冬天的特点。

教师出示冬天的图片，并提问：立冬来了，天气有什么变化呀？

幼儿观察图片，并自由回答问题。

教师小结：

天气的变化：逐渐变冷，寒风刺骨，下雪。

植物的变化：树叶掉光了，没有生机。

人和动物的变化：人们穿得笨重了，行动不便。动物冬眠了，有的飞到南方过冬去了。

（2）幼儿小组讨论过冬的方法。

师：立冬来了，有些小朋友们碰到了问题：怕冷，不能按时上课；常生病；手、脚冻了……那么我们应该如何过冬呢？

幼儿分小组讨论并发言。

教师小结：第一，越冷越要锻炼，坚持晨跑。第二，按时上课，生活照旧。第三，适当参加户外运动。

教师带领幼儿做健康操：①热身运动；②反复练习主要动作；③播放音乐跟跳；④请幼儿当小老师领跳。

（3）幼儿知道冬天的活动。

师：那么冬天到底有哪些有益的活动呢？

教师播放视频《冬日的活动》。

师：里面的小朋友在干什么？我们在课间会干些什么？

教师小结冬天如何保护身体：运动、加衣服等。

3. 结束部分

师幼随着音乐跳《加油鸭》。

【活动延伸】

幼儿观察冬天有哪些奇妙的现象，下次交流。

※视频链接可扫描前言处二维码获取。

大班语言活动——立冬多奇妙

【活动目标】

认知目标：知道现在的节气是立冬，通过活动能进一步了解立冬的来历。

能力目标：能认真礼貌地倾听他人说话，能主动、热情、有礼貌地发表不同意见并与他人交谈。

情感目标：喜欢在大家面前发言，体验语言活动的乐趣。

【活动准备】

物质准备：立冬的图片。

经验准备：幼儿对立冬已经有一定了解。

【活动过程】

1. 导入部分

教师用图片激发幼儿的兴趣，引出活动主题。

教师展示立冬的照片，并提问幼儿。

师：小朋友们，图片上的树上挂的是什么呀？你们知道这是什么节气吗？那今天我们就再来说一说立冬的习俗吧！

2. 基本部分

（1）幼儿围绕话题自由交谈。

① 幼儿观看教室周围关于立冬的图片后，教师请幼儿分小组自由交谈。

师：我们知道我们这儿的冬天有的地方刮风，有的地方下雪，有的地方结冰，你见过的冬天是什么样的呢？你还记得立冬的时候有什么习俗吗？

② 幼儿分小组自由交谈。教师参与交谈，观察幼儿交谈的情况，并积极引导。

③ 教师请幼儿起来发言。

（2）教师引导幼儿逐步拓展话题范围，加深幼儿对谈话主题的理解。

师：是不是每一个地方的冬天都一样呢？你听过中央电视台的天气预报吗？

教师引导幼儿自由交谈，并请幼儿起来发言。

教师小结。

（3）教师引入新的谈话主题。

教师谈论立冬的特点等。

幼儿模仿教师的谈话内容和句式等。

3. 结束部分

游戏：看图猜动作。

【活动延伸】

美术区：我心中的立冬。

大班语言活动——立冬多奇妙

小　雪

一、设计意图

“小雪”节气，是二十四节气的第二十个节气。小雪节气，西伯利亚地区常有低压或低槽，东移时会有大规模的冷空气南下，我国东部会出现大范围大风降温天气。小雪节气是寒潮和强冷空气活动频数较高的节气。强冷空气常伴有入冬第一次降雪。幼儿能直接感知小雪时节的气象特征，但是对小雪时节的传说故事、养身常识、各地习俗、农业生产等不是很了解，这些传承千年的中华文化需要被幼儿知晓。农村地区幼儿园的孩子了解此节气的农事更能发挥传统文化的实用价值。

二、活动领域

“小雪”主题活动涉及语言、科学、艺术、健康、社会领域。

三、主题活动总目标

（1）让幼儿感知小雪的气候特征、养身常识、农事活动、节气习俗；

（2）让幼儿能理解和讲述与小雪时节相关的故事；能表现或创作小雪主题的艺术作品；

（3）让幼儿对与小雪相关的传统文化和大自然产生认同和敬畏。

四、主题活动网络

“小雪”主题活动面向幼儿园全体幼儿，分年龄阶段设置小、中、大班的集体教学活动。由于各个年龄阶段幼儿的身心发展特征不同，各个幼儿园的实际情况存在差异，我们尽量选择取材方便、贴近生活的活动。

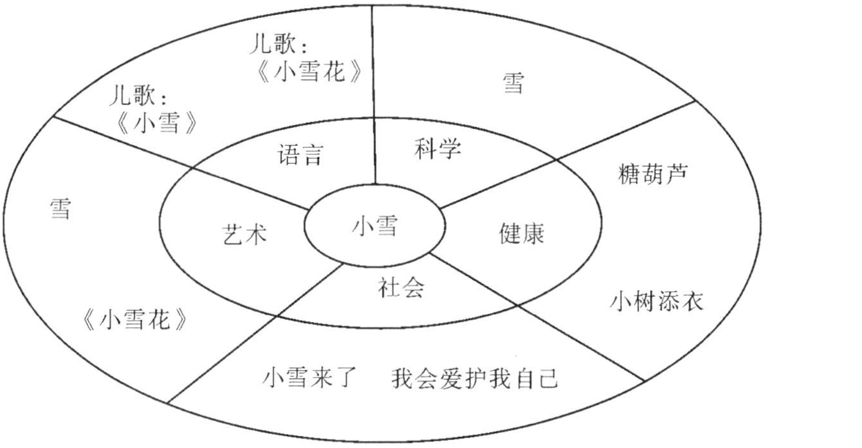

“小雪”主题活动网络

五、主题活动实施注意事项

1. 依据班级幼儿发展水平适当调整活动

以上主题活动网络中的子活动在活动案例中仅针对某一特定年龄阶段的幼儿进行设计，但幼儿具有个体差异，因此班级教师在活动案例的基础上，应针对本班幼儿的实际情况适当增加或减少难度，以适宜本班幼儿的身心发展特点。

2. 因地制宜

以上主题活动网络涉及的活动取材于国内各地区的小雪习俗，各地区幼儿园可选择更符合当地特色的活动。其中，活动案例的活动目标、活动准备等仅供参考，教师应根据具体情况进行调整或者准备。若为开阔眼界选择其他地区习俗进行教学设计，应让幼儿进行前期的知识经验准备。

3. 家园共育

二十四节气与农事密切相关，对于身处农村的幼儿而言，他们的家庭生活和生产与此密切联系，因此，可多让家长参与此主题活动。例如，让家长与幼儿一同收集活动材料，让幼儿向家长询问与节气相关的农谚、农事活动、生活经验以及当地风俗，也可邀请此方面知识经验丰富的家长到幼儿园支持和参与幼儿园各项活动。

六、活动案例

大班社会活动——小雪来了

【活动目标】

认知目标：知道小雪是二十四节气的第二十个节气，了解小雪的习俗。

能力目标：能够探索、发现生活的多样性及特征，并能与同伴分享自己的心得。

情感目标：体验小雪节气的气氛，激发探索的欲望，并愿意大胆尝试。

【活动准备】

物质准备：二十四节气表、各地有关小雪风俗的图片。

经验准备：幼儿已经在家和家长共同了解过小雪。

【活动过程】

1. 导入部分（问题导入）

师：小朋友们，你们还记得一年有多少个节气吗？还记得立冬过后是什么节气吗？

教师出示二十四节气表，幼儿回忆二十四节气，并知道第二十个节气——小雪。

2. 基本部分

（1）幼儿初步了解小雪的由来。

教师介绍小雪的由来和有关小雪的故事传说，让幼儿初步了解小雪。

（2）幼儿自由交流小雪的相关习俗。

（3）师幼共同探讨小雪节气各地的风俗。

师：你们知道在小雪节气，大家都可以做些什么、吃些什么吗？

幼儿讨论并自由发言。

教师给幼儿展示有关小雪风俗的图片。

①吃糍粑。

南方某些地方有在小雪节气吃糍粑的习俗。糍粑是用糯米蒸熟捣烂后所制成的一种食品，是中国南方一些地区流行的美食。古时，糍粑是南方地区传统的节日祭品，最早是农民用来祭牛神的供品。

②腌腊肉。

民间有“冬腊风腌，蓄以御冬”的习俗。小雪后气温急剧下降，天气变得干燥，是加工腊肉的好时候。小雪节气后，一些农家开始动手做香肠、腊肉，把多余的肉类用传统方法储备起来，等到春节时正好享受美食。很多地方都有冬季吃腊肉的习俗，尤其是南方城市，更是对腊味情有独钟。

食用腊肉等腌制食品时可适当配些富含维生素C的新鲜蔬菜水果，如青椒、苦瓜、橙子等，这样既降低了亚硝酸盐的危害，又增加了菜的营养。

③晒鱼干。

小雪时我国台湾地区中南部海边的渔民们会开始晒鱼干、储存干粮。乌鱼群会在小雪前后来到台湾海峡，另外还有旗鱼等。台湾俗谚“十月豆，肥到不见头”，是指在嘉义县布袋镇一带，到了农历十月可以捕到“豆仔鱼”。

④做腊肠。

腊肠是广东人最喜欢吃的传统食物，每到小雪节气这天，心灵手巧的广东人会动手做腊肠、香肠，然后做成腊味萝卜糕、腊味煮香芋、腊肠炒蜜豆等美味的粤式菜肴。

3. 结束部分

教师针对故事与风俗进行提问，加深幼儿记忆。

幼儿共同玩游戏——“打糍粑”。

【活动延伸】

幼儿回家给爸爸妈妈讲述小雪的由来及风俗。

大班社会活动——小雪来了 1

大班社会活动——小雪来了 2

中班语言活动——《小雪》（儿歌）

【活动目标】

认知目标：理解《小雪》儿歌的含义，知道冬季如何防寒。

能力目标：能大胆尝试对《小雪》进行复述，并能初步尝试创编。

情感目标：体会儿歌的意境美，感受小雪带来的快乐。

【活动准备】

物质准备：《二十四节气图画故事》、图画纸、PPT。

经验准备：幼儿已经知道一些有关小雪的知识。

【活动过程】

1. 导入部分

（1）谈话导入。

师：天气越来越冷了，到了什么节气了？

（2）情境导入。

教师讲述《二十四节气图画故事》中关于小雪的故事，激发幼儿的兴趣。

师：小朋友们，刚刚老师给大家讲了一个故事，这个故事是关于二十四节气中的“小雪”的。小朋友们从这个故事中都知道了这个节气的特别之处，那下面就请小朋友们继续跟着老师深入了解一下这个节气吧！

2. 基本部分

（1）幼儿初步感知儿歌内容。

教师完整朗读儿歌。

幼儿认真倾听儿歌的内容。

（2）幼儿理解儿歌内容。

教师再次完整地朗读一遍《小雪》的儿歌。

教师分段朗读儿歌，并播放相应的图片，帮助幼儿理解儿歌的内容。

让幼儿复述儿歌的内容。

（3）幼儿学习朗诵儿歌。

教师读儿歌，幼儿跟读。

幼儿自由朗读两遍，教师与幼儿一起朗读一遍。

（4）幼儿学习表现儿歌。

教师请幼儿根据儿歌自由创编动作。在此期间教师巡回观察，遇到有困难的幼儿及时给予其指导帮助。

教师邀请幼儿在讲台上进行表演，展示自己创编的动作。

教师与幼儿一起一边唱一边做相关动作。

3. 结束部分

幼儿分享自己对小雪这个节气的感受。

教师分发图画纸，请幼儿画出自己印象中关于“小雪”的相关事项。

【活动延伸】

幼儿回家和父母一起探讨二十四节气中小雪节气的相关习俗，知道小雪节气时要注意保暖和加强身体锻炼。

附：儿歌原文

小雪

小雪到，小雪到，天寒地冻开始了。
冷风吹，雪花飘，山川树木尽萧条。
穿厚衣，戴厚帽，加强锻炼身体好。

中班语言活动——《小雪》（儿歌）

小班健康活动——糖葫芦

【活动目标】

认知目标：知道二十四节气中的小雪文化，以及小雪节气的饮食文化。

能力目标：简单了解小雪节气的食物（腌腊肉、吃糍粑等），体验串山楂，提高动手能力。

情感目标：感受小雪节气美食的丰富，体会制作糖葫芦的乐趣，养成健康饮食的习惯。

【活动准备】

物质准备：小雪、腊肉、糍粑、糖葫芦的图片，去核山楂、苹果、雪梨、竹签。

经验准备：幼儿已认识腊肉、糍粑、糖葫芦。

【活动过程】

1. 导入部分

教师用图片激发幼儿兴趣。

教师展示雪花图片，让幼儿初步了解小雪。

2. 基本部分

（1）幼儿了解下雪的特点（主要强调小雪）。

教师展示下雪图片，并向幼儿讲解小雪的由来。

师：小朋友们知道什么时候会下雪吗？（冬天）那小朋友们知道在冬天的什么时节后会开始下雪吗？（小雪）对，是小雪节气。在小雪节气之后，天气转冷，会开始降雪。时间在每年的 11 月 21—23 日。在天冷的时候，我们要怎样保护自己，抵抗严寒呢？（穿棉袄、戴厚帽子、穿厚鞋子）

师：除了穿厚衣服，我们还应该加强身体的锻炼，不要让自己生病。

教师小结：在二十四节气中，小雪表示降雪的起始时间与程度，寒气降至零下形成雪。雪小，地面上又无积雪，是“小雪”节气的原本之意。小雪过后，要添加厚实冬衣保暖，还要加强身体锻炼。

（2）幼儿了解小雪饮食文化。

教师依次展示食物图片，幼儿讨论。

师：我们已经知道了到下雪时节我们要保护好自己，那小朋友们知道在小雪节气的时候我们又有怎样的饮食文化吗？（腌腊肉、吃糍粑、喝汤、吃糖葫芦）

师：小朋友们知道得可真多呀！今天，老师也请来了几位好朋友，我们一起来认识一下他们吧。

①出示腊肉图片。

师：这是什么呀？（腊肉）

师：小雪后气温急剧下降，天气变得干燥，是加工腊肉的好时候。小雪节气后，家里面一般会把多余的肉类用传统方法储备起来，等到春节时正好享受美食。那小朋友们喜欢吃腊肉吗？

②出示糍粑图片。

师：那这是什么呢？（糍粑、红糖糍粑）

师：对，就是糍粑。糍粑是一种用糯米蒸熟捣烂后所制成的一种食品，象征着丰收、喜庆和团圆，有的地方也叫作年糕，也寓意吉祥如意。

师：那小朋友们喜欢吃怎样的糍粑呢？（红糖糍粑、蘸豆面）

师：小朋友们都喜欢吃糍粑，但是一定要注意不要吃太多哦！

③出示糖葫芦图片。

师：那这是什么东西呢？（糖葫芦）小朋友们喜欢吃糖葫芦吗？

师：那小朋友们知道糖葫芦是由哪些东西制作的吗？（山楂、糖）

师：红彤彤的山楂果按大小排列穿在竹签上，外面裹着晶莹透明的糖稀。出售它的人往往把一只只糖葫芦串插在特制的木棍上，像一颗结满硕果的小树，煞是诱人。

（3）教师示范，幼儿学习制作方法。

①教师示范制作糖葫芦，并为幼儿提供去核山楂、苹果、雪梨、竹签。

师：老师这里有一些山楂、苹果、雪梨和竹签，现在我们就要来制作糖葫芦了。在每个竹签上穿上三个山楂，然后将它放在盘子里，由生活老师帮我们裹上麦芽糖。

②幼儿展示糖葫芦作品，教师评价。

师：每个小朋友都做出了又美又有趣糖葫芦，都很棒！而且啊，老师看到了有很多的小朋友，还有自己的创意，做出了各种各样的糖葫芦，那现在就请小朋友们展示一下自己的糖葫芦吧！

幼儿展示自己的成果，教师进行评价。

3. 结束部分

师：今天，我们知道了小雪节气，而且知道了小雪时会腌腊肉、吃糍粑，并且我们还制作了糖葫芦。但是，我们在吃东西的时候，可不能挑食哦，要营养均衡。并且我们在吃了糖之后，要及时漱口，防止蛀牙哦！

【活动延伸】

家长在生活中带幼儿体验腌制腊肉，或是做糍粑等小雪美食活动。

中班健康活动——小树添衣

【活动目标】

认知目标：简单了解二十四节气中的小雪文化，知道小雪节气的特点。

能力目标：通过观察、交流，能够简单地给冬季树木进行保暖以及在冬季知道防寒，保护自己。

情感目标：体会给树木保暖的乐趣，对自然充满好奇心。

【活动准备】

物质准备：图片、草秸草绳（或薄膜纸、绳子）。

经验准备：幼儿已认识雪是什么。

【活动过程】

1. 导入部分

教师用图片激发幼儿兴趣。

教师展示雪花、树的图片。

2. 基本部分

（1）幼儿了解下雪的特点。

教师展示下雪图片，并向幼儿讲解下雪的特点。

师：小朋友们知道什么时候会下雪吗？（冬天）

师：那小朋友们知道在冬天的什么时节会开始下雪吗？（小雪）

师：对，是小雪节气，在小雪节气之后，天气转冷，会开始降雪。在天冷的时候，我们要怎样保护自己，抵抗严寒呢？（穿棉袄、戴厚帽子、穿厚鞋子）

师：除了穿厚衣服，我们还应该加强身体的锻炼，不要让自己生病。

教师小结：在二十四节气中，小雪表示降雪的起始时间与程度，寒气降至零下形成雪。雪小，地面上又无积雪，是“小雪”节气的原本之意。小雪过后，要添加厚实冬衣保暖，还要加强身体锻炼。

（2）幼儿再次观看图片，寻找树木的特点。

师：小朋友们都说下雪的时候，我们需要穿上厚厚的衣服，那我们刚才还在图片中看见了树木，那树木身上都有一些什么呢？我们一起来看看树木是怎样的吧！（树上有雪，没有了树叶）

师：小朋友们再看看树的身上有什么呀？（树上有草绳）

师：对，树的身上有草绳，那小朋友们想一想树身上的草绳是做什么的呢？（好看、保暖）

师：树的身上的草绳和小朋友们在冬天穿的厚衣服是一样的，树身上的草绳是给我们的小树保暖的。

（3）教师出示园内小树图片，幼儿讨论。

教师展示幼儿园内小树照片，并提供草秸草绳（或薄膜纸、绳子）。

师：小朋友们注意看这是哪里呀？（幼儿园）

师：那小朋友们看幼儿园中的小树穿上“衣服”没有呢？（没有）

师：那小朋友们愿不愿意帮帮我们的小树朋友呢？（愿意）

师：让我们一起来帮帮小树吧！老师这里呀，有些草秸、草绳、薄膜纸，还有一

些绳子。我们应该怎样给小树“穿”上呢？（缠在小树身上、裹在小树身上）

教师小结：到了冬季，由于天气严寒，如果不为树提供保暖措施，将会对树木造成伤害。因此，需要为树木增添一些保暖的装备，保护树木的生长。

（4）户外实践：为小树添加衣服。

教师带领幼儿到户外，按照小组分配材料，为幼儿园内的小树加上“衣服”。

①幼儿示范，教师指导。

师：小朋友们刚才都说了我们应该怎样给我们的小树保暖，那有没有小朋友愿意来试一试呢？

幼儿示范。

师：嗯，小朋友们示范得很棒，有小朋友用的是绳子，有小朋友用的是薄膜纸，都很正确地将绳子和薄膜纸用到了我们的小树身上。但是我们在缠的时候还需要注意，要将绳子和薄膜纸缠紧哦，不然小树身上的衣服会掉下来的。

②幼儿分小组自由操作，教师随机指导。

3. 结束部分

幼儿展示自己的成果，教师进行评价。

师：每个小朋友都帮我们的小树朋友做了保暖的衣服，还做得很漂亮。小树表示很感谢小朋友们，但小朋友们在冬天的时候也要注意保暖，不要让自己生病哟！

【活动延伸】

家长在生活中带幼儿多了解小雪还有怎样的特点，以及小雪后的食物有哪些。

大班艺术活动——《小雪花》（儿歌）

【活动目标】

认知目标：初步了解小雪节气的特点。

技能目标：会唱《小雪花》歌曲，创编相关的动作。

情感目标：体验到儿歌游戏中的乐趣，表达对小雪节气的喜爱。

【活动准备】

物质准备：《小雪花》的音乐录像、儿歌《二十四节气歌》、动植物的图片。

经验准备：幼儿知道小雪节气的习俗和天气等。

【活动过程】

1. 导入部分

教师通过情景导入，激发幼儿的兴趣。

教师播放事先准备好的《小雪花》的音乐录像，请幼儿仔细观看其中的影像，播放结束后请个别幼儿分享刚刚都看到了哪些情景，培养幼儿的语言表达能力，并对分享的幼儿提出表扬，增强其自信心，让其敢于表达自己的想法。

2. 基本部分

（1）师幼共同朗读《二十四节气歌》。

师：小朋友，我们一起来朗读一遍《二十四节气歌》，你们知道二十四节气中“小雪”的时间是什么时候吗？小雪节气到了，会有哪些变化呢？（天气特征、动物、植物）今天老师带来了一首好听的歌曲，我们一起来唱一唱吧。

（2）幼儿理解儿歌的内容。

教师分段分析《小雪花》的内容。

①了解小雪的由来以及相关的气候特征。

小雪，在二十四节气中表示降雪的起始时间与程度，进入小雪节气，意味着气温持续走低，开始出现下雪的天气。这时的雪呈现半冰半融的状态，又称为“湿雪”或者“雨夹雪”。小雪节气的到来，意味着天气越来越冷，降水量渐增。

②了解小雪的相关民间习俗。

吃糍粑，做香肠和腊肉，晒鱼干，酿小雪酒。

③了解到小雪时节的特征，知道小雪时节的民间习俗都有哪些。

教师讲述完故事后，邀请幼儿对刚刚听到的故事进行复述，讲一讲都听到了哪些相关事物。教师对大胆举手发言的幼儿提出表扬，提高其学习的积极性。

（3）幼儿试唱儿歌。

教师领唱，幼儿跟唱。

幼儿练习唱。

教师找个别幼儿唱。

3. 结束部分

幼儿欣赏图片，了解小雪时节动植物的变化。

师：小朋友们一起来看一看，图片中有什么事物？

教师请幼儿举手发言。

师：除了刚刚图片所展示的变化外，小雪时节还有哪些不同之处？请小朋友进行思考。

【活动延伸】

1. 幼儿回家后与父母分享儿歌《小雪花》。

2. 教师分发图纸让幼儿画出自己印象中的“小雪”。

大班科学活动——雪

【活动目标】

认知目标：感受雪的颜色形状，知道雪是怎么来的，以及雪的益处和害处。

能力目标：能够用自己喜欢的形式或者语言表达对雪的喜爱，学会防寒小知识。

情感目标：感受多种玩雪的方法以及乐趣，感受大自然的神奇，热爱大自然。

【活动准备】

物质准备：下雪的图片、视频，雪花图片，纸张，剪刀。

经验准备：幼儿见过下雪。

【活动过程】

1. 导入部分

教师通过视频导入，激发幼儿兴趣。

教师展示下雪天气的图片，并提问幼儿，引导幼儿感受雪景的美丽。

师：小朋友们，用你们的小眼睛仔细地看一看，图片上有什么东西呢？下雪了，它们都落在哪些地方呢？看到了这样下雪的景象，小朋友们能够想到什么呢？

2. 基本部分

（1）教师展示图片让幼儿初步感知雪的基本形状，播放视频让幼儿了解雪的来源。

师：小朋友们，你们仔细看一看，图片上的雪是什么样子的呢？请小朋友来说一说它的颜色还有触摸它的感觉，以及有没有味道。

师：小朋友们知不知道这么寒冷的雪是从哪里来的呢？现在请小朋友们认真观看视频，从视频当中就可以了解到，雪是从哪里来的。

师：现在小朋友们可以告诉老师，雪是从哪里来的吗？

（2）教师播放视频让幼儿了解雪的好与坏，并请幼儿大胆表达。

师：这么寒冷的天气，下雪是不是特别容易生病和感冒呀？那下雪只会给我们带来不好的东西吗？我们一起来看一看，是不是下雪只会给我们带来坏处，而没有好处呢？待会儿我请小朋友们来说一说。

教师播放视频。

师：现在小朋友们可以来讲一讲，在视频当中，你们发现了什么？

（3）教师展示图片让幼儿了解大雪的娱乐项目，并分享自己在雪地的娱乐活动。

师：小朋友们，接下来我们一起看一看在雪坡上面可以玩什么吧！

师：请小朋友大胆说说自己和家人在下雪以后玩了一些什么样的项目，并谈一谈自己最大的感觉是什么。（堆雪人、打雪仗、滚雪球、滑雪）

教师小结：通过刚刚的了解，小朋友们知道了下雪天会变得很寒冷，雪是白色的，在下雪天气中，我们应该注意增添衣物保暖，同时也知道了在下雪天可以玩这么多娱乐项目。接下来我们尝试一下制作“雪”，一起来玩“雪”。

（4）教师示范制作雪花，幼儿自制雪花（纸屑）。

师：小朋友们，大家都知道了雪是什么样子的，现在我们外面没有下雪，但是我们可以尝试制作雪。可能小朋友们都很疑惑，怎么才能够制造雪呢？老师拿来了我们的纸箱，老师先进行示范，小朋友们稍后自己进行尝试制作。

师：我们大自然中的雪是白色的，但是小朋友们心中可以将雪想象成五颜六色的，可以在白色的纸上涂上小朋友们喜欢的颜色，并将它制造成小雪花。让老师看看哪位小朋友将雪花做得最漂亮。

（5）幼儿说说制造的雪花场景。

师：小朋友们都将自己心中的雪花制造出来了，那请小朋友们来说一说，你们想象中的雪花场景是怎样的？有哪些人会参加雪花场景的活动呢？

3. 结束部分

教师总结：在这一堂课中，小朋友们知道了雪是什么颜色、下雪是什么样的感觉，以及下雪天要增加衣物，也知道了在下雪天有很多好玩的娱乐项目。小朋友们回家后可以和爸爸妈妈讲一讲雪是从哪里来的。

【活动延伸】

1. 幼儿在美工区绘画雪人。

2. 幼儿和家长一起尝试用其他的材料制作雪。

※图片链接可扫描前言处二维码获取。

大 雪

一、设计意图

大雪节气，是二十四节气的第二十一个节气。大雪，顾名思义，雪量大。古人云："大者，盛也，至此而雪盛矣。"到了这个时段，雪往往下得大、范围也广。这时我国大部分地区的最低温度都降到了0℃或以下，往往在强冷空气前沿冷暖空气交锋的地区会降大雪，甚至暴雪。可见，大雪节气是表示这一时期降大雪的起始时间和雪量程度，它和小雪、雨水、谷雨等节气一样，都是直接反映降水的节气。幼儿能直接感知大雪时节的气象特征，但是对大雪时节的传说故事、养身常识、各地习俗、农业生产等不是很了解，这些传承千年的中华文化需要被幼儿知晓。农村地区的幼儿了解此节气的农事更能发挥传统文化的实用价值。

二、活动领域

"大雪"主题活动涉及语言、科学、艺术、社会领域。

三、主题活动总目标

（1）让幼儿感知大雪的气候特征、养身常识、农事活动、节气习俗；

（2）让幼儿能理解和讲述与大雪时节相关的故事，能表现或创作大雪主题的艺术作品；

（3）让幼儿对与大雪相关的传统文化和大自然产生认同和敬畏。

四、主题活动网络

"大雪"主题活动面向幼儿园全体幼儿，分年龄阶段设置小、中、大班的集体教学活动。由于各个年龄阶段幼儿的身心发展特征不同，各个幼儿园的实际情况存在差异，我们尽量选择取材方便、贴近生活的活动。

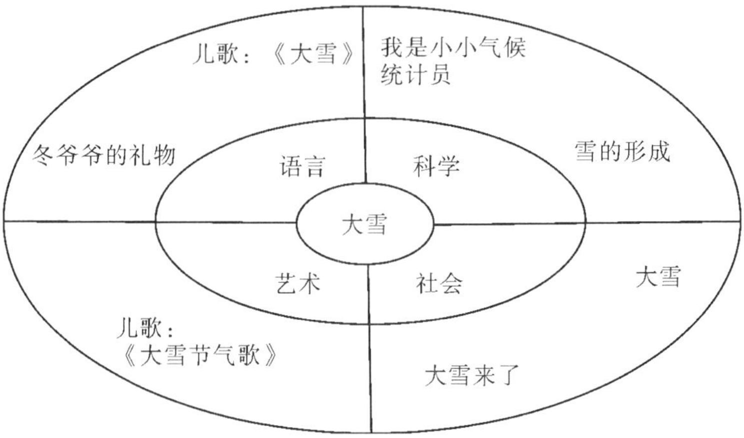

“大雪”主题活动网络

五、主题活动实施注意事项

1. 依据班级幼儿发展水平适当调整活动

以上主题活动网络中的子活动在活动案例中仅针对某一特定年龄阶段的幼儿进行设计，但幼儿具有个体差异，因此班级教师在活动案例的基础上，应针对本班幼儿的实际情况适当增加或减少难度，以适宜本班幼儿的身心发展特点。

2. 因地制宜

以上主题活动网络涉及的活动取材于国内各地区的大雪习俗，各地区幼儿园可选择更符合当地特色的活动。其中，活动案例的活动目标、活动准备等仅供参考，教师应根据具体情况进行调整或者准备。若为开阔眼界选择其他地区习俗进行教学设计，应让幼儿进行前期的知识经验准备。

3. 家园共育

二十四节气与农事密切相关，对于身处农村的幼儿而言，他们的家庭生活和生产与此密切联系，因此，可多让家长参与此主题活动。例如，让家长与幼儿一同收集活动材料，让幼儿向家长询问与节气相关的农谚、农事活动、生活经验以及当地风俗，也可邀请此方面知识经验丰富的家长到幼儿园支持和参与幼儿园各项活动。

六、活动案例

大班社会活动——大雪来了

【活动目标】

认知目标：知道大雪是二十四节气的第二十一个节气，了解大雪的习俗。

能力目标：能够探索、发现生活的多样性及特征，并能与同伴分享自己的心得。

情感目标：体验大雪节气的气氛，激发探索的欲望，并愿意大胆尝试。

【活动准备】

物质准备：二十四节气表、各地有关大雪风俗的图片。

经验准备：幼儿已经在家和家长共同了解过大雪。

【活动过程】

1. 导入部分（问题导入）

师：小朋友们，你们还记得一年有多少个节气吗？还记得前几个节气分别是什么吗？

教师出示二十四节气表，幼儿回忆二十四节气，并知道第二十一个节气——大雪。

2. 基本部分

（1）幼儿了解大雪的由来。

教师介绍大雪的由来和有关大雪的故事传说，让幼儿初步了解大雪。

（2）幼儿自由交流节气的相关习俗。

（3）教师讲述与大雪节气的相关习俗。

（4）师幼共同了解大雪节气各地的不同风俗。

师：你们知道在大雪节气，大家都可以做些什么、吃些什么吗？

幼儿讨论并自由发言。

教师给幼儿展示有关大雪风俗的图片。

①腌肉。

有句俗语叫作“小雪腌菜，大雪腌肉”，大雪节气的风俗之一就是腌肉。大雪节气一到，家家户户忙着腌制“咸货”，将腌肉挂在朝阳的屋檐下晾晒干，以迎接新年。

②喝红薯粥。

鲁北民间有“碌碡（liù zhou）顶了门，光喝红黏粥”的说法，意思是天冷不再串门，只在家喝暖乎乎的红薯粥度日。大雪节气喝热乎乎的红薯粥，既美味又健康。

③兑糖儿。

位于南方地区的温州街头，则会出现一种“兑糖儿”的场面。由于冬季食饴糖有滋补身体的好处，所以如今这“兑糖儿”也发展为一种商业经营方式。

④进补。

时至大雪，是“进补”的大好时节，但不要一味地补充有营养的食物，要根据地域、天气吃不同的食物。江南不太冷的地方适合用鸭、鱼温补；北方气候寒冷，可以用羊肉、牛肉补充身体元气，增加御寒能力。

⑤封河嬉冰。

大雪时节，北方很多河流逐渐出现了封冻现象，人们可以欣赏封河风光，可以尽情地滑冰嬉戏。

3. 结束部分

幼儿共同玩游戏——滑冰。

【活动延伸】

幼儿回家给爸爸妈妈讲述大雪的由来及风俗。

中班社会活动——大雪

【活动目标】

认知目标：初步了解积雪对农作物保暖、补水和除虫的作用。

能力目标：能够绘画雪人。

情感目标：感受玩雪的乐趣，欣赏大雪的美。

【活动准备】

物质准备：大雪、雪人的图片，绘画纸，笔，颜料。

经验准备：幼儿知道雪人的外形特征。

【活动过程】

1. 导入部分

教师通过视频导入，激发幼儿兴趣。

教师展示下雪的图片，并提问幼儿，引导幼儿感受雪景的美丽。

师：小朋友们，用你们的小眼睛仔细地看一看，图片上有什么东西呢？（大雪）下雪了，雪都落在哪些地方呢？看到了这样的下雪的景象，小朋友们能够想到什么呢？

2. 基本部分

（1）教师讲故事，幼儿了解雪对农作物保暖、补水和除虫的作用。

师：小朋友们，老师要给你们讲一个故事。熊猫琪琪和熊猫妙妙那里也下了雪，今天早上爸爸和妈妈带着它们出门看雪，于是发生了好多好玩的事情，我们一起听一听。

故事：在小麦田上盖着一层厚厚的积雪，熊猫琪琪和妙妙发出了疑惑的声音。妙妙问爸爸："为什么小麦田里有这么多白白的雪呀？雪冰冰的，小麦不会被冻死吗？"爸爸告诉琪琪和妙妙："大雪不会把小麦苗给冻死，大雪就像是给小麦苗穿上了厚厚的衣裳，可以让小麦苗不那么冷。当雪化成水的时候，小麦苗就可以大口大口地喝水了！而且被大雪保护好的小麦苗也可以不用再害怕害虫，它们可以健康快乐地成长。"

师：小朋友们都听了这个故事，那老师要问一问小朋友们，小麦田上盖着厚厚的积雪，这对小麦田上的农作物有什么样的作用呢？

师：我听到有一些小朋友说厚厚的雪可以帮助小麦田保暖、补水和除虫，真是认真听老师讲故事的小朋友！老师还想告诉小朋友们，经过厚厚的雪保暖、补水和除虫以后，小麦第二年会涨得非常茂盛，农民伯伯也可以收获好多的粮食。在民间俗称为"瑞雪兆丰年"。

（2）教师展示图片让幼儿了解大雪时的娱乐项目。

师：小朋友们，接下来我们一起看一看琪琪和妙妙会在雪坡上面玩什么呢？（滑雪）

师：下雪以后还有什么有趣的玩雪游戏呢？

（3）幼儿分享自己在雪地的娱乐活动。

师：请小朋友大胆地说说自己和家人在下雪以后玩了一些什么样的项目，并谈一谈自己最大的感觉是什么。

教师小结：大雪时，白白的雪变成了大朋友和小朋友们的玩具，他们可以用雪来滑雪橇、打雪仗、堆雪人、滚雪球，玩得可开心了！

（4）幼儿画出心中的雪景并展示。

师：小朋友们，大家都知道了大雪天有这么多好玩的东西，也了解到雪天对农作物有什么好处。接下来我们一起画出心目中想到的雪天玩耍的模样，现在老师把画纸、笔和颜料发放给小朋友们。

幼儿作画。

师：小朋友都完成得非常棒！现在请小朋友们来说一说自己画的是什么样的场景？

（5）幼儿作品张贴在展示栏。

师：小朋友们，老师要将你们的作品张贴在展示栏里面！大家回家后也可以和爸爸妈妈分享自己在幼儿园里面了解到的大雪。

3. 结束部分

教师总结：今天小朋友们上课都非常认真，老师要给小朋友们一个大大的赞！在绘画的过程当中，小朋友们也非常认真，画出的场景老师看了也觉得非常好玩儿，以后有机会让爸爸妈妈和你们一起玩雪。

【活动延伸】

1. 幼儿在美工区尝试用其他材料做雪人。

2. 幼儿在图书区阅读有关雪的书籍，了解更多的知识。

3. 家长和幼儿共同创作与大雪有关的美术作品，或与幼儿一起吃大雪节气的食物。

※图片链接可扫描前言处二维码获取。

大班语言活动——《大雪》（儿歌）

【活动目标】

认知目标：通过学习儿歌《大雪》，知道大雪节气里河水、动物、天气变化的明显特征。

能力目标：通过对儿歌的理解，能够熟练朗诵儿歌。

情感目标：愿意通过儿歌理解大雪的节气特征，喜欢朗读儿歌。

【活动准备】

物质准备：PPT、图片、音频、头套。

经验准备：幼儿知道有关大雪节气的小知识。

【活动过程】

1. 导入部分

教师通过图片导入，激发幼儿兴趣。

师：小朋友们，老师带来了两张图片，小朋友们看一看，图片里都有些什么呀？（幼儿回答）第一张小朋友一下就看出来了，是雪人。那第二张呢？（幼儿回答）小朋友可能不太清楚，我听有的小朋友在说是水结冰了，还别说，确实很像！但是呀，这是一种美丽的现象，叫作雾凇。那老师想考一考小朋友们，出现这种现象的时候当时的气温都会怎么样呀？（幼儿回答）小朋友想一想，那一般这个气温时下的雪是怎么样的呢？

2. 基本部分

（1）幼儿欣赏图片，初步感知。

师：小朋友，我们来看一看雪花的样子！雪花很美丽，但也很神奇，那让我们一起来感知一下吧！

（2）教师结合儿歌，展示照片。

师：小朋友们，那我们一起想一想，小雪刚下完，地面是什么样子？当大雪下完之后，我们的小河又是什么样的呢？寒冷的冬天小动物们在做些什么呢？风婆婆在做什么？太阳公公又在做些什么呢？乌云哥哥和雪花姑娘他们又是怎样的呢？

师：那小朋友们请先回答一下，下小雪时，你们觉得地面会是什么样的呢？那老师展示照片，大家看一看下小雪时地面是什么样子的。

师：聪明的小朋友们说得很正确，那大雪时，我们的小河是什么样子的？老师听到有小朋友在说冬天我们的小河要结冰，我们来看一看，是不是小朋友们说的这样的呢？果然呀，咱们的小河已经结冰了。那我们再来看一看小动物，它们在做些什么？

风婆婆、太阳公公、乌云哥哥和雪花姑娘在做些什么？教师依次用图片进行展示。

师：小朋友们和老师一起来说一说图片中发生了怎样的故事？老师请一位小朋友来完整说一说我们这些图片中发生了怎样的故事。

师：小朋友们大致全部了解了故事！老师请几个小朋友戴上头套，分别扮演不同的角色，简短地说一下故事。

（3）教师播放儿歌音频，方便幼儿记住儿歌内容。

师：哇，小朋友们都很聪明！老师想给聪明的你们增加难度，那如果我们将这些故事用一首儿歌展示出来，你们觉得会是怎么样的呢？小朋友们，请你们试着将故事自由创编成一首儿歌。老师给小朋友们十分钟的时间，你们结合图片自由创作之后啊，我请小朋友们在台上来展示你们创作的儿歌。

师：小朋友们创作得都很不错！老师也想到了一首儿歌，这首儿歌把故事展示得很好，老师唱给小朋友们听一听。

儿歌：

小雪小雪刚刚过，大雪大雪要封河。

小兔小兔毛毛厚，大熊大熊躲进窝。

北风婆婆来巡逻，太阳公公不敢惹。

乌云哥哥把天遮，雪花姑娘好做客。

师：听完了儿歌，我们一起来回忆回忆儿歌是怎么唱的呢？

师：那小朋友们戴上头套，每个人扮演不同的角色，结合刚才的儿歌唱一唱各自角色的儿歌内容。

幼儿唱儿歌后，其他幼儿进行完整点评。

师：小朋友们记得差不多了，那我们再听一遍。可是这次老师有一个要求，小朋友们一定要仔细看老师是怎样拍手的，小朋友们跟着老师的节拍，让我们用拍手的形式结合音乐对儿歌进行展示。

3. 结束部分

师：小朋友们，我们一起边念儿歌边拍手结束今天的活动吧！之后我们会参加一个活动，将我们的这个儿歌展示给小班的弟弟妹妹们！

【活动延伸】

师：小朋友们，我们再次增加难度——进行儿歌创编！让我们一起来想一想，下大雪时除了这些还有什么呢？让我们将大家想到的内容编成一首新的儿歌吧！

大班语言活动——《大雪》(儿歌)

大班艺术活动——《大雪节气歌》(儿歌)

【活动目标】

认知目标：了解二十四节气之一的大雪节气和歌曲内容。

能力目标：能够运用肢体动作表演歌曲情境，能和同伴相互配合，共同完成表演。

情感目标：通过学习歌曲，激发对大雪节气的喜爱，培养审美和创造能力。

【活动准备】

物质准备：PPT、儿歌音频、雪花教具。

经验准备：幼儿知道大雪是二十四节气之一。

【活动过程】

1. 导入部分

教师通过教具导入，激发幼儿兴趣。

师：小朋友们，今天有个害羞的小朋友来我们班上做客，他不好意思出来，他想请小朋友们欢迎他，小朋友们愿意吗？

教师放映 PPT 1，PPT 上的雪花从左到右滚动，到右边时消失了。

师：小朋友们，看来它又害羞了，我们一起来请他出来好不好？我们说“雪花雪花快来呀”！

幼儿跟随教师一起，教师从衣袖里顺势拿出雪花教具。

教师扮演小雪花：小朋友们，我的名字叫大雪，我是二十四节气妈妈的孩子。我今天想让大家来认识认识我，我给大家带来一首好听的歌曲叫《大雪节气歌》，小朋友们来听一听吧！

2. 基础部分

(1) 幼儿初步感知音乐。

教师播放第一遍歌曲，让幼儿整体感知歌曲意境，熟悉歌曲内容。

师：刚刚小朋友们听了大雪带来歌曲，听到歌曲中唱到哪些东西了吗？

幼儿畅所欲言。

师：刚刚小朋友说了很多，有的小朋友可能还没有听清楚，我们再来听一遍。

教师播放第二遍歌曲。

师：小朋友们，听了这首歌曲你们有什么感觉呢？

幼儿畅所欲言。

(2) 幼儿理解歌词内容。

教师范唱，幼儿跟着教师唱第一遍歌曲，并出示图谱。

教师指着 PPT 2-4 的图谱：小朋友们，雪花姐姐在微笑，是不是天空也在下雪呀？你们看房屋上、大地上全都变成白色啦，小朋友们在地上打雪仗，笑得真开心。那现在我们看着图谱，一起来念一念吧！

教师展示图谱，让孩子跟着教师一起念图谱。

教师出示 PPT 5-7 的图谱，幼儿跟着图谱和教师一起念歌曲的后半段：红枣糕儿甜又甜，冻雨下来冷又冷，霜露鸟儿不打鸣，老虎开始交好朋友，兰草儿呀荔挺出了，大雪节气到来了。

(3) 幼儿学习唱歌。

幼儿看着图谱和教师第二遍完整地演唱歌曲。

幼儿自由练习唱，教师播放音乐。

教师找幼儿单独演唱。

(4) 幼儿表现诗歌：肢体探索，表演歌曲。

师：小朋友们刚刚唱了两遍歌曲，老师想请几个小朋友上台来给我们表演第一段歌曲。我们小朋友们相互配合，每个人一句话，给我们表演上半段的歌曲内容好不好？

教师播放音乐，幼儿按照歌词顺序创编动作。

师：刚刚的小朋友表演得好吗？那这一段还可以用怎样的动作表演呢？

教师请其他小朋友上台表演。

师：刚刚老师请了小朋友上台表演第一段歌曲，现在想请所有小朋友一起站起来，用自己的动作来表演第一段歌曲。

全体幼儿站起来自由创编动作。

师：刚刚我们表演了第一段歌曲，还有第二段歌曲部分，老师想请小朋友以小组的形式，每个小组表演一句话。

教师给每个小组分配歌词，幼儿跟随着歌词顺序分小组站起来表演。

3. 结束部分

师：小朋友们都非常棒，表演的动作都很漂亮，那我们跟着大雪宝宝再来一起唱一遍歌曲好吗？

幼儿在教师的带领下一起唱一遍歌曲。

【活动延伸】

幼儿回家把歌曲唱给爸爸妈妈听吧。

大雪节气歌

雪花姐姐微微笑，
洒下片片白鹅毛，
雪花雪花飘呀飘，
大地穿上的大白袍，
堆雪人了，打雪仗，
小朋友们齐欢笑。
红枣糕儿甜又甜，
冻雨下来冷又冷，
寒露鸟儿不打鸣，
老虎开始交好朋友，
兰草儿呀荔挺出了，
大雪节气到来啦。

大班科学活动——我是小小气候统计员

【活动目标】

认知目标：对基本的天气图标有初步了解，知道图标代表的天气含义。

能力目标：掌握自制气候表的方法，能对一周内的气候进行记录。

情感目标：初步了解统计，对探索气候、信息记录产生兴趣，感受记录的乐趣。

【活动准备】

物质准备：天气图标图片、天气图标头饰、表格纸张、铅笔。

经验准备：幼儿有玩萝卜蹲游戏的经验。

【活动过程】

1. 导入部分（谈话导入）

师：哎呀呀，今天可真冷呀！小朋友们，你们觉得今天冷吗？为什么呢？原来呀，冬天的大雪节气到了，大雪节气到来的时候气温会下降，所以我们觉得更冷了。

2. 基本部分

（1）教师出示图片，初步了解气象图标。

师：太阳表示晴天，云朵表示阴天，一朵雪花表示小雪……

（2）教师帮助幼儿重复练习，熟悉图标。

教师采用问答形式，请幼儿将图标与天气一一对应。

（3）幼儿玩游戏，加深理解。

幼儿佩戴不同的气候图标头饰，当说到“晴天蹲”的时候佩戴晴天图标头饰的幼儿蹲下，并说另一天气蹲（类似萝卜蹲游戏）。

师：我们玩了气候萝卜蹲游戏，那接下来我请大家在纸上画一画这些图标。

（4）幼儿学习自制气候表。

①幼儿初次尝试记录天气。

师：假如今天老师是气候记录员，今天是阴天，那我应该画哪一个标志呢？请小朋友们帮老师想一想，并在小黑板上画出来。（可尝试多次）

②幼儿用表格记录天气。

师：老师这里有森林王国上个星期的天气情况，今天我们都来当一次天气记录员，来帮助森林王国记录天气。现在小朋友们能看到老师发下来的表格第一排是数字宝宝1、2、3、4、5、6、7，它们表示星期一到星期天，我们的天气记录就在它的下面一排，比如星期一森林王国的天气是小雪，那我们就在它的下面画上小雪的标志……

3. 结束部分

教师评价气候表。

教师总结：小朋友们可真棒，今天我们认识了天气图标，还学会了怎样记录天气，帮助森林王国记录了一周的天气情况，老师要给你们一个大大的赞！那么在接下来的一个月里我们要每天记录天气情况，每位小朋友记录一天！请小朋友相互监督，看看有没有小朋友记录错误，如果出现了错误我们就一起来帮帮他！

【活动延伸】

（1）健康活动：天气变化怎么办？

（2）幼儿每天轮流当气候记录员（为期一个月）。

中班科学活动——雪的形成

【活动目标】

认知目标：了解雪形成的过程，知道冷空气和云朵对形成雪的重要作用。

能力目标：在教师的引导下画出雪形成的循环图。

情感目标：对雪的形成产生浓厚兴趣，感受科学探索的乐趣。

【活动准备】

物质准备：雪形成的视频、画纸、铅笔。

经验准备：幼儿会唱二十四节气歌，知道下雪量增多是大雪节气的气候特点之一。

【活动过程】

1. 导入部分

教师通过儿歌导入，激发幼儿兴趣。

师：小朋友们还记得我们之前学的《二十四节气歌》吗？我们先来复习一遍吧！

2. 基本部分

（1）教师初谈大雪节气气候，引出雨的形成。

师：上节课我们了解了大雪节气的气候，我们知道大雪节气到来的时候很冷，南方雨水也会增多，北方降雪量会增加，那你们知道雪是怎样形成的吗？今天我们就来看看雪是怎样形成的。

（2）幼儿观看视频，初步了解雪的形成。

师：老师给小朋友们带来了一个好看的视频。大家睁大小眼睛仔细看哟，看看雪宝宝到底是怎么形成的！

教师小结：水蒸气升到天空中，遇冷变成小水滴，跑到天空中的云朵身上，小水滴太多了云朵就托不起它们了，于是就漏了下来先变成了雨，然后在下降的路上遇到了冷空气，又变成了小雪花。

（3）幼儿学画示意图，巩固理解。

①教师示范讲解。（引导幼儿跟着说）

②幼儿独立绘制。（教师指导）

（4）幼儿利用自己画的示意图讲解雪的形成。

师：刚才小朋友们自己也画了示意图，那现在老师要请小朋友拿着他的示意图上来，看着他的示意图说一说雪宝宝是怎样形成的，谁愿意上来呢？谁的小手最漂亮？

3. 结束部分

教师总结：今天我们学习了雪宝宝的形成过程，知道在大雪节气到来之际冬天的冷空气、大风使得降雪量增多。并且我们的小朋友都很厉害，还画了图来表示雪形成的过程，请你们把它收在书包里，回家后和爸爸妈妈一起分享。

【活动延伸】

绘画活动：五彩的雪。

冬　至

一、设计意图

“冬至”节气，是二十四节气的第二十二个节气。冬至，又称日短至、冬节、亚岁，不仅仅是二十四节气之一，还是中国民间的传统节日。冬至之后，就正式进入严冬，也就是中国古人所说的九九八十一天的“数九”寒天。古人认为，冬至是阴阳二气的自然转化，是上天赐予的福气。因此冬至还有着“冬至大如年”的说法。幼儿能直接感知冬至时节的气象特征，但是对冬至时节的传说故事、养身常识、各地习俗、农业生产等不是很了解，这些传承千年的中华文化需要被幼儿知晓。农村地区幼儿园的孩子了解此节气的农事更能发挥传统文化的实用价值。

二、活动领域

“冬至”主题活动涉及语言、科学、艺术、健康、社会领域。

三、主题活动总目标

（1）让幼儿感知冬至的气候特征、养身常识、农事活动、节气习俗；

（2）让幼儿能理解和讲述与冬至时节相关的故事，能表现或创作冬至主题的艺术作品；

（3）让幼儿对与冬至相关的传统文化和大自然产生认同和敬畏。

四、主题活动网络

“冬至”主题活动面向幼儿园全体幼儿，分年龄阶段设置小、中、大班的集体教学活动。由于各个年龄阶段幼儿的身心发展特征不同，各个幼儿园的实际情况存在差异，我们尽量选择取材方便、贴近生活的活动。

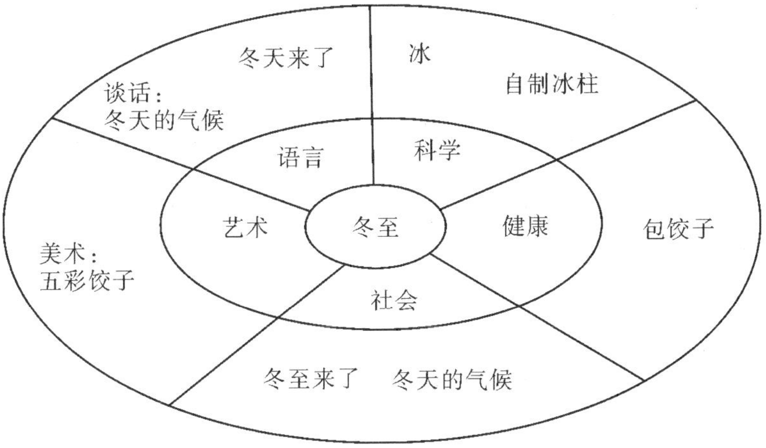

“冬至”主题活动网络

五、主题活动实施注意事项

1. 依据班级幼儿发展水平适当调整活动

以上主题活动网络中的子活动在活动案例中仅针对某一特定年龄阶段的幼儿进行设计，但幼儿具有个体差异，因此班级教师在活动案例的基础上，应针对本班幼儿的实际情况适当增加或减少难度，以适宜本班幼儿的身心发展特点。

2. 因地制宜

以上主题活动网络涉及的活动取材于国内各地区的冬至习俗，各地区幼儿园可选择更符合当地特色的活动。其中，活动案例的活动目标、活动准备等仅供参考，教师应根据具体情况进行调整或者准备。若为开阔眼界选择其他地区习俗进行教学设计，应让幼儿进行前期的知识经验准备。

3. 家园共育

二十四节气与农事密切相关，对于身处农村的幼儿而言，他们的家庭生活和生产与此密切联系，因此，可多让家长参与此主题活动。例如，让家长与幼儿一同收集活动材料，让幼儿向家长询问与节气相关的农谚、农事活动、生活经验以及当地风俗，也可邀请此方面知识经验丰富的家长到幼儿园支持和参与幼儿园各项活动。

六、活动案例

大班社会活动——冬至来了

【活动目标】

认知目标：知道冬至是二十四节气的第二十二个节气，是我国民间传统节日，了解冬至的习俗。

能力目标：能够探索、发现生活的多样性及特征，并能与同伴分享自己的心得。

情感目标：体验冬至节气的气氛，激发探索的欲望，并愿意大胆尝试。

【活动准备】

物质准备：二十四节气表、各地有关冬至风俗的图片。

经验准备：幼儿已经在家和家长共同了解过冬至。

【活动过程】

1. 导入部分（问题导入）

师：小朋友们，你们还记得一年有多少个节气吗？还记得前几个节气分别是什么吗？

教师出示二十四节气表，幼儿回忆二十四节气，并知道第二十二个节气——冬至。

2. 基本部分

（1）幼儿了解冬至的由来。

教师介绍冬至的由来和有关冬至的故事传说，让幼儿初步了解冬至。

（2）幼儿自由交流冬至的相关习俗。

①吃烧腊与姜饭。

潮汕地区有“东丸节，一食就过年”的民谚，也叫“添岁”。吃烧腊寓意来年能鸿运当头。吃姜饭则是时节的原因，冬至需要御寒，适合进补，冬至煮腊味姜饭，适合时令。在冬至这天，广东人还有“加菜”吃冬至肉的风俗。

②吃年糕。

明末清初，杭州人都有冬至吃年糕的习俗，每逢冬至，做三餐不同风味的年糕，寓意年年长高，图个吉利。

③吃冬至丸。

在南方一些地区，冬至时节的习俗是吃冬至丸。每逢冬至清晨，各家各户磨糯米粉，并用糖、肉、菜、果、萝卜丝等做馅，包成冬至丸。人们做好冬至丸，不仅自家吃，还会赠送亲友表示祝福。有的还会带上煮熟的冬至丸，准备水果、香、银纸等祭品，上山扫墓，祭祀祖先。

④吃饺子。

吃饺子是北方人的传统风俗，有着“冬至不端饺子碗，冻掉耳朵没人管”的说法。还有说是为了纪念张仲景。传说张仲景告老还乡后，看到百姓饥寒交迫，耳朵都冻烂了，于是煮了祛寒娇耳汤来医治百姓，用羊肉、辣椒和一些驱寒药材放在锅里煮成汤，再将食材捞出，做成馅，用面片包成耳朵形状，煮熟后分给百姓，人们吃完后，冻伤的耳朵逐渐痊愈了，后来就有了冬至吃饺子的习俗。有的地方还会在冬至这天吃馄饨、吃汤圆。

⑤酿冬酒。

在江苏，人们非常重视冬至，前一夜称“节夜”，也称除夜，制糕以祭祖，并馈赠亲友，设席宴饮，称之“节酒”，也称“分冬酒”。有的人家以黄酒加糖浆制成冬阳酒。

⑥搓丸。

在福建，冬至流行“搓丸”“贴丸”“馈丸”。丸子的颜色有红有白，有的被捏成小巧玲珑的玩具，如做成猪头、猪脚，或者做成荔枝、桃、香蕉，象征兴旺吉祥。

⑦挂冬。

广东人流传着“冬至大过年”的说法，把冬至看得像过年一样隆重。人们冬至一般祭祖，还要到坟墓前挂纸，俗称“挂冬”。有的地方冬至宴客以鱼肉腊味合煮，众人环锅而食，称之“围炉”。

⑧拜冬至。

宁波有“吃了汤果大一岁”的说法。宁波有“拜冬至”的习俗，冬至这天要做冬至羹饭。冬至日早上还要吃碗甜甜的番薯汤果，寓意把之前的霉运全部“翻”过去。这天吃上几个酒酿圆子、汤团，寓意团圆、圆满。老宁波人还要做一道烤菜年糕，寄托“年年高”的美好心愿。

⑨吃剩有余。

在杭州，人们把冬至吃剩的鱼头和鱼尾放在米缸里过夜，隔天再取出来吃，这样寓意着“吃剩有余”。

⑩办冬至酒。

长沙民间以冬至为起点，九天为一个时间段，作有《数九九歌》曰：初九二九，相逢不出手（手插在袖筒或口袋里）；三九二十七，檐前倒挂笔（冰柱）；四九三十六，行人路途宿（回家过春节）；五九四十五，穷汉阶前舞（赞春、送财神）；六九五十四，枯桠枝发嫩刺；七九六十三，行人路上脱衣裳；八九七十二，麻拐子（青蛙）田中隔；九九八十一，脱去蓑衣戴斗笠。长沙旧有聚族人于宗祠祭祖的习俗，届时杀猪宰羊，大办“冬至酒”，举行祭祀仪式。各家还有吃糯米饭、做霉豆腐、烟熏腊肉的习俗。

（3）教师介绍各地冬至习俗。

3. 结束部分

幼儿共同玩游戏——“包饺子”。

【活动延伸】

幼儿回家给爸爸妈妈讲述冬至的由来及风俗。

大班语言活动——冬天的气候（谈话）

【活动目标】

认知目标：知道在我国不同的地方冬季温度不同，景象也不同。

能力目标：能够用流利的语言在集体面前表达自己的观点。

情感目标：愿意探索冬天，对探索自然产生浓厚的兴趣。

【活动准备】

物质准备：PPT、幼儿用书。

经验准备：幼儿向家长了解过家人冬天在哪些地方生活过，那些地方的冬季是什么样的，收集一些照片；教师了解幼儿在哪些地方过冬天，有些什么经验。

【活动过程】

1. 导入部分

教师出示冬天南北方不同的景象。

师：小朋友们，我们看到了，冬天来了，天气凉了，但是我们国家很大很大，不同的地方就会有不一样的冬天景象。我们一起来谈一谈我们祖国的冬天吧。

2. 基本部分

（1）教师组织幼儿谈论各地不同的冬天。

师：我们都知道南京（指本地）的冬天有时刮冷风、有时结冰、有时下雪，树叶落了，小草枯了，人们都穿上了厚厚的衣服，那是不是每个地方的冬天都是一样的呢？

你听过中央气象台的天气预报吗？请大家谈谈，你在哪里见过冬天，那是什么样的，你还听爸爸妈妈爷爷奶奶说过冬天吗？说给大家听听，带照片的就讲讲照片上的情景。

教师让幼儿充分发言，注意强化那些重要的描述。

（2）教师介绍北方的冬季特征。

教师引导幼儿观看幼儿用书里的“冰雕”。

师：这里的冬天是怎样的？为什么别的地方没有冰雕？

（3）教师介绍春城昆明的冬季特征。

教师引导幼儿观看幼儿用书里的“春城的冬天”，介绍昆明实际上一年到头都是春天。冬天也和春天一样，植物繁茂，郁郁葱葱，鲜花盛开，从不下雪，不结冰。人们穿着单薄。

3. 结束部分

教师小结。

【活动延伸】

科学领域：幼儿观看世界各地冬天的录像。

艺术领域：我心中的冬天。

大班语言活动——冬天的气候（谈话）1

大班语言活动——冬天的气候（谈话）2

大班科学活动——冰

【活动目标】

认知目标：了解立冬后的气候特点，知道冰的特点是无色无味，遇热则化。

能力目标：能在探索活动中动手动脑解决冰中取物的问题。

情感目标：在活动中感受冬季的魅力，体会科学活动的趣味。

【活动准备】

物质准备：湖面结冰图片，冰块及冻有物品的冰块每小组各一块，温水以及足量的毛巾、木头、热水袋。

经验准备：幼儿已有接触冰的知识经验。

【活动过程】

1. 导入部分

教师通过图片导入，激发幼儿兴趣。

师：立冬在每年的 11 月 7 日或 8 日，每到这个节气呢，就表示我们开始进入冬天啦！下面小朋友们和老师一起去探索立冬来临后的气候有什么特点吧！

2. 基本部分

（1）幼儿讨论并理解俗语“水始冰，地始冻”。

教师小结：立冬前后，我国大部分地区开始降温，会出现雨、雪、冰粒、雨夹雪等，水面也会开始结上一层薄薄的冰，土地也会结冰冻住，这就是“水始冰，地始冻”。

（2）教师运用多种感官感知冰的特点。

师：小朋友们看，这是什么？（冰）我们一起来看看冰有什么特点！

幼儿分组观察冰块。

①教师引导幼儿用手摸摸冰，看感觉怎样。（滑滑的，很冷）

②幼儿将冰拿在手里用鼻子闻一闻有什么气味。（无味）

③教师请个别小朋友用嘴尝一尝冰是什么味道的。（无味）

④幼儿看一看冰是什么颜色的。（无色）

教师小结：冰无色无味，摸上去冷冷的、滑滑的。

（3）探索活动——冰中取物。

师：小朋友们看，老师手上为什么会有水呢？

幼儿讨论并得出结论：冰遇热会融化成水。

师：那么我要请小朋友们动动脑筋，帮老师想一想用什么样的好方法能取出冻在冰里面的东西呢？

幼儿讨论并讲述自己的方法：泡在热水里、用东西砸、放在太阳下晒……

教师展示材料（温水以及足量的毛巾、木头、热水袋），请幼儿自由选择，以取出冰内物品。

师：小朋友们以小组为单位，选取你喜欢的工具，在融化冰的过程中注意别把衣服弄湿，老师已经把冻有物品的冰块放到了你们的桌上，大家开始动手动脑吧！

幼儿自由取物，教师从旁指导。

教师请几个幼儿说一说他们是怎么取到冰块里面的东西的。幼儿说完后，教师根据幼儿说的方法总结：把冰块敲碎（冰易碎），用热水袋捂、用温水泡（冰遇热将融化）。

3. 结束部分

幼儿展示成果。

教师点评并表扬。

【活动延伸】

幼儿收集有关冬季的俗语或寓言故事。

大班科学活动——自制冰柱

【活动目标】

认知目标：了解立冬后的气候变化，知道立冬后“水始冰”。

能力目标：能在教师指导下自制“冰柱”。

情感目标：积极投入科学小实验中，体会科学的有趣。

【活动准备】

物质准备：硼砂、热水、毛根、玻璃瓶、搅拌棒、手套若干。

经验准备：幼儿已有相关知识经验储备。

【活动过程】

1. 导入部分

教师通过提问引出主题。

师：小朋友们，今天老师要给大家讲一个节气——立冬。从立冬这天开始，气候就会慢慢开始发生变化，下面我要请小朋友们动动你们的小脑筋，想一想会有什么变化呢？

幼儿讨论并回答：天气变冷、下雪、穿厚衣服……

教师小结：立冬前后，我国大部分地区开始降温，会出现雨、雪、冰粒、雨夹雪等，水面也会开始结上一层薄薄的冰，树枝上也会结一层冰晶。可现在冬天还没来，要想看到冰晶怎么办呢？下面老师就要带领大家做一个科学小实验，我们一起来尝试做出“树枝冰柱”。

2. 基本部分

(1) 教师示范自制冰柱，幼儿观察。

制作步骤：

①将毛根扭成螺旋状。

②在玻璃杯中倒入热水后再加入适量硼砂，然后用搅拌棒搅拌融化。(80 度开水 1500 毫升，硼砂 135 克，操作时戴手套)

③将毛根顶端扭在筷子上，让其吊在玻璃瓶中。(等待约 8 小时即可结晶)

④结晶后，慢慢取出，并用纸巾轻轻擦干（或阴凉处晾干)，冰柱完成。

教师展示之前做出的成品。

(2) 幼儿尝试制作冰柱，教师从旁指导（提醒幼儿注意安全)。

①可将毛根拧成自己喜欢的形状。

②往玻璃杯中倒入热水和硼砂的步骤由教师操作，幼儿佩戴手套用搅拌棒搅拌。在搅拌过程中教师注意提醒幼儿搅拌幅度不要太大，以免瓶内液体溅出。

③尝试将毛根顶端固定在筷子上（教师可帮忙）并吊入玻璃瓶中。

④毛根结晶后从杯中取出，放于阴凉处晾干。

(3) 教师请幼儿展示自己的冰柱，并尝试表达从这次活动中体会到了什么。(“冰柱”和冬天结冰的树枝一模一样；有一种堆雪人的快乐；体会到了科学实验的神奇和有趣)

3. 结束部分

教师带领幼儿将毛根冰柱悬挂于教室内做装饰用，营造冬季的氛围。

教师点评此次活动。

【活动延伸】

幼儿在手工角尝试用其他物品自制冰柱。

大班艺术活动——五彩饺子（美术）

【活动目标】

认知目标：知道用水粉画画的方法。

能力目标：能根据自己的理解利用水粉画出冬至的场景。

情感目标：从冬至节气中体会冬天的到来，从而喜爱传统节气。

【活动准备】

物质准备：水粉、白纸、歌曲、课件。

经验准备：幼儿已经能够进行简单的绘画。

【活动过程】

1. 导入部分（谈话导入）

师：有小朋友知道今天是什么节气吗？对了，是冬至！冬至就意味着冬天到来了，那小朋友们，你们对冬至有了解吗？冬至有哪些习俗呢？

幼儿互相讨论并分享，教师补充总结。

2. 基本部分

（1）教师介绍冬至。

师：小朋友们刚才都分享了自己的理解，那接下来就让我们一起来看看冬至还有哪些有趣的事情吧！

教师出示冬至习俗图片并介绍。

（2）教师提出主题，幼儿分享讨论。

师：刚刚大家都说出了他们对冬至的认识，今天就让我们根据刚刚小朋友说的习俗来画一幅关于冬至的画，你们会在纸上画什么呢？

幼儿互相讨论并上前分享。

（3）幼儿自由创作。

师：接下来小朋友们就把自己心中最喜爱的冬至习俗画在纸上，画的时候要注意：一个小朋友只选一个习俗进行绘画，不要画很多个哦！

幼儿根据冬至图片和刚才分享的想法自由创作，教师适当指导。

（4）幼儿相互分享并介绍。

教师请幼儿介绍自己画的哪一个习俗，并说明喜爱它的理由。

师：小朋友们画得都非常好，每一个小朋友都能表达出自己最喜爱的习俗，让我们一起为自己鼓掌吧！

3. 结束部分

师：看过了各位小画家们的画作，接下来我们就一起欣赏一下冬至的歌曲，看一看自己画中的习俗有没有被写到歌里吧！

播放冬至歌曲，结束活动。

【活动延伸】

幼儿把画带回家给父母分享，并给父母分享今天了解到的冬至习俗。

※音频链接可扫描前言处二维码获取。

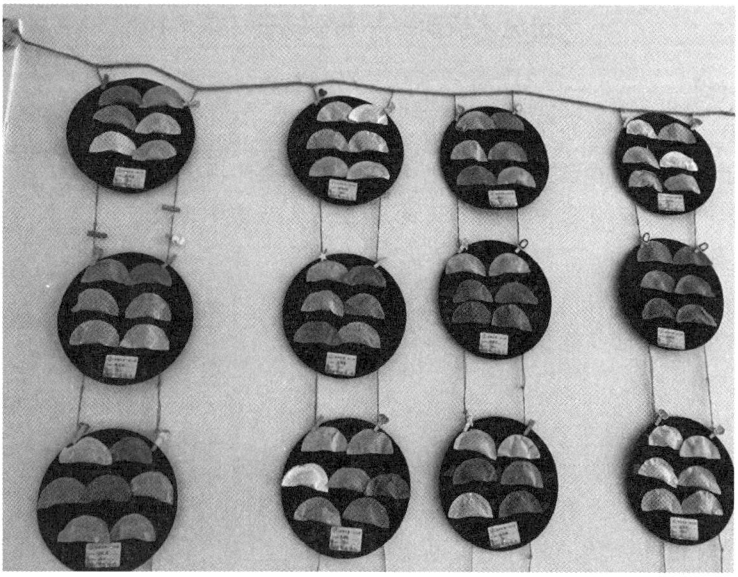

大班艺术活动——五彩饺子（美术）

大班健康活动——包饺子

【活动目标】

认知目标：了解冬至是二十四节气之一，是我国重要的节日。

能力目标：能在教师引导下学会包饺子的相关步骤。

情感目标：在活动过程中，小组幼儿互相帮助、合作分享，享受成功的喜悦，体验中华民族传统文化。

【活动准备】

物质准备：儿歌《包饺子》、超轻黏土、实物饺子、擀面杖、各种模具。

经验准备：幼儿对冬至习俗已有了解。

【活动过程】

1. 导入部分

教师播放儿歌《包饺子》。

歌词：饺子饺子香香，饺子饺子像小船，我们一起包饺子。嘿！揉一揉，团一团，啪、啪、啪！揉好面，包好馅，捏、捏、捏！放进圆圆的锅里；饺子饺子团团转。嘿！饺子包好了，尝一个，真好吃！

2. 基本部分

手指操，引出主题。

手指操儿歌：羊妈妈（双手比自己，一蹲一站）包饺子（一只手把另一只手的五指往内、往外来回扳），中间突起（双手握拳），两边翘（大拇指、小指升起，做"六"的手势），有的像小船，有的像元宝（两只手半举并左右摇动）。

师：儿歌里，羊妈妈包什么？

幼：羊妈妈包饺子。

师：我们跟着羊妈妈一起学一学如何包饺子！

幼儿学习手指操。

教师出示实物饺子，请幼儿观察、讲述饺子的外形特征，并用自己的语言讲述自己吃饺子的经历。

幼：饺子像小船，像元宝，还像橘子瓣儿……

师：你们吃过饺子吗？什么时候吃的？

师：冬至的时候，我们一定要吃饺子，要不然耳朵可能会冻哟！

师：饺子好吃不好吃？饺子里面有什么？（饺子里面有各种各样的馅儿。有鸡蛋，有韭菜，有肉肉……）

师：你们喜欢吃饺子吗？你们会不会做饺子？

教师演示用压、捏等方法包饺子。

我们跟着羊妈妈学习了包饺子，现在我们一起来实践一下，包一包，看谁的饺子包得最好看。

教师示范讲解包饺子的基本方法：

①先取一个白色超轻黏土捏一捏，然后在手心搓圆。（教师演示，幼儿用手模仿动作。）

②将白色彩泥放在桌子上用手压扁，再用模具擀成圆形薄片做成"饺子皮"。

③取一小块红色彩泥搓团做饺子馅儿。

④将“饺子馅儿”放入“饺子皮”中。

⑤将“饺子皮”边沿对折捏起来。(结合手指操)

教师示范用一种其他颜色的橡皮泥做出不同形状的饺子，强调捏饺子皮时，不同的捏法会做出不同形状的饺子。

幼儿分组包饺子，教师巡视指导。

师：你们要一起分享材料，如果有其他小朋友遇到问题大家要互帮互助，待会儿老师要看看哪个组包的饺子又多又漂亮。

3. 结束部分

幼儿分组展示作品（每组一盘）。教师表扬每组幼儿的团结合作，最后在齐唱儿歌中结束活动。

【活动延伸】

亲子活动——“包饺子”。

大班健康活动——包饺子 1

大班健康活动——包饺子 2

小　寒

一、设计意图

“小寒”节气，是二十四节气中的第二十三个节气，标志着我国开始进入一年中最寒冷的时段，因此民间有“小寒大寒，冷成冰团”的说法。而小寒一过，马上就进入“出门冰上走”的三九天了，而这也是为什么小寒比起大寒，天气却更为寒冷的原因。幼儿能直接感知小寒时节的气象特征，但是对小寒时节的传说故事、养身常识、各地习俗、农业生产等不是很了解，这些传承千年的中华文化需要被幼儿知晓。农村地区幼儿园的孩子了解此节气的农事更能发挥传统文化的实用价值。

二、活动领域

“小寒”主题活动涉及语言、科学、健康、社会领域。

三、主题活动总目标

（1）让幼儿感知小寒的气候特征、养身常识、农事活动、节气习俗；

（2）让幼儿能理解和讲述与小寒时节相关的故事，能表现或创作小寒主题的艺术作品；

（3）让幼儿对与小寒相关的传统文化和大自然产生认同和敬畏。

四、主题活动网络

“小寒”主题活动面向幼儿园全体幼儿，分年龄阶段设置小、中、大班的集体教学活动。由于各个年龄阶段幼儿的身心发展特征不同，各个幼儿园的实际情况存在差异，我们尽量选择取材方便、贴近生活的活动。

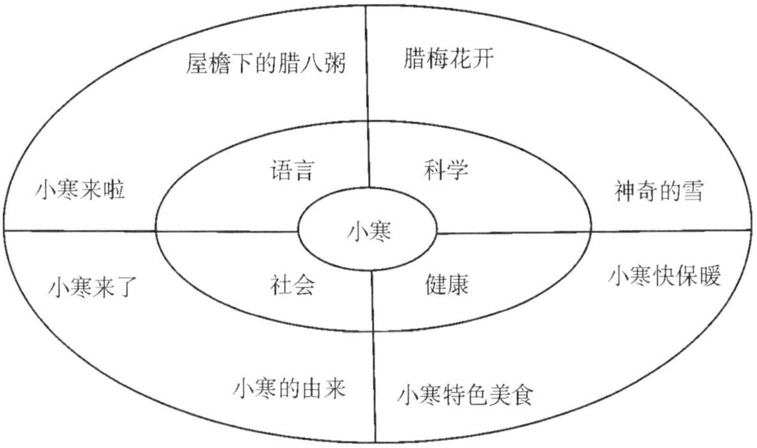

“小寒”主题活动网络

五、主题活动实施注意事项

1. 依据班级幼儿发展水平适当调整活动

以上主题活动网络中的子活动在活动案例中仅针对某一特定年龄阶段的幼儿进行设计，但幼儿具有个体差异，因此班级教师在活动案例的基础上，应针对本班幼儿的实际情况适当增加或减少难度，以适宜本班幼儿的身心发展特点。

2. 因地制宜

以上主题活动网络涉及的活动取材于国内各地区的小寒习俗，各地区幼儿园可选择更符合当地特色的活动。其中，活动案例的活动目标、活动准备等仅供参考，教师应根据具体情况进行调整或者准备。若为开阔眼界选择其他地区习俗进行教学设计，应让幼儿进行前期的知识经验准备。

3. 家园共育

二十四节气与农事密切相关，对于身处农村的幼儿而言，他们的家庭生活和生产与此密切联系，因此，可多让家长参与此主题活动。例如，让家长与幼儿一同收集活动材料，让幼儿向家长询问与节气相关的农谚、农事活动、生活经验以及当地风俗，也可邀请此方面知识经验丰富的家长到幼儿园支持和参与幼儿园各项活动。

六、活动案例

大班社会活动——小寒来了

【活动目标】

认知目标：知道小寒是二十四节气的第二十三个节气，了解小寒的习俗。

能力目标：能够探索、发现生活的多样性及特征，并能与同伴分享自己的心得。

情感目标：体验小寒节气的气氛，激发探索的欲望，并愿意大胆尝试。

【活动准备】

物质准备：二十四节气表、各地有关小寒风俗的图片。

经验准备：幼儿已经在家和家长共同了解过小寒。

【活动过程】

1. 导入部分（问题导入）

师：小朋友们，你们还记得一年有多少个节气吗？还记得前几个节气分别是什么吗？

教师出示二十四节气表，幼儿回忆二十四节气，并知道第二十三个节气——小寒。

2. 基本部分

（1）幼儿了解小寒的由来。

教师介绍小寒的由来和有关小寒的故事传说，让幼儿初步了解小寒。

（2）教师给幼儿展示有关小寒风俗的图片。

①探梅。

此时蜡梅已开，红梅含苞待放，挑选有梅花的绝佳风景地，细细赏玩，鼻中有孤雅幽香，神志也会为之清爽振奋。

②冰戏。

我国北方各省，入冬之后天寒地冻，冰期十分长久，动辄从十一月起，直到次年四月。冬春之间，河面结冰厚实，冰上行走皆用爬犁。爬犁或由马拉，或由狗牵，或由乘坐的人手持木杆如撑船般划动，推动前行。冰面特厚的地区，大多设有冰床，供行人玩耍，也有穿冰鞋在冰面竞走的，古代称为冰戏。

③腊祭。

“小寒”是腊月的节气，由于古人会在十二月份举行合祀众神的腊祭，因此把腊祭所在的十二月叫腊月。腊祭为我国古代祭祀习俗之一，远在先秦时期就已形成。

“腊祭”含意取其有三：一是表示不忘记自己及家族的本源，表达对祖先的崇敬与怀念；二是祭百神，感谢百神一年来为农业所做出的贡献；三是人们终岁劳苦，此时农事已息，借此游乐一番。自周代以后，“腊祭”之俗历代沿袭，从天子、诸侯到平民百姓，人人都不例外。

④吃腊八粥。

腊八一般都在小寒到大寒之间，到了小寒，就意味着快要过年了。腊八这天，南北各地都有喝腊八粥的习俗，相传这一习俗起源于佛寺。

⑤吃黄芽菜。

据《津门杂记》记载，旧时天津地区有小寒吃黄芽菜的习俗。黄芽菜是天津特产，它是用白菜芽制作而成的。冬至后将白菜割去茎叶，只留菜心，离地 6 厘米左右，以粪肥覆盖，勿透气，半月后取食，脆嫩无比。那时候条件有限，所以人们会想出一些方法来弥补冬日蔬菜的匮乏。如今，人们生活水平提高了，各种蔬菜肉食，四季都有，不再像过去那样要为冬日蔬菜的稀缺而担忧。

⑥吃菜饭。

每至小寒时节，南京人通常会食菜饭。其内容并不完全相同，有用矮脚黄青菜与咸肉片、香肠片或是板鸭丁，再剁上一些生姜粒与糯米一起煮的，非常鲜香味美。而矮脚黄、香肠、板鸭又都是南京的著名特产。这样的菜饭可谓是正宗的“南京菜饭”，甚至与腊八粥相比也毫不逊色。古时候，南京人对小寒非常重视，但随着社会的发展，一些习俗渐渐淡化消失，如今人们只能从生活中寻找出点点痕迹。

（3）幼儿自由交流小寒的相关习俗。

（4）师幼共同探讨小寒节气各地的风俗。

师：你们知道在小寒节气，大家都可以做些什么、吃些什么吗？

幼儿讨论并自由发言。

3. 结束部分

幼儿共同玩游戏——冰戏。

【活动延伸】

幼儿回家给爸爸妈妈讲述小寒的由来及风俗。

中班社会活动——小寒的由来

【活动目标】

认知目标：感受小寒节气，了解小寒的由来。

能力目标：能积极参与问答，讲述自己的想法。

情感目标：愿意参加活动，体验活动的乐趣。

【活动准备】

物质准备：PPT、图片。

经验准备：幼儿了解过有关小寒的习俗，听家长讲过有关小寒的故事，为活动做准备。

【活动过程】

1. 导入部分

教师出示图片，引出小寒。

师：中国特有的二十四节气，是我们中国的瑰宝，今天我们来了解一下小寒。小寒在每年的1月5—7日，它标志着一年中最寒冷的日子开始了。当小寒节气来到时也说明我们要进入农历一年中的最后一个月份，就是俗称的“腊月”。

2. 基本部分

（1）教师出示课件，讲解小寒节气中的自然现象。

师：今天我们一起了解小寒节气中的自然现象。

①果树防冻。

一场大雪过后，果农会及时地把果树上的积雪摇落，以防树枝被大雪冻坏或者是被大雪压断枝。

②喜鹊筑巢。

喜鹊喜欢在人类活动多的地方居住，它们常把巢安在民宅旁的大树上。喜鹊筑巢经常需要花上四个月时间，所以它们总是早早就开工了，为来年产卵孵化幼鸟做准备。

③蜡梅飘香。

蜡梅花多为黄色，花瓣比较硬，因为它的花骨朵平滑厚实，表面质感像涂了一层蜡一样，所以给它起名叫“蜡梅”。

（2）我来问，你来答。

师：孩子们，你们记住怎么分辨蜡梅和梅花了吗？

幼儿讨论过后进行回答。

教师小结：蜡梅的味道浓，花瓣多为黄色，属于蜡梅科；梅花味道清淡，颜色多样，属于蔷薇科。

师：那么小寒节气有一种鸟，它叫喜鹊，喜欢居住在什么地方？

幼儿分组进行讨论，然后教师选代表进行回答。

教师小结：喜鹊喜欢在人类活动多的地方，常把巢安在民宅旁的大树上，喜鹊筑巢一般需要四个月。喜鹊的家是用树枝、泥巴、绒毛做成的。

3. 结束部分

教师出示图片，帮助幼儿回忆小寒习俗。

师：小寒天气酷寒，南北地域跨度大，形成不同的生产农事、生活习俗。农事上，北方大部分地区地里已没活，都要进行歇冬，主要任务是在家做好菜窖、畜舍保暖、造肥积肥等。依据多年农事经验，人们往往会以小寒气候推测来年的气候变化，早早做好农事计划。

师：在生活上，进入小寒后年味越来越浓，人们开始忙着写春联、剪窗花，买年画、彩灯、鞭炮、香火等，陆续为春节做准备。饮食上，涮羊肉火锅、吃糖炒栗子、烤白薯成为小寒节气里的习俗。

【活动延伸】

家长带领幼儿感受小寒的节气氛围，了解更多关于小寒的习俗。

大班语言活动——小寒来啦

【活动目标】

认知目标：简单了解小寒的特点及各地习俗。

能力目标：能说出几句关于小寒的农谚或童谣。

情感目标：感受语言文字的魅力，激发热爱传统文化的情感。

【活动准备】

物质准备：小寒的图片、谚语、课件。

经验准备：幼儿听过有关小寒节气的农谚诗歌，如：小寒无雨，小暑必旱；小寒若是云雾天，来春定是干旱年；小寒大寒，冻成一团；小寒大寒，准备过年；小寒胜大寒，常见不稀罕。

【活动过程】

1. 导入部分

教师出示图片，引出小寒。

师：天气好冷啊！小朋友现在穿的衣服是越来越厚了。今天老师一起床看到了其他老师发给我的照片，我才知道小寒要来了，小朋友们知道小寒是谁吗？

教师以此提问幼儿，引起幼儿的注意力，让幼儿参与回答。教师再出示一张反映小寒节气特点的照片，告诉幼儿小寒是什么，引导幼儿说出小寒最简单的特点，如“天气冷”“有雪花”等，然后教师对小寒节气进行介绍。

师：中国特有的二十四节气，这可是我们中国的瑰宝。今天我们来了解小寒。小寒在每年的1月5—7日，它标志着一年中最寒冷的日子开始了。当小寒节气来到时也说明我们要进入农历一年中的最后一个月份，就是俗称的“腊月”。

2. 基本部分

（1）教师出示课件，讲解小寒节气中的自然现象。

教师将小寒节气中的一些自然现象的照片展示给幼儿看，让幼儿能直观地感受到小寒的节气特点。教师在讲述这些自然现象时，注意对幼儿进行提问和引导，比如“你看到了什么?”“你在生活中有看到过吗?”，并对幼儿的积极回复给予表扬。

师：今天我们一起了解小寒节气中的自然现象。

教师介绍喜鹊筑巢、蜡梅飘香。

（2）幼儿了解小寒习俗。

教师通过展示图片，让幼儿明白各地区的耕作和生活习俗，同时可提问幼儿“你们是怎么过小寒的呀?”“家里面会有什么特别的吃的?”“这天与平时的生活有什么不一样?”等，用此类提问一步步引导幼儿思考，将生活与教育相结合。

幼儿分小组交谈。

教师找幼儿单独在集体面前谈一谈。

教师小结：小朋友们，小寒天气非常冷，由于我们国家特别大，就形成不同的耕种习惯、生活习俗。

（3）幼儿学习农谚，品味语言美。

教师说一些简单易懂的谚语。

师：老师准备了一些有趣的谚语，小朋友仔细听听，想想是什么意思。

谚语：

小寒大寒，冻成一团。

小寒大寒，准备过年。

小寒胜大寒，常见不稀罕。

幼儿分小组学习谚语，感受语言的韵律美，也了解小寒节气的另外韵味。

教师对所说谚语进行一一解释，让幼儿理解谚语的意思，也更加了解小寒的时节特点，同时教会幼儿这些谚语。

3. 结束部分

教师带领幼儿回顾小寒的特点，强调各地区小寒风俗不同，列举南方和北方差异，再让幼儿进行谚语接话，教师说上半句，幼儿说下半句，加深幼儿对谚语的印象。

【活动延伸】

幼儿回家搜集和了解有关小寒的其他课堂上没有讲到的特点，并与其他幼儿分享。

※图片链接可扫描前言处二维码获取。

大班语言活动——小寒来啦

中班健康活动——小寒快保暖

【活动目标】

认知目标：了解小寒是二十四节气之一，明白小寒的特点。

能力目标：能够通过此活动主动保暖，洗手时不玩水，知道咳嗽要捂住口鼻或转过头，不对人咳嗽、打喷嚏。

情感目标：喜欢中国传统文化，感受传统文化的魅力。

【活动准备】

物质准备：PPT、小寒的视频、《感冒了怎么办?》儿歌。

经验准备：幼儿知道玩水是不好的行为。

【活动过程】

1. 导入部分

教师提出问题，引发幼儿思考，让幼儿有兴趣参与活动。

师：小朋友们知道除了一年四季，我们还有二十四个不一样的节气吗？它们分别有哪些？那你们知道小寒吗？让我们一起来了解一下吧！

2. 基本部分

（1）教师播放动画视频让幼儿生动明白二十四节气以及小寒的特点，并学会保护自己。

幼儿展开讨论，分组进行，并分享讨论结果。

教师小结：小寒是二十四节气中的第二十三个节气，对于中国而言，这时正值“三九”前后，小寒标志着开始进入一年中最寒冷的日子。所以小朋友们要注意保暖，洗手的时候一定不要玩水。

（2）感冒了怎么办？

教师朗读儿歌，幼儿仔细聆听。

教师提问幼儿从儿歌中感受到了什么，请幼儿回答，引出“天气寒冷”“容易感冒”“容易咳嗽”等回答。

教师向幼儿表达咳嗽打喷嚏时会有许多细菌，所以应该捂住口鼻。

教师向幼儿示范咳嗽打喷嚏时的正确做法，并在多次示范之后，请幼儿上台示范。

（3）幼儿了解正确的洗手方式（不玩水）。

3. 结束部分

教师再次强调玩水是一个坏习惯，希望小朋友们能够互相监督，不玩水，注意不感冒，表现好的小朋友以后可以奖励贴纸。

【活动延伸】

家园活动：家长在家也要监督幼儿不玩水。

※视频链接可扫描前言处二维码获取。

中班健康活动——小寒特色美食

【活动目标】

认知目标：简单了解小寒的特点及各地习俗。

能力目标：能在集体面前用流畅的语言简单描述美食制作过程。

情感目标：热爱传统文化。

【活动准备】

物质准备：小寒节气的特色美食图片，如羊肉汤、补药汤、烤红薯等美食照片。

经验准备：幼儿对小寒节气有一定的了解。

【活动过程】

1. 导入部分（谈话导入）

师：天气好冷啊，小朋友现在穿的衣服是越来越厚了。今天老师一起床看到了其他老师发给我的照片才知道小寒要来了，小朋友们知道小寒是谁吗？

教师以此提问幼儿，引起幼儿的注意力，让幼儿参与回答。

师：小寒到来了就好冷呀！在这个节气里，小朋友们是怎么度过这个寒冷的节气的？可以通过吃东西来抵抗寒冷吗？你们吃什么美食过小寒？

教师通过提问一步步引导幼儿回忆自己在家里是如何通过吃美食来度过寒冷的小寒的，将教育落实到幼儿的日常生活中。教师要积极邀请幼儿回答，对幼儿的回答给予具体的反馈。

2. 基本部分

（1）幼儿了解小寒节气的美食。

教师出示小寒节气的美食图片。

根据幼儿在生活中的经验，教师出示部分幼儿所说的小寒节气的美食，如羊肉汤、烤红薯等。考虑同班幼儿可能来自不同地区，教师可及时普及不同地区的人在小寒节气不同的生活风俗。

师：小朋友们，小寒天气非常冷，由于我们国家特别的大，就形成不同的耕种习惯、生活习俗。有的地方可能吃涮羊肉火锅、糖炒栗子、烤白薯，也有的地方吃补药汤、羊肉汤等。

（2）教师组织幼儿进行美食交流，分享各自在小寒节气所食用的美食。

（3）幼儿分享美食制作过程。

教师邀请一些幼儿上台分享自己所熟知的小寒美食。对语言表达能力较强的幼儿教师可要求其能清楚流畅地表达美食简单的制作过程，对于语言能力较弱的幼儿教师可鼓励幼儿参与，并提供必要的引导。

师：小朋友们所说的美食都感觉太好吃了，有没有小朋友愿意上台来分享一下它的做法？老师和其他小朋友们很想知道这些美食是怎么做的，老师也想回去尝试做一做。

3. 结束部分

教师带领幼儿对小寒节气的特点和生活风俗进行回顾，加深幼儿对各地地区小寒节气的特点和饮食习惯的了解，点评幼儿在活动中的积极表现，对南北各地区美食进行简单介绍，并提醒幼儿小寒节气注意保暖，不要感冒。

【活动延伸】

幼儿回家后，与家长一同进行小寒美食的制作，加深对传统节气的认识与情感。

※图片链接可扫描前言处二维码获取。

大班科学活动——蜡梅花开

【活动目标】

认知目标：知道蜡烛遇热会融化，遇冷凝固。

能力目标：能尝试自己做出蜡梅花。

情感目标：感受自己动手的快乐，并体会梅花凛冬盛开的精神。

【活动准备】

物质准备：红色蜡烛、两个不锈钢盆（一大一小）、插在花盆里的干树枝、洗洁精、一碗清水、酒精灯、铁架等。

经验准备：幼儿已对小寒有了一定的了解，知道“梅花香自苦寒来”。

【活动过程】

1. 导入部分

教师提问，引发幼儿回想，吸引幼儿注意力。

师：小朋友们，上个星期我们学习了一句古诗，我想请你们告诉我是什么呀？对的，“梅花香自苦寒来”。那么是什么意思呢？很棒，那我们上节课了解到，梅花最喜欢开在什么季节呢？对，小寒。由此我们可以感受到梅花的什么精神？（不怕困难、与众不同）

2. 基本部分

（1）教师介绍实验材料，激发幼儿兴趣。

师：那么带着梅花的精神，今天老师给小朋友们带来了一个新实验。大家请看我们实验用到的都有哪些材料？（蜡烛、盆、洗洁精、碗、树枝）接下来老师就要利用这些材料让梅花“开”在这枝树枝上。

（2）教师讲解示范，幼儿观看学习。

第一步，在清水中加入两滴洗洁精并调匀。

第二步，将蜡烛剪碎放入不锈钢盆中，并将盆放在三脚架上。

第三步，点燃酒精灯，开始对盆里的蜡烛进行隔水融化。

第四步，将手三指、四指或五指捏在一起，在洗洁精水里蘸两下，在融化的蜡烛（已基本冷却）里蘸一下，然后快速将手捏住树枝，三秒后将手移开，一朵梅花就做好了。

师：接下来我想请小朋友们动一动聪明的小脑袋告诉我，你发现了什么？

教师引导幼儿说出蜡烛遇热融化，在空气里又会凝固的科学现象

（3）教师再次示范，并说出实验的注意事项。

（4）幼儿操作，教师指导。

师：小朋友们看，我们的树枝还有好多空缺的地方，下面我想请小朋友们按小组的形式上来体验做梅花的乐趣，一起和老师完成这枝梅花的创作。

幼儿体验用蜡烛做梅花，感受自己动手的快乐（由于实验需要用到火，不适合每组幼儿都独自展开实验，所以采取教师与幼儿共同实验的形式）。

3. 结束部分

师幼共同回忆，幼儿摆放作品，教师点评。

师：今天的实验我们都用到了哪些材料？我们一起回忆。那么是怎么做的呢？

师幼共同回忆步骤。

师：现在我们班的梅花已经全部“开放”，我们把它们放在哪里合适呢？

大家一起商量作品的放置点，老师对幼儿今天的行为做出点评。

师：好啦，愉快的时光总是那么短暂，今天的科学小实验课堂就结束了。今天我们班的小朋友们都很棒，都学会了实验，我想请你们回家与爸爸妈妈一起再次做一下这个实验，并完成一颗属于你们家里的梅花，小朋友们再见！

【活动延伸】

幼儿用其他方式（手工、美术等）做出梅花。

大　寒

一、设计意图

大寒，是二十四节气中的最后一个节气，时间为每年 1 月 20 日左右。民谚云："小寒大寒，无风自寒。"大寒，即天气寒冷到了极点，是一年中最冷的时候，但它既是二十四节气之尾，也是冬季即将结束之时，过了大寒，就迎来新一年的节气轮回。大寒后又立春，年节又在立春前后，所以大寒节气处于过年前夕，这时候家家户户忙着除旧迎新，准备年货，到处充满了喜悦与欢乐的气氛。幼儿能够感受到大寒节气的寒冷，也知道家人在为过年做准备，但却不知道与大寒节气相关的文化、民间风俗、劳作生产等。在国际气象界，二十四节气被誉为中国的"第五大发明"。幼儿学习二十四节气，就是对中国文化遗产的传承。

二、活动领域

"大寒"主题活动涉及健康、语言、社会、科学、艺术领域。

三、主题活动总目标

（1）让幼儿知道大寒节气时的自然景象变化，了解相关文化、民间风俗；
（2）让幼儿能通过语言、音乐、绘画等形式大胆表达自己对大寒的理解和感受；
（3）让幼儿喜欢探索大寒的传统文化、习俗，感受传统文化的魅力。

四、主题活动网络

"大寒"主题活动面向幼儿园全体幼儿，首先要分年龄阶段设计与主题相关的活动。不同年龄段幼儿对节气的感受和了解是有区别的，因此在教学时，教师要根据幼儿的年龄特征设计活动。其次，活动要在幼儿教育中的五大领域开展，既要与"大寒"相关，又要从幼儿的生活实际出发，选择贴近幼儿生活的教学内容。具体活动的实施需要教师根据幼儿的实际情况灵活应变。

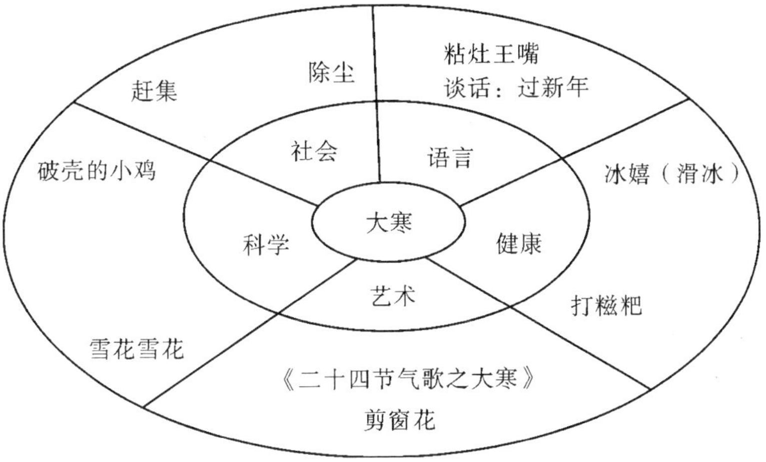

“大寒”主题活动网络

五、主题活动实施注意事项

1. 结合当地习俗和园本特色开展教学活动

幼儿园根据实际情况开展关于“大寒”的主题活动。不同地区的相关节气风俗是不同的，教师首先应该选择贴近幼儿生活、幼儿较为熟悉的相关习俗文化进行活动，其他地区的不同习俗文化可作为延伸活动，以帮助幼儿感知认识。

2. 关注幼儿的已有经验

幼儿园选择的教育内容既要符合幼儿的现有水平，又要有一定的挑战。教学活动应符合幼儿的年龄特点和认知发展规律，让幼儿获得进一步的发展。其中，活动案例的活动目标、活动准备等仅供参考，教师应根据具体情况进行调整或者准备。

3. 家园共育

教师选择的教育内容都是贴近幼儿生活的，学校和家庭共同对幼儿实施教育，结果是事半功倍的。家长可以在日常生活中带领孩子进行相关探索和学习，潜移默化地进行渗透。教师开展教学活动时也可以邀请家长和幼儿共同进行，这样对幼儿的发展更加有利。

六、活动案例

大班健康活动——打糍粑

【活动目标】

认知目标：了解大寒的基本概念，知道大寒吃糯米能御寒。

能力目标：能够掌握做糍粑的基本方法。

情感目标：感受中华文化的多元性，爱护身体。

【活动准备】

物质准备：糯米、蒸锅、小木棍、小石槽、黄豆粉、面包机、手套、围裙。

经验准备：幼儿已初步认识二十四节气。

【活动过程】

1. 导入部分

教师通过谈话导入，吸引幼儿注意。

师：最近好冷啊，小朋友们有没有什么办法可以御寒呢？

幼儿回答。

师：老师这里也有一个御寒的小妙招，那就是吃糍粑。你们想知道为什么吗？

2. 基本部分

（1）教师介绍大寒的概念。

大寒，是二十四节气中的最后一个节气，于每年公历的 1 月 20 日左右交节。大寒和小寒一样，也是表示天气寒冷程度的节气，大寒是天气寒冷到极致的意思。在北方地区，大寒节气是没有小寒冷的；但对于南方地区来说，大寒就是最冷的时候。在我国一些地方，每到大寒至立春这段时间，有很多重要的民俗，而食糯，也就是吃糍粑，就是其中之一，因为糍粑里面的糯米有丰富的热量，可以抵御寒冷。

（2）教师指导幼儿制作糍粑。

师：我们刚刚知道了吃糍粑可以抵御寒冷。老师今天给大家带来了糯米，请小朋友们想一想，怎样把糯米变成美味的糍粑呢？

幼儿讨论结束后，教师介绍制作过程：

洗糯米—浸泡糯米—蒸糯米—捶打糯米—切糍粑—撒豆粉。

教师将幼儿分组（根据班级人数进行适宜的划分），给每组幼儿分发一份制作糍粑的材料，随后教师指导幼儿一起制作糍粑，其间注意幼儿安全。

幼儿体验捶打糯米，体验后放入面包机搅打。

师：现在请小朋友们跟着老师一起做美味的糍粑吧！

3. 结束部分

师幼品尝糍粑，活动结束。

师：小朋友们今天自己制作了美味的糍粑，好棒啊！现在把黄豆粉撒上去就可以开动啦！

【活动延伸】

教师从打糍粑延伸到春节，围绕春节习俗展开谈话活动。

中班健康活动——冰嬉（滑冰）

【活动目标】

认知目标：了解滑冰的注意事项，有滑冰的安全意识。

能力目标：滑冰时能够遵守滑冰的注意事项。

情感目标：体验滑冰的乐趣，激发出参加体育活动的兴趣。

【活动准备】

物质准备：滑冰的图片、运动员滑冰视频、各种滑冰装备的图片。

经验准备：幼儿对二十四节气已有认识，大部分幼儿已能够进行简单的滑行。

【活动过程】

1. 导入部分

教师通过视频导入，吸引幼儿兴趣。

师：小朋友们放假在家的时候看冬奥会了吗？小朋友们知道冬奥会有哪些项目吗？这些项目都在哪里进行的呢？

幼儿回答，教师播放视频。

师：现在请小朋友们欣赏一段冰面上的舞蹈表演。

2. 基本部分

（1）幼儿了解“冰嬉和滑冰”和“冰嬉的时间”。

师：小朋友们知道刚刚看到的表演是什么运动吗？（滑冰）那小朋友们知道什么是冰嬉吗？滑冰和冰嬉又是什么关系呢？冰嬉又叫冰戏，以前的人们将冰上活动都叫作冰嬉，所以我们平时的滑冰就是冰嬉的一种。

师：这个运动是在什么季节开始的？（冬天）那小朋友们刚刚学习了二十四节气，冬天的节气有哪些？现在小朋友们来猜一猜，冰嬉是什么节气时的运动呢？小朋友们不清楚吗，那我来提示一下，二十四节气中的最后一个节气就是可以进行冰嬉运动的时候。

（2）幼儿掌握滑冰的安全知识。

①了解滑冰前的准备。

教师展示一个只穿滑冰鞋的小朋友的图片。

师：这里有一个叫小明的小朋友想去滑冰，小朋友们仔细看看他现在的穿着，想想他现在可以去滑冰吗，并说说为什么。

教师出示各种装备的图片。

师：为了出去滑冰，小明的妈妈给小明准备了各种各样的装备。小朋友们来帮帮小明，帮他挑选去滑冰的装备，并说说你为什么要选这个装备。

教师播放视频，请幼儿观看如何正确穿戴装备。

师：现在我们来看一看需要穿什么装备才是正确的。

教师出示禁止滑冰的标志，以及各种能滑冰和不能滑冰的场所的照片，请幼儿回答哪里才是正确滑冰的场所，邀请幼儿将禁止滑冰的标志贴在不能滑冰的照片上。

师：现在，小明要去滑冰了，但是他不知道应该去哪里才能没有危险。小朋友们，我们一起来帮小明把危险的地方找出来。如果你觉得哪个地方危险，你就把“禁止滑冰”贴上去，并说说为什么会有危险。

教师播放视频，让幼儿跟着一起做热身运动。

师：小明要去滑冰了，不过他又被叫住了，小明的好朋友说滑冰前还要做热身运动。小朋友们，我们跟着小明一起来做热身运动好不好？

②避免滑冰时的危险。

教师让幼儿分组讨论滑冰时要注意什么才能避免受伤，然后邀请幼儿进行讲述。接着，教师出示照片对幼儿的讲述做进一步的说明和补充。分别有：

滑行时身上不能带硬物，以免摔倒时硌伤自己；

不要牵手滑行，以免一起摔倒，造成伤害；

不在拥挤的地方快速滑行，容易摔倒；

摔倒后要立刻坐起，慢慢站起来，不要躺在冰面上，防止被他人撞击；

同伴摔倒后，尽量不要拉他起来，否则会再次一起摔倒。

3. 结束部分

教师播放一段音乐，让幼儿模仿滑冰的动作，在轻松愉快的氛围中结束活动。

【活动延伸】

家长带领幼儿进入滑冰场教幼儿滑冰。

※视频链接可扫描前言处二维码获取。

大班艺术活动——剪窗花

【活动目标】

认知目标：知道大寒的基本概念，了解剪窗花是过年的传统习俗。

能力目标：学会对称的概念，能够利用对称的原理剪出窗花。

情感目标：愿意参加剪纸活动，热爱中华传统文化。

【活动准备】

物质准备：窗花图片、剪好的窗花、红色卡纸、剪刀、铅笔。

经验准备：幼儿能够熟练用剪刀剪纸并已学过小寒的相关知识。

【活动过程】

1. 导入部分

幼儿欣赏图片，激发兴趣。

教师引导幼儿欣赏窗花图片，让幼儿初步感受剪纸艺术的美，激发幼儿对剪纸的兴趣。

师：你们知道为什么要剪窗花吗?

2. 基本部分

(1) 教师引入“大寒到了快过年”的概念。

师：今天是大寒，是二十四节气中的最后一个节气。大寒同小寒一样，也是表示天气寒冷程度的节气，大寒是天气特别冷的意思。大寒到了，也就意味着快过年了。每年过年的时候啊，每家每户都要贴窗花，今天我们就一起来试着自己剪窗花吧!

(2) 幼儿学习剪窗花并自己操作。

师：你们知道窗花是怎样做出来的吗?

幼儿自由讨论制作方法。

教师提供剪好的窗花，引导幼儿观察（引导幼儿将窗花对折，观察它是否重合)。

师：小朋友们都看到了，将这个窗花对折起来，是完全重合的。

教师示范用对称的方式剪窗花，并讲解对称的原理：将一张纸对折起来，在纸上剪出想要图案的一半，展开后就可以得到一个左右对称的图形，这就是对称。窗花就是这样完成的。

(3) 教师示范。

教师用铅笔在对折的红纸上画出简单的图形，再进行裁剪。

幼儿自主操作，剪窗花。

教师指导幼儿裁剪并帮助幼儿突破难题，并提醒幼儿注意安全。

教师小结：剪窗花是我国劳动人民的智慧结晶，是我国的传统艺术，它的左边和右边的图案大小、样子都是相同的。

3. 结束部分

幼儿展示，活动结束。

教师邀请幼儿展示自己的作品并讲解自己是怎么剪的。

【活动延伸】

教师引导幼儿剪出指定图案（和爸爸妈妈一起完成）。

大班艺术活动——《二十四节气歌之大寒》

【活动目标】

认知目标：通过歌曲了解大寒节气中的自然变化。

能力目标：能够完整演唱歌曲，并能够根据音乐歌词进行动作创编。

情感目标：喜欢唱歌，享受唱歌的乐趣。

【活动准备】

物质准备：《二十四节气歌之大寒》音乐、歌词图谱。

经验准备：幼儿已基本了解大寒的相关习俗。

【活动过程】

1. 导入部分

教师创设情境，吸引幼儿兴趣 。

教师为幼儿描述大寒节气时的相关习俗的情境，让幼儿根据已有经验进行回忆，并引出“大寒”的话题。

师：冬天来了，人们都穿上了厚厚的衣服，他们有的聚在一起打糍粑，有的手拉着手一起去赶集，有的在冰上滑冰，有的在贴窗花……小朋友们还记得这是什么节气要做的事吗?

幼：大寒。

师：为了欢迎大寒节气的到来，人们特意为它写了一首歌，我们一起来听一听。

2. 基本部分

（1）教师通过不同形式让幼儿感知歌曲。

①教师首先播放歌曲，让幼儿仔细听，感受歌曲的旋律，再让幼儿回答听了歌曲后自己有什么感受。

②教师接着示唱歌曲，让幼儿说说在歌曲中听到了什么自然景象以及风俗。

③幼儿再次完整欣赏歌曲，教师补充相关描述，并进一步加深幼儿对歌词的理解。

（2）教师出示歌词图谱，带领幼儿学唱歌曲。

①教师弹唱歌曲，幼儿跟唱。教师根据唱出的歌词出示相关图谱。

②教师分组分句教唱歌曲，并让幼儿观看图谱熟悉歌词内容。

a. 教师进行难句教唱，针对幼儿跟唱过程中不能准确唱出的歌词进行训练。

b. 教师让幼儿完整地跟着节奏，跟着教师一起唱出整首歌曲。

c. 教师引导幼儿根据歌词创编动作。

幼儿能够完整唱出歌曲后，教师引导幼儿对歌词进行动作创编，鼓励每个幼儿都参与进来，在教师的指导下让他们自由发挥，在对歌词的探索中展示自己创编的肢体动作。

3. 结束部分

教师邀请完成创编的幼儿跟着歌曲进行展示，再带领幼儿一起跟着歌曲共同表演。

【活动延伸】

幼儿回家将这首歌演唱给爸爸妈妈听。

※音频链接可扫描前言处二维码获取。

大班社会活动——赶集

【活动目标】

认知目标：了解赶集，知道赶集的特点。

能力目标：能够运用自己的方法成功换取物品，养成良好的社会交往礼仪。

情感目标：体验角色扮演的乐趣，喜欢参加物品换取游戏。

【活动准备】

物质准备：赶集视频、各种闲置物品，活动场地布置。

经验准备：幼儿对二十四节气已有认识；活动前父母带幼儿进行赶集，熟悉赶集。

【活动过程】

1. 导入部分

教师播放视频，进行提问，引出主题。

师：视频中大家都在干什么？我们一起来看一看。

2. 基本部分

（1）教师介绍赶集。

师：赶集又叫赶场，是民间自发组织的一种定期聚集以进行商品交易的形式。每到赶集的时候，人们就会带上自己准备交换的物品，向集市走去，集市上非常热闹，有各种各样吃的用的，还有很多好玩的东西。

（2）教师介绍赶集和大寒的关系。

师：刚刚我们看到的赶集的视频是什么时候的？（过年前）对，这时候大家都在为过年做准备，所以要去赶集。二十四节气中的最后一个节气“大寒”常常与过年时的岁末时间相重合，所以过年赶集常常就在“大寒”的时候进行。

（3）幼儿讨论赶集的热闹场景。

师：赶集热闹吗？视频中的赶集场面跟我们平时逛街有什么区别吗？小朋友们一起来讨论一下。

（4）游戏：去赶集。

①教师将教室布置成一个集市，幼儿进行换购游戏。

师：今天我们班也开了一个小集市，小朋友们想来参加吗？不过和小朋友们平时用钱去买东西不同，今天我们的赶集是用自己的物品换取别人的物品。

②教师首先与幼儿一起交流讨论换取物品时会出现的问题，并适当为幼儿进行示范。

例如：怎么介绍自己的物品以吸引别人与我们进行交换？怎么才能换到自己想要的物品？几个人想要换同一个物品的时候应该怎么办？交换了物品后还能反悔吗？如果别人不愿意和你交换怎么办？

教师引导幼儿思考并想出解决问题的办法。

③教师挑选几个幼儿扮演摊位商贩，再将部分物品分发给幼儿，让他们自己去找

自己想要交换的物品。

师：好了，现在我们的小集市开业了，请小朋友们自己去交换喜欢的物品吧！

教师一起参与到游戏中，通过自己的示范为幼儿提供经验。

3. 结束部分

游戏结束，教师邀请幼儿展示自己换到的物品，并说说自己的感受。

师：你换到了自己想要的物品了吗？（换到了/没换到）能说说你是怎么换到（为什么没换到）的吗？在交换的时候遇到困难了吗？你是怎么解决的？

【活动延伸】

幼儿回家用今天的方法看看能不能和爸爸妈妈或者其他叔叔阿姨互换物品。

※视频链接可扫描前言处二维码获取。

中班社会活动——除尘

【活动目标】

认知目标：了解大寒“除尘”的习俗。

能力目标：能够与同伴合作，主动打扫卫生。

情感目标：愿意参加集体活动并热爱劳动。

【活动准备】

物质准备：动画短片，扫把、簸箕、拖把、帕子。

经验准备：幼儿已有部分劳动经验及已了解大寒的概念。

【活动过程】

1. 导入部分

教师通过动画导入，吸引幼儿兴趣。

教师播放动画《咿呀咿呀打扫卫生》，询问幼儿在刚刚的动画里看到了什么。

教师导入大寒“除尘”的习俗概念。

师：之前老师已经向小朋友们介绍了二十四节气中的大寒，它是二十四节气中的最后一个节气。在我国，每到大寒至立春这段时间，有很多重要的民俗，“除尘”也就是其中之一。“除尘”又称“除陈”“打尘”，就是大扫除。

2. 基本部分

同伴合作，开始“除尘”。

师：过几天就到大寒了，老师发现，我们的教室里面有很多地方需要打扫，那我们今天就一起“除尘”吧！

教师根据班级人数将幼儿分组，引导幼儿合作，先观察教室里面有哪些地方需要打扫，再根据实际情况进行清扫。（教师要提前告知幼儿注意事项。）

3. 结束部分

整理工具，交流分享。

教师引导幼儿将打扫用到的工具收集整理起来并摆放整齐，最后请幼儿分享劳动过后的感受。

【活动延伸】

幼儿画一幅关于劳动的画。

※视频链接可扫描前言处二维码获取。

大班科学活动——雪花雪花

【活动目标】

认知目标：了解二十四节气中的大寒，知道人造雪的基本原理。

能力目标：能够自己制作出人造雪。

情感目标：喜欢科学活动，热爱冬天。

【活动准备】

物质准备：护目镜、手套、烧杯、量杯、取样勺、圆盘、吸水树脂、清水 80 ml 等。

经验准备：幼儿能熟练使用实验器具并已学过小寒。

【活动过程】

1. 导入部分

教师通过视频导入，吸引幼儿兴趣。

教师播放下雪视频，导入大寒的概念。

师：什么季节会下雪呢?

师：冬天会下雪，那怎样才能判断哪天是最冷的一天呢?

师：大寒，是二十四节气中的最后一个节气，在每年公历的 1 月 20 日左右。大寒和小寒一样，也是表示天气寒冷程度的节气。对于我们南方地区来说，大寒就是最冷的时候。可是我们南方很少下雪，有小朋友见过雪吗?

2. 基本部分

（1）教师演示制作人造雪。

师：虽然我们这里很少下雪，但是我们今天可以自己制作“雪”!

教师讲解并示范制作步骤：

①教师用取样勺取出 8 勺吸水树脂放在烧杯里，吸水树脂的量杯放在七寸圆盘上，然后用量杯有序地去接 80 ml 清水，倒入装有吸水树脂的量杯内，静置一分钟。

②幼儿认真观察并说一说实验步骤。

③教师再次实验，幼儿一边说步骤，教师一边进行实验。

（2）幼儿尝试操作。

幼儿操作，并说说自己遇到的难题，大家共同解决。

（3）幼儿分组操作。

教师巡回指导。

教师强调操作的安全性（操作时引导幼儿带上护目镜和手套）。

（4）幼儿展示实验成品，每个小组分别说说自己的经验。

3. 结束部分

教师总结人造雪的原理：今天用的粉末叫作吸水树脂。吸水树脂具有非常强的吸水能力，吸水后会膨胀成水凝胶，很难把水分离出来。你们小时候穿的纸尿裤就是用的这个材料呢!

【活动延伸】

围绕“冬天”的主题展开手工活动，如用超轻黏土制作雪人。

大班科学活动——破壳的小鸡

【活动目标】

认知目标：知道大寒节气是孵小鸡的时间，了解小鸡的孵化知识。

能力目标：在家人的帮助下能够成功地孵化小鸡。

情感目标：喜欢自己亲自动手，体验科学探索的乐趣。

【活动准备】

物质准备：小鸡破壳视频、小鸡孵化过程图片、孵化小鸡需要的物品图片。

经验准备：幼儿对二十四节气已有认识。

【活动过程】

1. 导入部分

教师通过视频导入，吸引幼儿兴趣。

教师播放小鸡破壳而出的动画视频，创设情境吸引幼儿。

师：小朋友们，今天，亮亮的家里迎来了一位新成员，小朋友们猜猜它是谁。

2. 基本部分

（1）幼儿了解大寒和孵小鸡。

①幼儿认识孵小鸡的鸡蛋和吃的鸡蛋的不同。

师：小朋友们知不知道小鸡是怎么孵出来的？（鸡妈妈、鸡蛋）那如果老师拿一个小朋友们早上吃的鸡蛋，还能不能孵出小鸡？（不能，鸡蛋被煮熟了）那如果我拿一个没煮的鸡蛋，可以孵出小鸡吗？（可以/不可以）其实啊，我们吃的鸡蛋和孵小鸡的鸡蛋是不一样的，我们一起来看看什么鸡蛋才能孵出小鸡。

教师出示照片请小朋友选择，再进行进一步的解释。

师：要选出能孵出小鸡的鸡蛋，我们要用手电筒的光去照一下。像这张图片上看到的鸡蛋，里面能看到这样的黑色阴影，它就是可以孵出小鸡的鸡蛋。

②幼儿了解孵鸡蛋的时间。

师：那小朋友们知道什么时候鸡妈妈才能孵出小鸡吗？鸡妈妈孵小鸡是有特定的时间的，我们之前学习了二十四节气，小朋友们来猜猜看哪一个节气才是孵小鸡的时间。小朋友们还记得二十四节气中的最后一个节气是什么吗？（大寒）对，在大寒这个节气的时候，有这么一句话："一候鸡乳，二候征鸟厉疾，三候水泽腹坚。"这个"一候鸡乳"就是说到了大寒节气就可以孵小鸡了。所以孵小鸡是在什么节气？（大寒）

（2）教师按顺序出示图片，让幼儿了解小鸡的孵化过程。

教师出示图片，引导幼儿与前一张图片进行对比观察，询问幼儿经过鸡妈妈的孵化，蛋壳里发生了什么样的变化。依次进行图片的展示，直到出示完小鸡出壳的最后一张图片。

（3）幼儿了解自己孵鸡蛋需要怎么做。

①幼儿讨论自己如何能成功孵小鸡。

师：今天，鸡妈妈有事外出了，所以它想邀请小朋友们帮它孵小鸡，小朋友们愿不愿意帮帮鸡妈妈？（愿意）那小朋友们想一想，我们怎么才能成功地帮鸡妈妈孵出小鸡呢？

幼儿自由讨论，讲述自己的想法。

②教师引导幼儿了解孵小鸡的条件。

师：小朋友们刚刚都思考了如何才能孵出小鸡，那现在我们一起来看看小朋友们说的对不对。首先，我们拿到鸡蛋应该放到哪里？（幼儿回答）我刚刚听到有的小朋友说对了，可以把鸡蛋放在纸箱或者木箱里。那为了不让鸡蛋在里面滚动，我们可以在箱子下面放上棉花等柔软的东西。孵鸡蛋在什么时候？（大寒）对，大寒是最冷的时候，所以我们孵小鸡的时候还要干什么？（保温）对，还要让它保持温度，让它在温暖中孵化。我们可以给鸡蛋盖上棉被。那小朋友们知道吗，小鸡的孵化是需要特定的温度的，就是38~39℃，平时我们测温度用的是什么？（温度计）所以我们可以放一支温度计在箱子里，查看孵化小鸡的温度。最后，我们还需要注意的是要给鸡蛋通风，避免孵化的时候氧气不足，并且在适当的时候进行翻蛋，在孵化的第19天左右，还要进行凉蛋。做好这些工作，我们一定可以成功孵出小鸡。

3. 结束部分

游戏：老鹰抓小鸡。

教师将孵化小鸡的知识点讲完后，带领幼儿进行老鹰抓小鸡的游戏，让幼儿在经过长时间的学习后活跃起来，以游戏结束本次活动。

【活动延伸】

幼儿回家后和爸爸妈妈商量自己动手孵化小鸡。

※视频链接可扫描前言处二维码获取。

中班语言活动——粘灶王嘴

【活动目标】

认知目标：理解故事内容，知道“灶神节”的由来。

能力目标：能够通过观看图片，用自己的语言完整地讲出故事。

情感目标：欣赏故事，喜欢故事中的有趣情节。

【活动准备】

物质准备：故事相关图片。

经验准备：幼儿对二十四节气已有认识。

【活动过程】

1. 导入部分

教师通过图片导入，吸引幼儿注意。

教师出示灶王爷、祭灶的图片，引导幼儿认识故事主人公。

师：小朋友们，有谁知道图片上的人是谁吗？小朋友们看看图片上的人在干什么？

2. 基本部分

（1）教师具体讲解灶王爷的身份。

师：图片上的人们是在“祭灶”，他们祭拜的人就是“灶王爷”。以前我们做饭的地方就叫“灶”。而灶王爷是玉皇大帝派到人间的神仙，他有着火眼金睛，能看到人间谁在做坏事、谁在做好事。每年的腊月二十三日，灶王爷就会向玉皇大帝汇报人间的情况，玉皇大帝会根据情况给予奖惩，做好事的人会增寿，做坏事的人会减寿。这样一来，人们对灶王爷就不敢有丝毫的怠慢，祭祀时就给灶王爷上好的贡品，用“祭灶”来把灶王爷哄得开开心心的，以免他说自己的坏话。

（2）教师讲解祭灶的时间。

师：刚刚我说祭灶的时间是腊月二十三。那现在我来考考大家，这个时间是在二十四节气中的哪一个节气呢？我听到有的小朋友答对了，就是“大寒”节气。在大寒期间，我们就要祭灶了。

（3）教师按故事情节展示图片，进行故事的讲解。

师：祭灶的时候，我们除了会给灶王爷准备各种好吃的，其中有一样东西是必不可少的，小朋友们知道是什么吗？这种东西小朋友们都喜欢吃，但是爸爸妈妈都不会让你们多吃，它吃起来甜甜的。对，小朋友们猜到了，它就是糖。为什么要给灶王爷准备糖呢？我们一起来看一看。

①教师讲述故事的开头部分，出示第一张图片（一对小夫妻正在祭拜灶王爷），引导幼儿进行观察并简单描述图片上的内容。

②教师出示第二张图片（一只猫叼着肉跑了，妻子很生气），让幼儿仔细观察图片，并提出一些问题让幼儿回答，如“谁闯祸了？”“猫把肉叼跑了会发生什么事？”“妻子为什么会生气？”幼儿回答后，教师再讲图片上的内容。

③教师出示第三张图片（妻子大骂，丈夫堵妻子的嘴）。幼儿观察图片，教师提问“妻子在骂谁？”“丈夫为什么会堵妻子的嘴？”幼儿回答后，教师讲述故事。

④教师出示第四张图片（妻子用糖抹灶王爷的嘴）。教师提问“妻子为什么用糖抹灶王爷的嘴？”幼儿回答，教师讲述故事的发展。

⑤教师出示第五张图片（灶王爷很生气，但说出来的都是好话）。幼儿观察图片，教师提问“灶王爷现在是什么心情？”“灶王爷说的是什么话？”幼儿回答，教师讲述故事。

（4）教师邀请幼儿根据图片完整地讲述故事。

（5）教师请幼儿上台展示，把故事用自己的话说出来。

3. 结束部分

师幼回顾故事情节。

【活动延伸】

师：小朋友们有没有做过什么事也给别人吃了糖？小朋友们认为你在什么时候会给别人吃糖？

中班语言活动——过新年（谈话）

【活动目标】

认知目标：初步认识大寒，知道春节的习俗。

能力目标：能够用完整的句子与人交流并回答问题。

情感目标：乐意与人交谈，喜欢中华传统文化。

【活动准备】

物质准备：PPT。

经验准备：幼儿知道什么是二十四节气。

【活动过程】

1. 导入部分

教师通过提问吸引幼儿兴趣。

师：有这样一个节日，这一天家家户户都团圆了，还要放鞭炮、穿新衣，你们知道是什么节日吗？（春节）没错，就是春节，那小朋友们知道春节和二十四节气有什么关系吗？

教师引导幼儿进行讨论。

师：今天是二十四节气中的大寒，大寒是二十四节气中的最后一个节气，是天气寒冷到极致的意思。大寒的到来，也就意味着新的一年要到了，要过春节啦！

2. 基本部分

（1）教师引导幼儿围绕过年开始谈话。

师：请小朋友们说一说，你们之前是怎么过年的呢？

师：你们知道过年除了放鞭炮、穿新衣，还可以做什么吗？

师：我来说一说。过年之前，我会去超市买年货，你们会去吗？会买什么东西呢？

师：除夕那天，家里面会做很多很多的菜，放在一起就叫年夜饭啦！你们最喜欢吃什么菜呢？

师：过了除夕就是大年初一了，我们会出去拜年，你们是怎么拜年的呢？

（2）幼儿自由交谈。

（3）教师逐步拓展谈话范围。

（4）幼儿学习新的谈话经验。

教师在幼儿面前谈，并让幼儿注意自己的谈话方式和典型句式。

幼儿试着模仿教师的谈话方式和句式。

教师找幼儿单独在集体面前谈。

3. 结束部分

教师小结，活动结束。

师：原来过年要做这么多的事情，你们还知道过年有什么习俗呢？回家之后和爸爸妈妈讲讲吧！

【活动延伸】

幼儿学习歌曲《过新年》。